統計データが語る

交通事故防止のヒント

松浦 常夫 著

東京法令出版

まえがき

　本書は、交通事故統計データの主要なものをトピックスごとに選んで、それをグラフや表で示して、事故の実態と原因を解説した本です。どこから読んでも、交通事故防止のヒントがきっと得られます。

　事故統計データは、事故を学ぶための情報の宝庫です。事故を学ぶ方法には、他に事故現場を観察したり、事故の当事者に話を聞いたりして事故事例を体験的に学ぶ方法がありますし、事故関連の本や記事を読む方法もあります。このうち体験的な学びは誰にでもできることではありませんし、立ち会える事故はそれほど多いわけではありません。事故関連の本を読むことはもちろん勉強になりますが、その前に交通事故統計を眺めて事故の姿を知っておくことが大切です。

　なぜ交通事故統計が重要かといえば、表やグラフで示された交通事故統計は、交通事故という出来事を様々な角度から量的に把握し、分析するための手法だからです。表やグラフは客観的に示されるため、仲間内で知識が正確に共有できますし、相手に事故を説明する場合にも説得力を持ちます。何よりも、安全対策を立てる上での、正しい現状認識のベースとなります。

　交通事故の集計データがまとめられている代表的な事故統計書には、「交通統計」と「交通事故統計年報」があります。これは警察署でまとめられた事故データが、都道府県警察本部を経て警察庁に送信され、そこでデータベース化されたものを基に、交通事故総合分析センターが毎年、発売している冊子です。両方とも、入手が容易であって、交通統計がコンパクトにまとめられているために、警察だけでなく自治体や企業の交通安全担当者などにも広く使用されています。

本書では、事故データの中から、事故の姿を捉えたり、事故の原因を知ったりするのに欠かせない項目（例えば、道路形状、年齢、通行目的、法令違反など）を選んで、その項目を集計したデータをグラフや表で示しました。また、その上で事故の実態や経年変化、その背景・理由などを交通心理学や他の交通科学の知見を交えて解説しました。できるだけ「交通統計」や「交通事故統計年報」に記載された集計データを用いましたが、そこにないデータも使いました。交通事故総合分析センターの統計表データやそこの集計システムを用いて独自に統計分析したデータ、交通事故分析関係の調査報告書のデータなどです。
　「交通統計」などの統計書は、ほとんどがクロス集計表から構成されています。そのため数字が苦手な方には、とっつきにくいものかもしれません。本書ではこの点を解消するために、統計書の表を使った場合には、それを加工した上でグラフ化し、事故の実態を視覚的に明らかにしました。また、表で取り上げられている事故調査項目の定義を知らないと、ひとりよがりの解釈になりがちです。そこで項目の定義を明らかにした上で、図表が示す事故実態の意味を解説しました。

　私は今、大学で女子学生を相手に心理学を教えていますが、10年前までは警察庁の科学警察研究所の交通安全研究室に勤務していました。研究所にいたその間、2年ほど交通局の交通企画課に出向しました。本格的に交通事故統計の勉強をしたのは、交通統計担当の専門官をしていたその時からです。
　全国の交通警察の活動を紹介した「月刊交通」という雑誌に、「交通警察統計」という1ページのコーナーがあります。そこに毎月投稿するのが専門官の仕事の一つでした。そのテーマを振り返ってみると、「若者の交通事故死者減少とその背景」、「交通事故死者の多発日」、「交通死亡事故とその関連指標」、「統計的にみたシートベルトの着用効果」、「30日死者の特徴」、「交通安全対策の評価と事故統計」、「天候と

交通事故」、「景気と交通事故」など、本書で取り上げた話題のいくつかが既にその頃に考えられていたことが分かります。出向が終わった頃、別の雑誌の編集者から、先生の「交通警察統計」コーナーは行政の方が書いたものと違っていて面白かったので、続きを連載してみませんか、というお誘いがありました。しかし、当時は博士論文を書くのが先決でしたので、お断りしてしまいました。

　幸いにも4年くらい前に、「月刊交通」で交通事故統計に関わる連載の機会を東京法令出版株式会社からいただきました。担当された府川麻衣子さん、野呂瀬裕行さん、佐藤朋子さんや読者のおかげで、この連載は3年くらい続きました。本書はその時の連載をベースにして、新しいデータを使って図表を書きかえ、また一部を加筆したものです。交通警察に携わる方だけでなく、地方自治体や学校の交通安全担当者、自動車教習所の指導員、企業の安全運転管理者や運行管理者など、多くの方に読んでいただき、事故防止に役立てていただければ幸いです。

　　　日野キャンパスにて　2014年初春

　　　　　　　　　　　　　　　　　　　　　　　　　松浦　常夫

目　次

◆第1章　どんなときに事故は起きるか

1－1　事故発生月
　　　　死亡事故は秋から年末に多い ……………………………… 2

1－2　事故の多発日
　　　　多発日を特定することは可能か …………………………… 9

1－3　事故発生時間帯
　　　　なぜ夜間は危険なのか ……………………………………… 17

1－4　天候と事故
　　　　雨の日は事故が多いか ……………………………………… 25

1－5　通行目的
　　　　業務中か私用中かで事故も違う …………………………… 33

1－6　同　乗　者
　　　　同乗者は運転と事故にどう影響するか …………………… 41

◆第2章　どこで事故は起きるか

2－1　都道府県と交通事故
　　　　事故の危険性を比べてみる ………………………………… 52

2－2　道路形状
　　　　なぜ交差点で事故が多いのか ……………………………… 60

2－3　道路線形
　　　　カーブの危険性とは ………………………………………… 67

2－4　交通信号
　　　　信号機のある交差点事故の特徴とは ……………………… 74

◆第3章　だれが事故を起こすか

- 3−1　子供の事故
  - 幼児、小学生、中学生でどう変わっていくか ………… 84
- 3−2　若者の事故
  - 若さと経験不足は事故にどう影響するか ………… 95
- 3−3　高齢運転者の事故
  - 加齢が運転にもたらす影響とは ………… 104
- 3−4　女性運転者の事故
  - 男性よりも事故を起こしやすいか ………… 115
- 3−5　バスとタクシーの事故
  - 一般ドライバーより事故の危険性が高いか ………… 125
- 3−6　自転車事故
  - 自転車は交通弱者か ………… 136

◆第4章　なぜ事故は起きるか

- 4−1　事故原因
  - 事故の背景にはどんな要因があるか ………… 146
- 4−2　法令違反
  - 事故直前にどんな違反をしているのか ………… 157
- 4−3　速　度
  - スピード運転はなぜ危険か ………… 165
- 4−4　飲酒運転
  - 飲酒は少量でも運転に影響する ………… 174
- 4−5　運転中の発作・急病
  - どのような発作・急病が発生するか ………… 185

目　次

◆第5章　どんな事故が起きるか

5－1　追突事故
　　　追突はどのようにして起きるか ……………………………… 196

5－2　出会い頭事故
　　　出会い頭事故の原因と発生パターンとは ………………… 204

5－3　車両単独事故
　　　単独事故は、いつ、どこで、誰が起こしているか ………… 211

5－4　歩行者事故
　　　人と車の両方から原因を探ると ……………………………… 220

5－5　死亡事故と負傷事故
　　　事故は被害程度ごとに違う …………………………………… 230

◆第6章　事故統計とは何か

6－1　交通事故統計の成り立ちと調査項目 ……………………… 240
6－2　交通事故統計表の種類と仕組み …………………………… 252
6－3　事故統計分析の目的と方法 ………………………………… 265

◆第7章　事故統計をいかに活用するか

7－1　事故統計から安全対策を導く ……………………………… 278
7－2　事故データを用いた安全対策の効果測定 ………………… 291

事項索引 ………………………………………………………………… 303

第1章

どんなときに事故は起きるか

1-1　事故発生月
死亡事故は秋から年末に多い

　毎年秋から年末にかけて交通死亡事故が多発することは周知の事実です。また、この時期には高齢歩行者の死亡事故が増えてくることもよく知られています。

　ここでは、この2つの事柄が因果関係にあること、すなわち秋から年末にかけて交通死亡事故が多発する理由は、高齢歩行者の死亡事故の増加が一因であることを、明らかにしていきましょう。

 Q1　秋から年末にかけて交通事故発生件数はどう変化していくでしょうか。
　　① 横ばい
　　② わずかに増加する
　　③ 死亡事故と同じくらい増加する

 Q2　アメリカやヨーロッパでも、秋から年末にかけて死亡事故が増えるのでしょうか。
　　① 増える
　　② 横ばい
　　③ 減る

▶答えは8ページ

◆　秋から年末にかけて死亡事故が増加する　◆

　図1は交通事故死者数と負傷者数を月別にみたものです[1]。これより確かに死亡事故は年の前半（1月から6月）よりも後半（7月から12月）に多く発生し、特に秋から年末にかけて多発することが分かります。一方、交通事故発生件数は1年を通じてあまり変わりません。わずかに、年末の

1-1　事故発生月

12月に発生件数が多い傾向がみられるだけです。

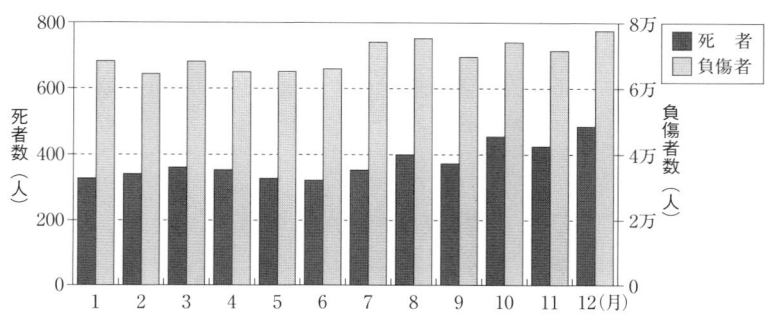

注　死者数と負傷者数は2011・2012年の2年間の平均。

図1　月別の交通事故死者数と負傷者数[1]

◆　**アメリカやヨーロッパでは**

　日本と同じ北半球に位置するアメリカやヨーロッパでも、同様に秋から年末に交通死亡事故が増えるのでしょうか。
　月別の交通事故死者数について調べると、アメリカでも年の前半（冬と春）は確かに日本と同じように交通事故死者は少ないのですが、日本と異なり、夏の方が秋よりも死者数が多かったのです（図2）。その理由は、アメリカでは夏に自動車の交通量が増えるからです。交通量当たりで比較すると、夏から年末にかけての死者数は横ばいでした[2]。

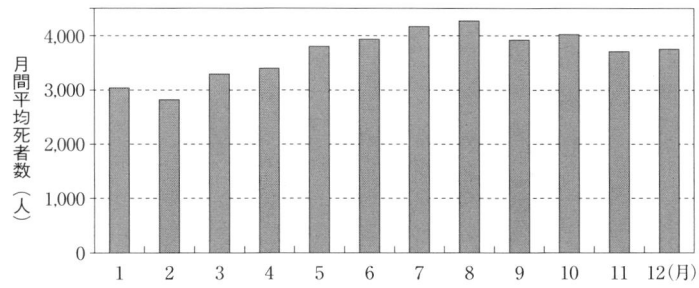

図2　アメリカの月別交通事故死者数（1978〜2002年の平均）（リュウら[2]を改変）

ヨーロッパでも結果はほぼ同じで、死者数は年の前半に少ないものの、夏には増える傾向があり、その後年末にかけてやや減少していきます[3]。

ところで、北海道は気候や風土が欧米型といわれますが、平成23年までの5年間の月別の交通事故死者数を比較すると、欧米と同じ傾向がみられました。死者数は夏が1年で最も多く、年末にかけて死者は少しずつ減少していくのです[4]。

◆ どのタイプの死亡事故が秋から年末にかけて増えるか

秋から年末に死亡事故が増えるのは、日本に特徴的な現象のようです。その理由を明らかにするために、まず、どのタイプ（事故類型）の死亡事故が秋から年末にかけて増えるかを調べてみました。すると、特に歩行者事故が増えているということが分かりました（図3）[5]。中でも薄暮時間帯の事故の増加が際立っていました（図4）[6]。

薄暮というのは、日が沈んで辺りが急速に薄暗くなる頃をいいます。東京辺りでは、夏は夕方の7時頃になってやっと暗くなりますが、年末になると5時前にはもう暗くなり始めます。こうした夕暮れ時は、「たそがれ（黄昏、誰そ彼）」と昔から呼ばれ、あっという間に日が沈んでしまうことから「秋の日はつるべ落とし」とも表現されてきました。

以上から、日本で死亡事故が秋から年末にかけて増えるのは、特に薄暮時の歩行者死亡事故の増加によるものだと分かりました。

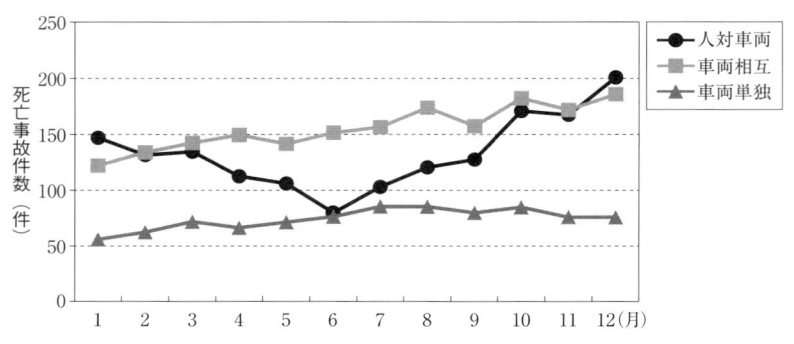

図3　月別にみた事故類型別死亡事故件数の推移（平成23年と24年の平均）[5]

1-1　事故発生月

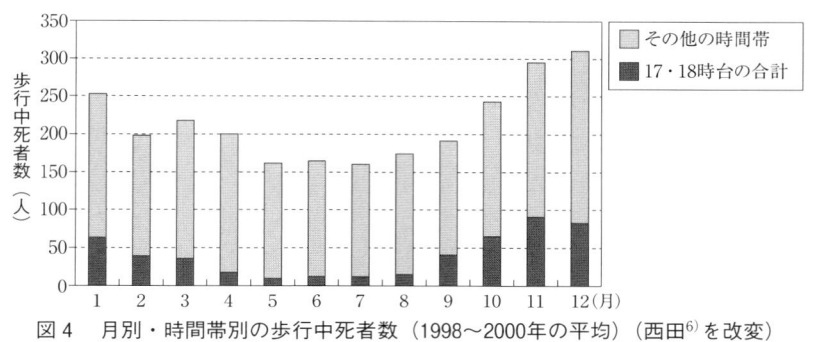

図4　月別・時間帯別の歩行中死者数（1998〜2000年の平均）（西田[6]を改変）

◆　秋の薄暮時に高齢者の歩行者事故が増える理由　◆

　歩行中死者の約7割は65歳以上の高齢者が占めます。このことから、高齢者の薄暮時の歩行者死亡事故が秋から年末に増えることが、この時期に死亡事故が増加する理由であると予想されます[6,7]。

　それでは、なぜ薄暮時の高齢歩行者の事故が秋から年末に増えるのでしょうか。1つ目は、秋になっても夕方の5時や6時にはまだ出歩いている高齢者が多いということです。それは高齢者も仕事、買物、通院、夕食前の散歩などその人なりの生活パターンを持っているからです。若い人よりも社会に関わっている度合いは少ないかもしれませんが、社会生活をしているからには、社会の生活リズムに影響されます。ここでいう社会の生活リズムというのは、仕事なら始業時刻と終業時刻などであり、買物なら時間帯による品ぞろえや閉店時間などであり、通院なら混み合う時間帯や診療時間などがあるということです。こういった生活リズムは季節を問わず、普通は一定です。ですから、高齢者であっても、秋の薄暮時間帯は危険なので外出しないということはあまりないはずです。かえって秋は夏や冬よりも快適な気候なので、外出する機会は増えるかもしれません。

　2つ目の理由は、先ほど述べた薄暮時の見にくさによって、特に高齢歩行者の危険性が増えるという点です。薄暮時は、ドライバーの側も歩行者が見にくくなる一方で、歩行者側からも車を発見しにくくなります。特に歩行者が高齢者であるときには、その影響が大きく、車の発見がいっそう

それは高齢になると、目の老化や病気によって、視野狭窄（視野全体が狭くなったり、視野の一部が欠けて見えなくなったりする状態）、動体視力（前後方向や横方向に動いている物体の細部を識別する視力）の低下、コントラスト感度（背景から図形を弁別する働きで、これが低い人はコントラストが低い明暗の縞を識別できない）の低下、および暗順応（明るい所から暗い所に移ったときに、時間の経過と共に視力が回復されていくこと）の遅れなどを招くからです。しかも、このような視覚機能の低下は、薄暮時や夜間の方が昼間より顕著にみられるのです。
　もちろん、事故は歩行者だけに責任が課せられるものではありません。車側も薄暮時は歩行者を発見しにくいのです。また、図5のように、双方が共に思い違いの行動をして事故に遭うこともあります。

図5　車と歩行者双方の思い違い

　以上のような歩行者側の思いこみの行動は、高齢者に特に多くみられるようです。

◆ 高齢者の歩行者事故は最も死亡事故になりやすい ◆

　高齢者の薄暮時の歩行者事故が秋から年末に増えることは分かりました。それでは、こういった事故が少し増えるだけでなぜ死亡事故の増加につながるといえるのでしょうか。それはまず歩行者事故は、いったん事故に遭うと歩行者が死亡しやすい事故であるからです。さらに、高齢歩行者が車とぶつかると、ほかの年代の歩行者より死亡しやすいからです。

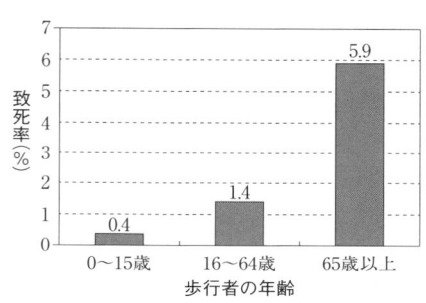

図6　歩行者の年齢層別致死率
（交通統計24年版）[8]

　図6は歩行者の年齢によって致死率（ケガをした場合にそれが死に至る人の割合）が異なることを示した図です[8]。高齢歩行者の場合は致死率が高く、100人が負傷するとそのうち6人が死亡します。致死率は6パーセントです。ところで、2012年の全国の交通事故負傷者数が約83万人でそのうち死者数が4,411人であることから、交通事故の平均的な致死率は0.5パーセントということになります[8]。この2つの数字を比べると、高齢者の歩行者事故は、最も死亡事故になりやすい事故の形態であることが明らかです。

◆ まとめ ◆

　死亡事故の発生月をみると、秋から年末にかけて事故が多発しています。その大きな理由は、この時期の特に薄暮時間に高齢者の歩行者事故が発生しやすくなるためです。本文では触れませんでしたが、この現象が日本に特徴的であるか調べてみると、アメリカでも歩行中の死者だけは秋から年末にかけて増加し、ヨーロッパでも高齢者の交通事故死者はほかの年代と

異なり、秋から年末にかけて増加していきます[2,3]。しかし、事故を全体的にみると、歩行者事故が少なく、また高齢化が日本ほど進んでいないアメリカやヨーロッパでは、秋から年末にかけて死亡事故はかえって減少していくのです。死亡事故のピークはバカンスの季節である夏なのです。

秋の薄暮時間での高齢者の歩行者事故を防止するためには、車側の早めの点灯、歩行者側の横断歩道での横断と反射材の着用といった地道な対策がやはり重要でしょう。

 Q1の答え　②　わずかに増加する
Q2の答え　③　減る

文　献

1）交通事故総合分析センター（2013）．交通事故統計年報　平成24年版．
2）Liu, C., Chen, Chou-Lin, & Utter, D.（2005）. *Trend and Pattern analysis of highway crash fatality by month and day*. U.S. Department of Transportation, National Highway Traffic Safety Administration（NHTSA）, National Center for Statistics and Analysis, DOT HS 809 855.
3）Evgenikos, P.（2009）. *Road safety and the elderly in Europe*. Paper presented at the 4th IRTAD Conference, Seoul.
4）北海道警察本部（2012）．
http://www.police.pref.hokkaido.lg.jp/statis/jiko/jikomonth/jiko2403.html
5）交通事故総合分析センター（2013）．交通事故集計ツールによる分析．
6）西田　泰（2003）．明暗条件を考慮した歩行者事故の分析とその防止策．国際交通安全学会誌, *28-1*, 6-13.
7）交通事故総合分析センター（2006）．夕暮れどきに発生する交通事故．イタルダ・インフォメーション, *62*.
8）交通事故総合分析センター（2013）．交通統計　平成24年版．

1-2 事故の多発日

1-2 事故の多発日
多発日を特定することは可能か

　交通心理学では事故を起こしやすい人（事故多発者）が問題になり、交通工学では事故が起こりやすい場所（事故多発箇所）がよく話題になります。それと同じように、1年365日の中で、事故が発生しやすい日（事故多発日）や発生しにくい日というものがあるでしょうか。あるいは言い方を換えると、ある年で事故が多かった日は別の年にも事故が多く発生するものでしょうか。事故の多い（少ない）日が偶然によるとすれば、事故多発日は毎年ばらばらであるはずです。

　ここでは、死亡事故（死者数）の多発日があるのか、あるとしたらそれはどういった日なのかについて明らかにしていきましょう。

交通事故死者が多い日も少ない日もありますが、それは偶然によるものでしょうか。
　① 死者が多い日も少ない日もあるがそれは偶然である
　② 偶然よりも死者が少ない日と多い日がある
　③ 偶然よりも死者が多い日があるが、それ以外は偶然である

年間のワースト10に入るほどの死者多発日の前日と翌日の死者数はどのくらいでしょうか。
　① 死者多発日より1～2人ほど死者が少ない
　② 死者多発日より3～6人ほど死者が少ない
　③ 死者多発日より5～10人ほど死者が少ない

▶答えは16ページ

◆ 1日の交通事故死者数の多少は偶然によるものか ◆

秋から年末にかけて交通死亡事故が多発することを1-1で述べました。このことは、1日の交通事故死者数が多いか少ないかは、偶然によるものではなく、少なくとも秋から冬にかけて1日の死者数は多くなる傾向がみられることを示しています。それでは月や季節のほかに、どのような要因が日々の死者数に影響しているでしょうか。

◆ 1日の交通事故死者数の分布 ◆

その前に、1日の交通事故死者数の多少は偶然によるものではないことを示すグラフを見てみましょう（図1）。このグラフは、2006～2009年に実際に生じた1日の死者数の分布と「ポアソン分布」と呼ばれる分布とを比較したものです。ポアソン分布というのは、事故の発生確率が一定であって、事故は互いに無関係に発生すると仮定した場合の、単位時間（ここでは1日）当たりの発生回数（ここでは死者数）を示す理論的な度数分布のことをいいます。

実際の死者数分布がこのポアソン分布と重なれば、死者数の分布はポアソン分布とみなせることになります。つまり、1日の死者数は多い日もあ

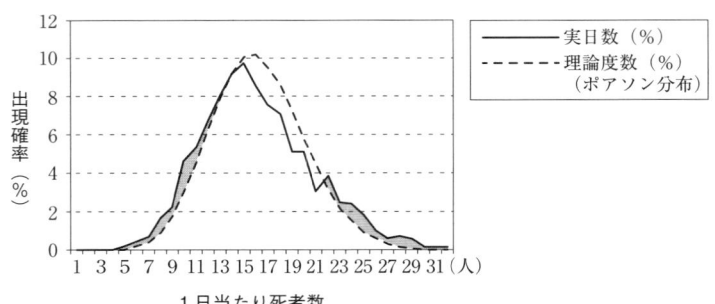

注　死者数の平均は共に15.2人。実際の分布をみると、1日当たりの死者数が偶然よりも多い日と少ない日があります。

図1　1日当たりの交通事故死者数の分布とポアソン分布（2006～2009年）[1]

り少ない日もあるがそれは偶然であり、そもそも死者数の発生確率（1日の死者数）自体は一定と考えられるという解釈です。それでは2つの分布は重なっているといえるでしょうか。2つとも似たような分布を示していますが、よく見ると実際の分布の方が、死者数が少ない日と多い日の出現頻度が高いようです。具体的にいうと、死者が少ない左側（11人以下）では実際の分布では22パーセントがそこに該当していますが、ポアソン分布では17パーセントとなっています。また、死者が多い右側部分（21人以上）では、実際の分布では14パーセントがそこに該当していますが、ポアソン分布では9パーセントとなっています（図1の網掛け部分が両者の差を表しています）。

　以上から、1日の死亡事故の発生確率（死者数）は、365日間で同じではないことが分かりました。つまり、毎日の死者数をみると、偶然よりも少ない日と多い日があるということです。ところで図1にみられる傾向は、20年くらい前の調査でもみられました[2,3]。このときの1日当たり死者数の平均は25～30人と多かった点が現在とは大きく異なりますが、死者数は偶然で決まるのではなく、事故が起きやすい日と起きにくい日があるという点では一致しています。

◆ どの日に死者は多く発生するか

　1年365日の中のどの日に死者が多いかを、2006～2009年の記録（死者日報[1]）から調べてみました（表）。その結果をみると、死者が多い日は11月と12月に多いことが分かります。死者が多発した43日の中で、26日は11月か12月に発生しています。

　それでは、特定の日に死者が多発しているでしょうか。表の中の▨で示した月日は、複数の年でワースト10（実際はワースト9～12）に入った月日を示しています。それは11月13日、12月4日、12月15日、12月22日、そして12月29日でした。この5日間や4年間の合計で死者が多かった11月20日から12月28日にかけての7日間（表の一番右の欄を参照）は、死者多発日と考えてよいでしょう。5日間のうち12月22日はクリスマス前であり、12月29日は帰省ラッシュの始まりの日です。

表　死者多発日（2006〜2009年）[1]

	年				
	2006	2007	2008	2009	4年間計
死者多発月日 （ワースト9 〜12）	9月29日 11月15日 11月21日 11月29日 12月4日 12月6日 12月8日 12月15日 12月22日	1月15日 1月27日 8月9日 8月10日 8月25日 9月19日 9月22日 10月17日 11月13日 11月30日 12月4日 12月26日	6月13日 8月14日 8月23日 10月20日 10月24日 11月17日 12月15日 12月20日 12月22日 12月29日	6月23日 8月24日 10月19日 11月13日 11月20日 12月14日 12月25日 12月27日 12月28日 12月29日 12月31日	11月13日 11月20日 11月21日 12月4日 12月6日 12月8日 12月15日 12月25日 12月27日 12月28日 12月29日
上記の日の 死者数の範囲	28〜31人	27〜31人	24〜28人	22〜29人	21.0〜23.8人

注　ワースト9〜12は月日の早い順に示したもので、死者数の多い順ではない。

ちなみに外国では、どの日に最も事故死者が多いでしょうか。アメリカを例にとると、7月4日の独立記念日とその前日に事故死者が最も多いようです[4]。この日はアメリカ全土で盛大なパレードや花火、催し物、特売セールが行われる1年で最大のお祭りのために、車や人出が多いためと考えられます。次に死者が多いのは、クリスマス前の12月23日と24日です。クリスマスは日本のお正月に相当し、静かに過ごすのでその前の2日は、日本の年末のようにその準備で忙しいからでしょうか。

◆ 死者多発日は突然現れる

図2は、事故死者多発日とその前後2日間の死者数の平均と標準偏差を示したものです。死者多発日は表に示した4年間の43日です。死者多発日の死者数が前後2日間の死者数より多いことは当然ですが、死者多発日の死者数は前々日や前日と比べて、5〜10人ほど多いという結果でした。表で示したような特別に死者が多発する日を知らなければ、ある日突然死者が多く発生するかのようです。図2をみると多発日の翌日は、8人ほど死者が減少します。それでも多発日の前日よりは平均して2人くらい事故は多くなっています。このことは、多発日の翌日も死者数が普通より少し多いことを示しています。交通事故死の原因となった何らかの要因が、多発

1-2　事故の多発日

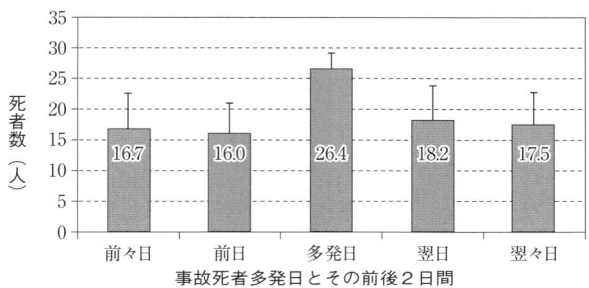

注　縦軸の死者数は、表に示す43日間のデータを平均したものです。
　　棒グラフの上の線の長さは標準偏差(43個の値の散らばりの大きさ)を表します。

図2　死者多発日とその前後2日間の死者数[1]

標準偏差（死者数の散らばりの大きさ）

　図2の棒グラフは、普通の棒グラフと少し異なっていて、それぞれの棒の上から線が伸びています。この線の長さは、「標準偏差」といって43日分の死者数データの散らばり方を示し、長いほど散らばりが大きいことを示しています。散らばりが大きいということは、43日のうちには死者が非常に少ない日もあれば、非常に多い日もあって、死者数に大きなばらつきがみられるということです。この標準偏差を5日間で比較すると、多発日が3人、そのほかの日が5～6人でした。一般的に、標準偏差の2倍を超えることは40回に1回くらいしかありませんから、図2の前日の死者数が平均の16人より10人以上多くなり、事故多発日の平均くらいになることはめったにありません。ちなみに、43日ある前日の死者数の中で死者多発日の平均である26人以上の死者があった日は2日しかありませんでした。

　受験などでおなじみの偏差値は、標準偏差と深い関係にあります。偏差値は、ある受験生が全体の中でどの位置にあるかを示す得点ですが、テストの難しさに関係なく、平均的な受験生なら50（点）となります。偏差値が60というと、入学が結構難しい有名大学に入るのに必要な偏差値になりますが、これは平均点より標準偏差の分だけテスト得点が高かったことを示しているのです。例を挙げると、ある全国規模の模擬テストをしたら、平均点が50点で標準偏差が20点だったとします。このとき、A君が70点（＝平均の50点＋標準偏差の20点）を取ったとしたら、A君の偏差値は60になりますし、B君はちょっと出来が悪くて30点しか取れなかったとすると、40の偏差値になるのです。

日の翌日にも余韻を残しているかのようです。

◆ 死者数の月の中での変化

　12月の月初めと月末は、死者が多発するということでしたが、こういった傾向はほかの月にもみられるでしょうか。以前にこれを調べたところ、月初めと月末（共に1日、計2日間）は、平均よりも3人死者が多いという結果でした[5]。これが現在でも当てはまるかどうかを2006～2009年の死者日報で調べた結果、図3のようになりました。

図3　月の日ごと（1日から31日）にみた事故死者数（2006～2009年の平均）[1]

　この図3からは、月末には死者数が多い傾向がみられますが、月初めに死者が多い傾向はみられません。かえって死者は月初めから月末に向かって増加しているようにみえます。

◆ 死者数の曜日の中での変化

　かつては死亡事故や死者数は週末（金、土、日曜日）に多いといわれました。これは昔の交通統計の曜日別死亡事故発生件数をみれば明らかです。筆者が以前調べたときも、土日は平均より死者が4人近く多く発生するという結果でした[5]。これが現在でも当てはまるかどうかを2006～2009年の死者日報で調べてみました（図4）。

1-2 事故の多発日

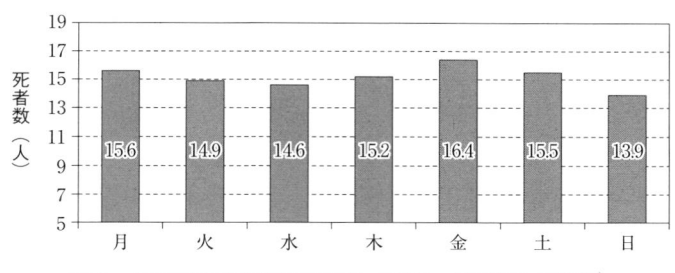

図4　曜日別の交通事故死者数（2006〜2009年の平均）[1]

　図4をみると、金曜日と土曜日に死者が多いのは以前と同じ傾向ですが、日曜日の死者数が4年間平均で13.9人と7日間で最も少ない点が、以前と大きく異なります。日曜日の死者数の減少は最近の新しい傾向です。死亡事故だけでなく人身事故についてもみると、この20年間で日曜日の事故の割合が減少し続けています（図5）。

　以上より、曜日もまた月や日（1日から31日）と共に死者数に影響する要因であることが分かりました。これをまとめると、1日の死者数は365日で同じではなく、1月から12月にかけて少しずつ増加し、特に11月から12月にかけて増加すること、同じ月でも1日から31日にかけて少しずつ増加すること、また曜日によっても死者数が異なり、日曜日は死者数が少ないことが

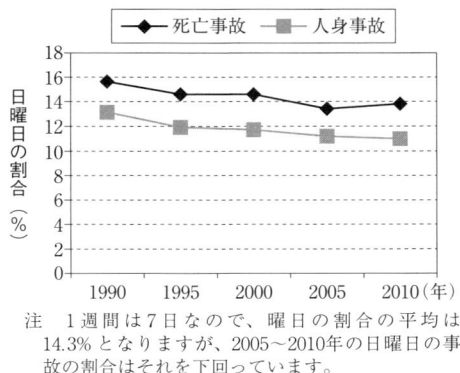

注　1週間は7日なので、曜日の割合の平均は14.3％となりますが、2005〜2010年の日曜日の事故の割合はそれを下回っています。

図5　日曜日の交通事故の割合の20年間の推移（交通統計2〜22年版）[6,7]

明らかになりました。このことから、ある年のある日の事故死者数は、それがどの月の何日であり、何曜日であるかが特定されると、ある程度は予測できるのです。

Q1の答え　②　偶然よりも死者が少ない日と多い日がある

Q2の答え　③　死者多発日より5〜10人ほど死者が少ない

文　献

1) 交通事故総合分析センター（2010）．交通事故死者日報（2006〜2009年）．http://www.itarda.or.jp/dairy.php?p=200912ほか．
2) 警察庁交通企画課統計係（1999）．交通警察統計（1日当たりの死者数の出現確率）．月刊交通, *30(12)*, 101.
3) 警察庁交通企画課統計係（1992）．交通警察統計（1日当たり死者数の出現確率）．月刊交通, *23(3)*, 101.
4) Liu, C., Chen, Chou-Lin, & Utter, D. (2005). *Trend and Pattern analysis of highway crash fatality by month and day*. U.S. Department of Transportation, National Highway Traffic Safety Administration (NHTSA), National Center for Statistics and Analysis, DOT HS 809 855.
5) 松浦常夫（1994）．交通警察統計（交通事故死者の多発日）．月刊交通, *25(4)*, 101.
6) 警察庁交通局（1991）．交通統計 平成2年版．
7) 交通事故総合分析センター（1996〜2011）．交通統計 平成7〜22年版．

1-3　事故発生時間帯

1-3　事故発生時間帯
なぜ夜間は危険なのか

　交通事故はいつ起きるのでしょうか。昼間の方が夜間より車が多く走っていて、歩行者や自転車などが行き来していることから、事故は昼間の方が多く発生すると考えられますが実際はどうでしょうか。また、夜間の方が交通量は少なくても事故に遭う危険性が高いといわれますが、そうでしょうか。また、それはなぜでしょうか。

　交通事故が最も多く発生する時間帯はいつでしょうか。
　　① 朝の通勤時間帯
　　② 夕方の通勤時間帯
　　③ 夜の10時頃

　夜間の方が昼間より多く発生する死亡事故はどれでしょうか。
　　① 人対車両事故
　　② 車両相互事故
　　③ 車両単独事故

▶答えは24ページ

◆ 事故はいつ発生しているか

　図1は1日を2時間ずつに分けて、いつ事故が多く発生しているかを調べたものです。まず全事故（死亡事故を含めた人身事故）についてみると、朝から夕方にかけての日中に事故のほとんどが発生していることが分かります。特に朝の8時・9時台と夕方の4時・5時台にピークがみられます。朝のピークは通勤やその後の業務運転、夕方のピークは帰社と帰宅の時間に一致しています。死亡事故は全事故と様子がかなり異なり、時間帯によ

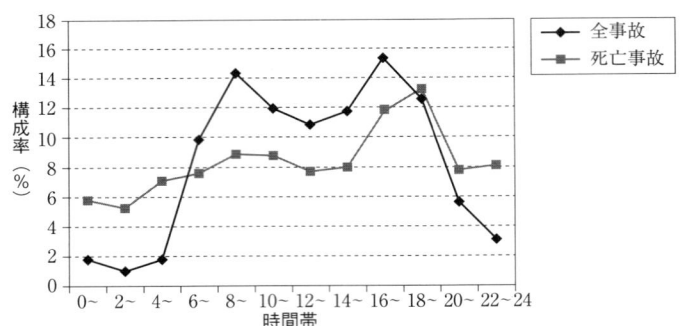

注　構成率の平均は8％で、この割合が高い時間帯ほど事故が多く発生する時間帯といえます。

図1　時間帯別の全事故と死亡事故の構成率（交通統計24年版）[1]

る差が少なく、比較的夕方に多く発生しています。

　図1をみて、夜間の事故はもっと多いのではないかと思った人はいませんか。バブル景気に沸いた1990年の結果をみると（図2）、全事故は25年前も今も日中の同じ時間帯に発生していますが、確かに死亡事故は夕方だけでなく、それから深夜にかけても多発していました。全事故の時間帯別分布は、今も昔も交通量の分布とほぼ一致していることから、この25年間で夜間の死亡事故が特に減少したのは、夜間交通の質が変化したためと考えられます。この点については次の項目で述べたいと思います。

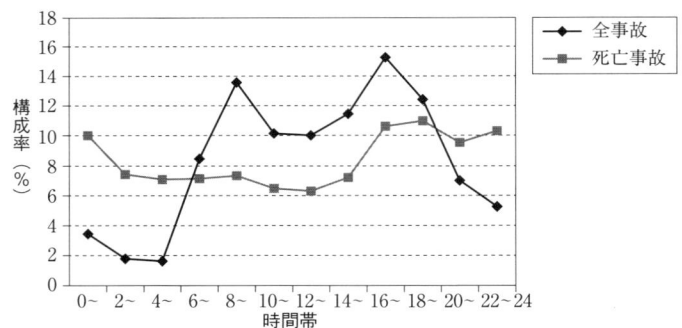

図2　25年前の時間帯別の全事故と死亡事故の構成率（交通統計2年版）[2]

1-3 事故発生時間帯

◆ 夜間事故とその危険性

(1) 死亡事故率からみた夜間事故の危険性

　交通事故統計では、事故発生時間と共に事故が昼に起きたか夜に起きたかを調べています。日の出から日没までを昼間とし、日没から日の出までを夜間としています。そのため事故発生時刻が同じであっても（例えば午後6時）、季節や都道府県によって昼間の事故になることもあれば夜間の事故にカウントされることもあります。一般的にいえば、朝の6時から午後の6時までを昼間、それ以降朝の6時までを夜間といってよいでしょう。

　図1と2でみた時間帯別事故件数（構成率）を、もっと単純に昼夜別事故件数としてみたものが表です。人身事故（全事故）はその4分の3が昼間に発生し、死亡事故は昼夜で同じくらい発生していました。このことから、交通事故はその多くが昼間に起き、夜間の事故は、件数は少ないものの死亡事故になりやすいといえます。人身事故に占める死亡事故の割合（％）を「死亡事故率」といいますが、夜間の死亡事故率（1.2％）は、昼間（0.4％）に比べて3倍多いという結果でした。夜間事故が交通事故のトピックスになる理由は、いったん事故になると死亡事故や重傷事故になりやすいからなのです。

表　昼夜別の事故件数と死亡事故率（交通統計24年版）[1]

昼　夜	人身事故	死亡事故	死亡事故率（％）
昼　間	483,753 (74％)	2,069 (51％)	0.4
夜　間	181,385 (26％)	2,211 (49％)	1.2

(2) 交通量からみた夜間事故の危険性

　交通量からみても夜間は事故が発生しやすいといえるでしょうか。図3は一般国道と高速自動車国道について、夜間の交通量の割合と夜間の人身事故と死亡事故の割合を示したものです。夜間の割合は、人身事故の方が交通量より少しだけ多いことから、人身事故は少しだけ夜間の方が発生し

やすいようです。死亡事故を見ると、夜間の死亡事故の割合は、夜間の交通量の割合に比べて2倍ほど多いこと、また、昼間の死亡事故の割合は、昼間の交通量の割合に比べて3分の2となることから、交通量当たりで考えると夜間では昼間より3倍多く死亡事故が発生することが分かります。

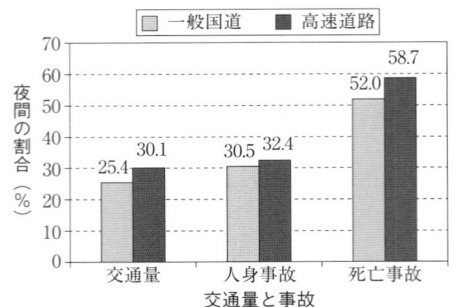

図3　夜間の交通量と事故の割合（2010年）

◆　夜間事故の特徴

　昼間の事故と夜間の事故の事故類型（衝突形態からみた事故の種類）を比較してみると（図4）、夜間の方が人対車両事故（歩行者事故）と車両単独事故の割合が多く、逆に出会い頭事故の割合が少ないことが分かります。ところが死亡事故については、図5に示すように、昼夜を問わずに人対車両事故と車両単独事故の割合が多いのですが、夜間では特に人対車両事故が多くなります。夜間の死亡事故の半分を人対車両事故が占めています。しかも、夜間の歩行者事故で死亡する人の3分の2は高齢者です。また、中年（25～64歳）の歩行中の死者も夜間になると増加します[4]。

　ところで、図5の車両単独事故の構成率を見て、意外に夜間の車両単独事故が少ないなと感じた人はいませんか。それは、夜間の死亡事故といえば、若者が普通乗用車や二輪車を乗り回して、スピードの出しすぎで単独事故を起こしてしまうというイメージが以前にはあったからではないでしょうか。この点を確かめるために事故全体に占める単独事故の割合の推移を調べてみました（図6）。すると予想どおり、25年前には夜間死亡事故の30パーセント近くを車両単独事故が占めていました。このころは、第2次ベビーブームの世代が若者であり、日本経済もバブル景気に沸いて、夜型社会という言葉が登場した時代でした。平成4（1992）年には交通事故死者が1万1,451人に達し、第2次交通戦争のピークを迎えていました。

1-3 事故発生時間帯

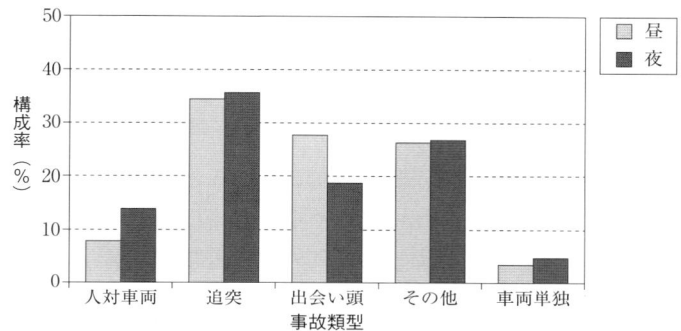

図4　昼夜別の事故類型（全事故、交通統計24年版）[1]

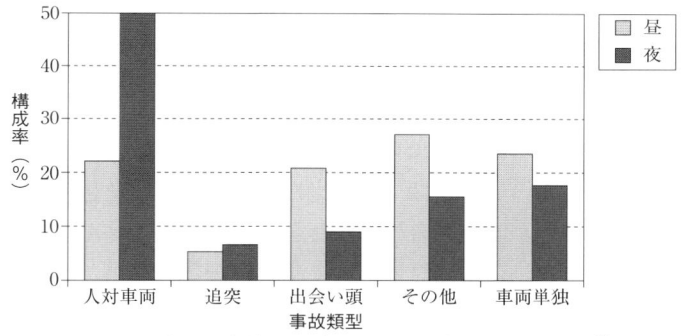

図5　昼夜別の事故類型（死亡事故、交通統計24年版）[1]

　図1、2と図6を突き合わせてみると、深夜の車両単独事故の減少がここ20年の間に大きな傾向として生じていたことが分かります。深夜の車両単独事故の主役は若者であることから、この傾向は、若者の人口減少および車離れと密接な関係がありそうです。

　歩行者事故が多いというほかに、夜間事故、特に夜間の死亡事故の特徴としては、衝突時の走行速度が速いこと、飲酒をして運転したり歩行したりして事故に遭う人が多いことがよくいわれています[5,6]。

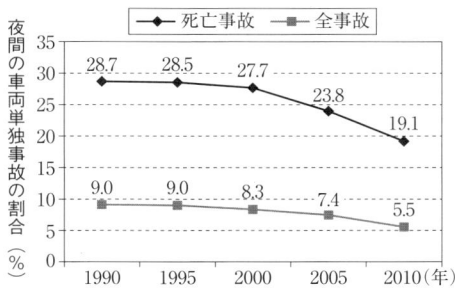

図6　夜間事故に占める車両単独事故の割合の推移（交通統計22年版等）[1]

◆ 夜間に事故が起きやすい理由

(1) 暗い

　夜間の最大の特徴は、太陽が沈んで暗いということです。太陽のおかげで昼間は曇りの日でさえ、運転中に人や車を容易に見つけることができます。しかし、日が沈んで夜になると、郊外の市道などは真っ暗です。

　モノが見えるのは、ネオンやライトのようにそのモノが自ら光を発している場合か、ライトなどの光にモノが照らされている場合に限ります。例えば、前照灯の光によって対向車が来ていることが分かり、こちらの前照灯が相手の車を照らすことで対向車の姿がとらえられます。もちろん道路脇に民家の明かりや街路灯（道路照明灯）がある明るい道路では、対向車はすれちがう前から見えます。

　では、道路前方を横断する歩行者についてはどうでしょうか。歩行者が懐中電灯を持って歩いていれば、何の光だろうと注意が喚起されますが、それでも周囲や路面が暗い場合には歩行者の姿は見えません。横断歩行者の姿が見えるためには、街路灯によって歩行者が照らし出される必要があります。

　車のヘッドライトによっても歩行者の姿をとらえることができます。しかし、スピードを出して運転していると、発見したときには手遅れだということがあります。例えば、時速60キロで運転していて、50メートル前方に歩行者らしきものを発見したとすれば、そのまま運転を続ければ3秒後には横断地点に到達してしまいます。スピードを落とそうと思って急ブレーキをかけたとしても、ブレーキが効き始めるのに2秒は必要でしょう。そのときには立ちすくんだ歩行者が目の前に迫っているのです。

　こういったドライバーから歩行者や自転車乗員を守るために開発されたものが反射材です。反射材はヘッドライトからの光を効率的に反射するので、そこに歩行者や自転車らしきものが存在することをいち早くドライバーに知らせてくれます。また、最近ではライトなどが内蔵されていて、光が当たらなくても自らが光り、反射材と同じ役目を果たしてくれる安全用品も開発されています。

1-3　事故発生時間帯

夜間の暗さは、事故要因にも表れています。歩行者事故の運転者側の要因を発見の遅れ、判断の誤り、操作の誤りおよびその他に分けて、事故発生時間帯別に調べたところ、夜間の方が昼間より発見の遅れの割合が顕著に多いという結果でした[7]。これは夜間の歩行者にとって、自らの存在を車側に見せることがいかに大切かを示すものです。

(2) **眠気と疲れ**

夜間に事故が起きやすい理由は、ほかにも様々あります。この中で眠気と疲労について簡単に触れたいと思います。

人や動物には生物時計が脳の中にあって、1日の中に活動期と休息期を割り振っているといわれます。この時計が発するプログラムによって、意識状態（眠気）が時刻によって変化していくのです。簡単にいえば昼間は目覚めていて、夜は眠気が強いということで、この1日のリズムは「概日リズム」（サーカディアンリズム）と呼ばれています[8]。つまり、夜の運転は自然と眠くなるものなのです。また視覚的に刺激の少ない夜間での運転は単調であることから、眠くなることもあります。いずれにせよ眠気が強い夜間に運転すれば、居眠り運転にならないとしても、相手を発見するのが遅れたり、相手の動静に対する判断を誤ってしまう可能性が高まるでしょう。

疲れも安全運転には大敵です。夜間の運転中に疲れを感じるのは、睡眠不足だったから、日中に活動した後だから、昼から続いて長時間運転をしてきたから、そして何よりも眠気に逆らっているからです。運転シミュレーターを使った実験によれば、疲労の状態で運転すると、眠気が強い状態での運転と同様に、車の動きにふらつきが見られ、走行速度が安定せず、突発的な事柄に対する反応時間が延びるようです。

夜間の運転で生じる眠気や疲労は、生理的な現象であると共に社会的な問題でもあります。深夜でもタクシーは営業していますし、早朝に荷物が届くように深夜も運転を続けているトラックもあります。日々の忙しさやストレスから、睡眠不足や睡眠障害を起こし、眠気をこらえながら運転している人も多いようです。夜間事故の防止のためには、ドライバーが体調を整えると共に社会の側からの配慮も必要といえます。また、夜間事故防

止のためには夜間の運転を前提とした上で、道路照明などのハード面の対策も必要となります。

Q1の答え　②　夕方の通勤時間帯
Q2の答え　①　人対車両事故

文　献

1）交通事故総合分析センター（1996〜2013）．交通統計 平成7〜24年版．
2）警察庁交通局（1991）．交通統計 平成2年版．
3）国土交通省道路局（2010）．道路交通センサスからみた道路交通の現状、推移（データ集）．
   http://www.mlit.go.jp/road/ir/ir-data/data_shu.html
4）警察庁交通局（2013）．平成24年中の交通死亡事故の特徴及び道路交通法違反取り締まり状況について．
   http://www.e-stat.go.jp/SG1/estat/List.do?lid=000001106841
5）日本交通科学協議会（1993）．夜間の交通安全国際会議論文集．
6）交通事故総合分析センター（1994）．夜間死亡事故．イタルダ・インフォメーション，3．
7）西田　泰（2003）．日照条件を考慮した対歩行者・自転車における交通事故分析．交通事故例調査・分析報告書（平成14年度報告書）
8）井上昌次郎（2006）．眠りを科学する．朝倉書店．

1-4　天候と事故
雨の日は事故が多いか

　天候は、人々の生活に大きな影響を与えます。最近は、大雨や酷暑などの異常気象が発生することが多く、快適な暮らしに天候が関わっていることを思い知らされます。自動車交通は生活の一部ですから、その結果として生じる事故も天候の影響を受けているはずです。

　雨の日には事故が多いといわれていますが、実際はどうでしょうか。また、雨の日の事故にはどんな特徴がみられるでしょうか。

> **Q1** 雪や霧などを含めた雨天時（降水時）の事故の割合はどのくらいでしょうか。
> 　① 全事故の7分の1
> 　② 全事故の5分の1
> 　③ 全事故の3分の1

> **Q2** 雨天時（降水時）に事故が発生しやすい道路形状はどこでしょうか。
> 　① 一般単路
> 　② カーブ・トンネル
> 　③ 交差点

▶答えは31ページ

◆ 事故はどんな天候の時に発生しているか ◆

　図1は事故発生時の天候（天気）を3つに分けて、天候別の全事故件数と死亡事故件数の割合を示したものです。両タイプの事故ともに、晴れの時に最も多く発生し、雨天時などの降水時（雨や霧や雪で、雨が90％を占める）にはそれほど多く発生していませんでした。

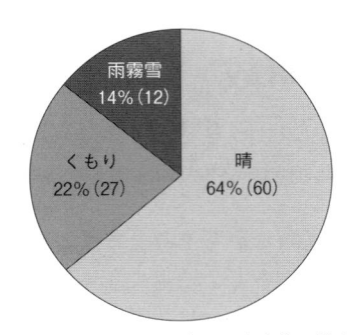

第1章 どんなときに事故は起きるか

注 %は全事故、カッコ内は死亡事故の構成率（平成23年と24年の平均）を示します。

図1 全事故と死亡事故の天候別割合（交通統計23、24年版）[1]

◆ 雨天時の危険性

(1) 年平均降水量と降水時の事故の割合

　降水時には事故が多く発生しやすいかを間接的に知る方法に、ある年の降水量が平年より多いと、その年の降水時の事故の割合も多いかどうかを調べるという方法があります。図2は、両者の関係を過去10年間に遡って調べた散布図です[1~3]。これより、年降水量が平年より多いと、その年の雨天時等の事故の割合も大体多いことが分かります。ただし、降水量が1,800mm以上の年ではそういった関係が見られません。例えば、平成16（2004）年は降水量が多いのに雨天時等の事故の割合が少なかったのですが、その理由としては、この年には「10個の台風が上陸し（平年は3個）、1951年の統計開始以降の記録を大幅に更新した[4]」ことが考えられます。また、平成23（2011）年は「平成23年7月新潟・福島豪雨や、9月の台風第12号と台風第15号による記録的な大雨により、甚大な災害が発生した[5]」年です。つまり、こういった年は台風がたくさん来たために年降水量も多くなったのであり、台風襲来時を除けばそれほど雨量は多くはなかったといえるかもしれません。こういった年を除いてみると、両者の関係は強くなります。

1-4　天候と事故

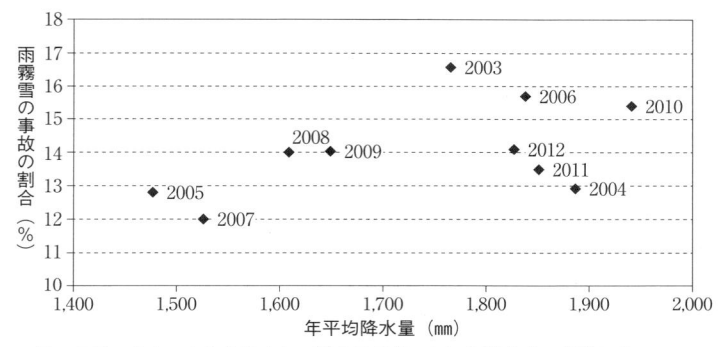

注　台風の多かった年を除くと、降水量が多い年ほど降水時の事故が多い傾向がみられます。降水量の年平均は気象庁[2]と理科年表[3]によります。

図2　年降水量の降水時の事故の割合（2003～2012年の10年間）

(2)　気象庁の降水観測

　図1から、晴れの時の事故が最も多く、雨天時の事故が少ないことが分かりました。この結果は、1年を通じて晴れの日が一番多く、雨の日は少ないこととだいたい一致しています。しかし、1年の7分の1が雨や雪の状態というのは、梅雨や秋雨の頃、冬の豪雪地域を除くと、降りすぎだとは思いませんか。少しでも雨が降った日が、7日間に1日あるというのなら納得がいきますが、雨が降っている時間が全体の7分の1というのは多すぎるという印象です。

　平均すると日本全国で雨が降っている時間は年間でどのくらいなのか（全国の降雨時間の平均）が分かると、図1と比較することで、雨天時には他の天候時よりも事故が多く発生しているかどうかが明らかになります。例えば、仮に1年の12分の1が雨の状態だったとすると、やはり雨の時には事故が多いということになります。

　そこで全国の年間の降雨時間を調べたいのですが、こういったデータはあるでしょうか。台風や大雨の時に「岡崎市では29日の1時間雨量が観測史上1位を更新する146.5mmに達しました（平成20年8月末豪雨）」[6]という言い方がされるように、また天気予報で「明日の東京地方の降水確率は10%です」と放送されるように、降った雨の量（降雨量）は雪やあられな

どを含めた水分量（降水量）として、全国約1,300か所のアメダス観測地点で測定され（**図3**の写真)[7]、10分おきにそのデータが気象庁のアメダス・センターに集められ解析されています。したがって、ある10分間の降水量（10分間降水量）や1時間、1日、1年を単位とした降水量の統計はありますが、ある瞬間に雨が降っていたかどうか（つまり雨が降っていた時間）のデータはないのです。

図3　アメダス観測所全景[7]

(3) 通常時の1時間降水量と事故発生時をはさむ1時間当たりの降水量の分布の比較

事故に対応したアメダス気象データを求める代わりに、アメダス気象データに対応するように事故データを修正する方法で、降水時の危険性を間接的に調べることができます。つまり、事故発生時の天候を晴れとか雨と記録する代わりに、事故発生時を含む1時間の降水量を推定して、事故時の降水量分布を作成し、それを通常の降水量分布と比較するのです（**表**)[8]。

表　死亡事故発生時と通常時の1時間降水量（高岸・森[8]を改変）

	1時間降水量							
	0 mm以上	1 mm以上	2 mm以上	3 mm以上	4 mm以上	5 mm以上	不明	計
死亡事故発生時	7,932	406	168	86	74	131	0	8,797件
通常時	7,996	400	139	72	41	99	13	8,760時間
1時間当たり死亡事故件数	1.0	1.0	1.2	1.2	1.8	1.3	—	—

注　死亡事故発生時の1時間降水量は、事故発生地点に近い観測所の事故発生時を含めた1時間の降水量を示します。通常時の1時間降水量は、上記観測所（全国843地点）のその年の1時間降水量の分布（平均）を示します。

1時間に1mmの雨（**表では1mm以上と表示。その範囲は1.0～1.9mm**）というのは、傘をささなくても我慢できないわけではないが、傘を持っている人なら、ほとんどの人が傘をさすような雨が1時間続く状態のことのようです。また、0mm（**表では0mm以上と表示**）というのは雨が降ったとしても1時間の間に1mmに達しなかった場合のことですから、事故が発生した時に雨が降っていたとしても0mmに該当することがあります。

　さて、**表**から、雨が激しい時間帯ほど死亡事故の発生件数が多くなるという傾向がみられます。しかし、0mmの時と降水時全体（1mm以上）を比較してみると、降水時には死亡事故が若干多い（1.2倍）という結果でした。降水時の事故件数がそれほど多くなかった理由としては、**表のデータが降水時の危険性を厳密に調べたものではない**ことも考えられますが、雨が降ったりしている時には人や車の交通量が減少することも考えられます。交通量当たりでみれば、あるいは1人のドライバーが運転している時の事故危険性から考えれば、**表の数字以上に降水時は危険である**ことが予想されます。

◆ 統計からみた雨天時の事故の特徴

　雨が降っていると視界が悪く、路面が濡れてスリップしやすいものです。また、走行速度は下がりますが[9]、道路がすくと雨にもかかわらずスピードを上げるドライバーもいます。そうした交通環境から、雨天時には晴れや曇りの時とは異なる事故が発生しやすいといわれています。

　全国統計によれば、晴れや曇りと比較した降水時（雨や霧や雪など）の事故の特徴として、

- カーブ、橋、トンネル等の単路で事故が多い（図4）。
- 夜間の事故が多い。
- 二輪車や自転車の事故が少ない。
- 歩行者事故（歩行者横断中）、正面衝突、車両単独事故（工作物衝突）が多い。
- 危険認知速度（危険を認知したときの走行速度）が高い。

が指摘されています[10,11]。

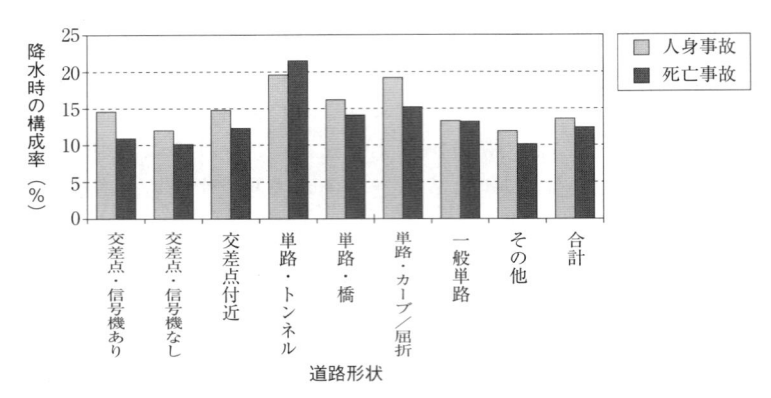

図4　道路形状別にみた降水時の事故の割合（交通統計23、24年版）[1]

注　降水時（雨・霧・雪）には、一般単路以外の単路での事故が多い。

◆ 事故事例からみた雨天時の事故の特徴

　一つひとつの事故を詳細に検討して事故原因などを明らかにする分析のことを、事故事例分析といいます。日本では、平成5年から交通事故総合分析センターで、事故事例の収集と分析が行われています。その中の1つに、雨天時の事故分析があったのでそれを紹介します[11,12]。雨天時の事故例249件の中で、雨天であったことが事故の主要な原因か副次的な要因であった事故例が39例ありました。それを詳しく検討して分類した結果、「スリップによる事故」25件と「見えないこと（視界障害）による事故」14件に分けられました。各々の代表的事故例を選んで以下に紹介します。

　【スリップによる事故例】
　　午後4時頃、強雨の中、22歳のA子さんは普通乗用車を運転し、友人のあとについて右カーブに高速度で進入したところ、道路左の路肩にはみだしてしまい、右にハンドルを切った。しかし、切りすぎて対向車線まで進出してしまい、今度は左に急ハンドルを切ったが、後輪が滑り始めてコントロールができなくなり、対向してきた車と正面衝突した。事故要因としては、雨による一般的な視界の悪さのほかに、

後輪のタイヤ溝が少ない車を運転していたこと、カーブの手前は見通しの良い直線路であって高速で運転していたこと、手前の家に隠れてカーブの大きさや方向が把握しにくかったこと、カーブ沿道は畑で路肩付近には砂利や石が散乱していて滑りやすかったことが考えられた。

【見えないことによる事故例】
　夕方7時頃、強雨の中、55歳のA男さんは道路照明がない2車線道路を運転中、右側歩道から横断する人（86歳女性）を発見して急ブレーキをかけハンドルを切ったが、間にあわずに衝突し死亡させた。事故要因としては、雨による一般的な視界の悪さとともに、道路照明のない暗い道路を漫然と運転していたこと、横断場所は平坦であったが、歩行者から見てA車の来る方向は下り坂になっていて、互いに相手を発見しにくかったこと、横断歩行者が高齢者で認知・判断的な能力に問題があったことが考えられた。

Answer	Q1の答え	① 全事故の7分の1
	Q2の答え	② カーブ・トンネル

文　献
1）交通事故総合分析センター（2004～2013）．交通統計 平成15～24年版．
2）気象庁（2013）．日本の年降水量偏差の経年変化．
　http://www.data.kishou.go.jp/climate/cpdinfo/temp/an_jpn_r.html
3）国立天文台（2012）．理科年表 平成25年．丸善
4）気象庁（2005）．2004年（平成16年）の天候．
　http://www.data.jma.go.jp/obd/stats/data/stat/tenko2004.pdf.
5）気象庁（2012）．2011年（平成23年）の日本の天候．
　http://www.maff.go.jp/j/study/suito_sakugara/h2303/pdf/data 2 -1.pdf
6）気象庁（2010）．平成20年8月末豪雨について．
　http://www.jma.go.jp/jma/press/0809/01d/gouubessi200808.pdf
7）気象庁（2010）．観測機器について．
　http://www.jma.go.jp/jma/kishou/know/faq/faq11.html

8) 高岸一博・森 健二 (2001). 気象情報を活用した交通事故統計分析. 第4回交通事故調査・分析研究発表会, 35-42. 交通事故総合分析センター.
9) 国際交通安全学会 (2007). 性能照査型道路設計のための交通容量・サービス水準に関する研究報告書.
10) 交通事故総合分析センター (2001). 降水時には自動車乗車中、歩行中の死亡事故が増加. イタルダ・インフォメーション, *34*.
11) 交通事故総合分析センター (1999). 交通事故調査・分析報告書（平成10年度報告書）, 179-206.
12) 交通事故総合分析センター (2000). 交通事故調査・分析報告書（平成11年度報告書）, 198-224.

1-5 通行目的
業務中か私用中かで事故も違う

　どのような目的で道路を通行していたかを通行目的といいます。これが事故統計に登場したのは、交通事故死者数がピークを示した昭和45（1970）年です。このときは通行目的といわず、使用目的と呼んでいました。使用目的は職業目的と私用目的に分かれていましたが、使用と私用が区別しにくいということから、それ以後の原票改正からは現行の通行目的に変わりました。

　通行目的は大きく、業務、通勤、通学等、私用に分かれています。通勤と通学は、それぞれ出勤・退社、登校・下校のように行きと帰りの区分がありますが、業務と私用には区分がありません。そのため、ある目的（例えば、私用の買物）で出かけ、その目的を果たして帰宅する途中であっても、他に目的がない場合は行きの目的（ここでは私用の買物）により区分します。この通行目的の分類方法は、国土交通省が実施しているパーソン・トリップ調査と少し異なっている点にご注意ください。その調査では、ある目的を果たして帰宅する場合は、帰宅に区分されます。

　通行目的は、人々のライフスタイルによって異なりますから、年齢や性別、時代によって変化するでしょう。また、通行目的によって事故の起きやすさや大きさが影響される可能性もあります。

　ここでは、業務、通勤・通学、私用の各事故について、その特徴を取り上げていきます。

Q1 私用中事故の割合が最も多い交通手段（当事者）はどれでしょうか。

① 自動車
② 自転車
③ 歩行者

> **Q2** 自動車運転中に、最も事故を起こしやすい通行目的はどれでしょうか。
> ① 業務
> ② 通勤
> ③ 私用
>
> ▶答えは40ページ

◆ 車利用のライフスタイルと事故

　我が国の自家用乗用車の保有台数は6,000万台で、最近は伸び悩んでいるものの平成になってからほぼ倍増しています[1]。国民の2人に1人が車を保有しているということになります。そのため、鉄道機関が発達している大都市を除けば、トリップ（移動）の半数は自動車で行われています[2]。

　全国を対象としたパーソン・トリップ調査によれば[2]、平日の交通の目的（事故統計でいうと通行目的）で一番多いのは、帰宅（40.6％）、次いで私事（29.3％）、通勤・通学（21.7％）、業務（8.4％）でした。ただし、このデータは自動車だけではなく、徒歩、自転車、二輪車、バス、鉄道など全ての交通手段を合計したものです。業務トリップの4分の3が自動車であることを考えると、自動車に限ると交通の目的での業務の割合はもっと多いでしょう。

　パーソン・トリップ調査は、数年に一度、実施されています。その推移をみると、交通手段として自動車の利用が増えており、中でも私事目的での車利用が増えています[2]。生活の中で、特に私的な生活において、車の利用が大きな位置を占めるようになったのです。こうしたライフスタイルの変化は、当然、事故にも影響するでしょう。

　図1は、人身事故を起こした運転者の通行目的の年推移を示しています[1]。予想どおり、私用中の事故の割合が年ごとに増加しています。私用のなかでも多いのは買物と訪問で、自動車の場合には私用全体の半数近くを占めます。家から離れた所に店がある場合や、まとめて大量の買物をする場合は自動車が便利ですし、遠くの友人を訪ねたり、家族で親戚宅を訪

1-5 通行目的

問するときにも自動車が活躍しているのです。

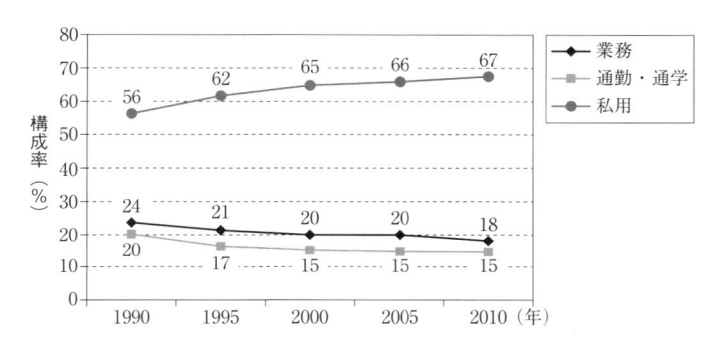

図1 通行目的の推移（原付以上の第1当事者、交通統計2〜22年版）[1]

◆ 交通手段と通行目的

　図1から、原付以上の車の場合には、私用が通行目的全体の3分の2を占めていました。車といっても自動車と二輪では、通行目的が異なるかもしれません。また、自転車や歩行の場合の事故時の通行目的は、自動車と異なることが予想されます。こういった点を調べてみましょう（図2）。

　図2から、買物を中心とした私用目的の事故が、どの交通手段でも一番多いことが明らかです[1]。中でも、歩行者の場合は私用の割合が最も高く、全体の80パーセントを占めています。業務と通勤・通学についてみると、自動車だけ業務中の事故が通勤・通学中の事故より多く発生しています。

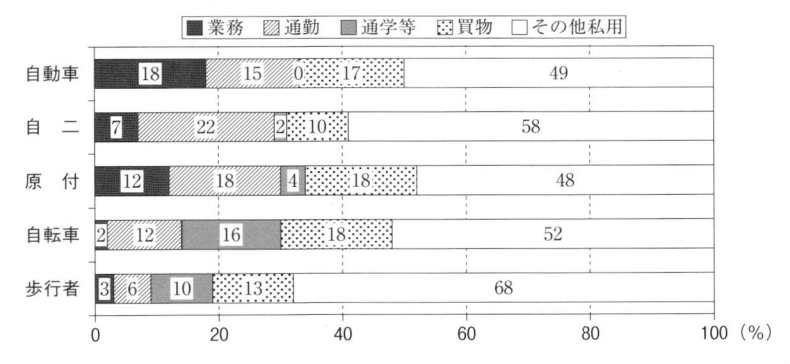

図2 交通手段別の通行目的別事故件数の割合（第1当事者、交通統計24年版）[1]

◆ 通行目的と事故の起きやすさ

　通行目的を事故統計で調べる理由の一つは、通行目的により事故の起きやすさや被害の大きさが異なるか調べ、異なる場合にはその理由を考えて、事故防止対策に結びつけるためです。

　事故の起きやすさは、ふだんの通行目的と事故時の通行目的を比べて、例えば事故時の方が私用の割合が多ければ、私用中は事故が起きやすいと考えます。ふだんの通行目的は、パーソン・トリップ調査から推定します。その結果によると、自動車の1日当たりのトリップ数や1トリップ当たりの所要時間は、業務と通勤が同じくらいで、私用は業務や通勤よりトリップ数は2倍くらい多いものの1回のトリップに要する時間は短いということでした[2,3]。

　この結果を図2の事故時の通行目的と比べてみましょう。図2より自動車の業務中の事故の割合は18パーセント、通勤中は15パーセント、私用中は66パーセントでした。私用中の事故は、業務や通勤時の3倍以上多く発生していました。これより、私用中では事故時の割合の方が多く、通勤と業務ではふだんの通行の割合の方が多いことが分かります。つまり、私用中の方が業務や通勤時より事故を起こしやすいと考えられます。

◆ 通行目的と事故の大きさ

　事故の大きさというのは、事故の起こしやすさとは関係なく、いったん死傷事故（人身事故）を起こした場合、それが大きな事故、つまり死亡事故になりやすいかということです。これが通行目的で異なるかを調べたものが図3です。この図から、業務や通勤時の方が、私用時よ

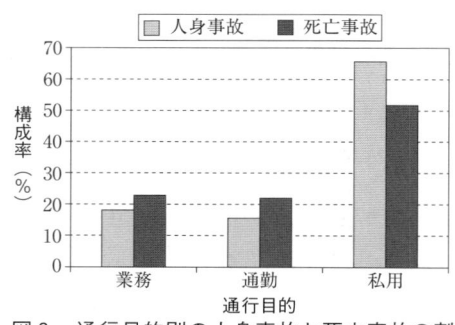

図3　通行目的別の人身事故と死亡事故の割合（1当原付以上、交通統計24年版）[1]

1-5 通行目的

り死亡事故になる割合が相対的に高いことが分かります。詳しくみると、業務の中でも特に職業運転中が死亡事故の割合が高く、通勤の中でも特に退社時の死亡事故の割合が高いという結果でした。また、私用中の事故は死亡事故になりにくいのですが、送迎とドライブと観光・娯楽はその例外で、死亡事故率が高いという結果でした[1]。

職業運転中の死亡事故の割合が高い理由は、バスや貨物車などの大型車両を運転することが多いためです[4]。退社時の事故が死亡事故になりやすいのは、それが死亡事故率の高い夕方や夜間に発生するからです。

私用時の事故が死亡事故になりにくい理由の一つは、私用目的が特に女性運転者に多いという点にあります（図4）[5]。女性は人身事故を起こしても、男性ほどは死亡事故になりにくいのです。一方、私用の中で送迎とドライブと観光・娯楽に限って死亡事故になりやすいのは、男性運転者の割合が多いこと、若い運転者の割合が多いこと、慣れない道を運転していること、同乗者の人数が多いことがその原因と考えられます[6]。

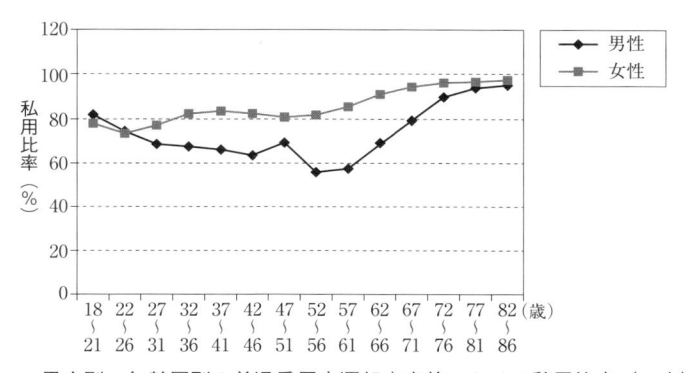

図4 男女別、年齢層別の普通乗用車運転中事故における私用比率（1当）[5]

業務中の事故と国による管理者制度

昭和35（1960）年に、事業用自動車の運行の安全を確保するため、自動車運送事業者は、営業所ごとに一定の車両台数に応じて運行管理者を配置し、安全な走行を確保するための具体的な指示、運転者の勤務時間等の適

正な管理、運転者に対する指導監督などを講じて、安全運行の確保を図るという運行管理者制度が発足しました[7]。

また、その5年後には、対象を自動車運送事業者以外に拡大した安全運転管理者制度が発足しました。現在では5台以上の車を使う事業所では、安全運転管理者を置いて、車の運転に従事する職員に対して、安全運転ができる管理体制をとり、安全教育を実施することが定められています。最近では、従業員の交通安全対策に本腰を入れる企業が増えてきましたが、そのきっかけとなったのがこの制度です。

こういった管理者制度が事故防止に具体的にどう寄与しているかを知るために、昭和55（1980）年には、原付以上の車を運転していて事故を起こした運転者に対して、その通行目的が職業運転、業務および通勤時であった場合には、運行管理者や安全運転管理者を選任している事業所の職員であったかどうかを事故統計で調べるようになりました。

図5は、運行管理者や安全運転管理者が選任されている事業所とその他の事業所での事故件数が、最近の12年間でどう変化したかを調べた結果です[8,9]。運行管理者選任事業所ではあまり事故が減少していませんが、安全運転管理者選任事業所では45パーセントも事故が減少しました。選任対象ではない事業所でも25パーセントほど事故は減少していますが、安全運転管理者選任事業所ほどではありません。

この間の安全運転管理者選任事業所管理下の運転者数をみると、603万

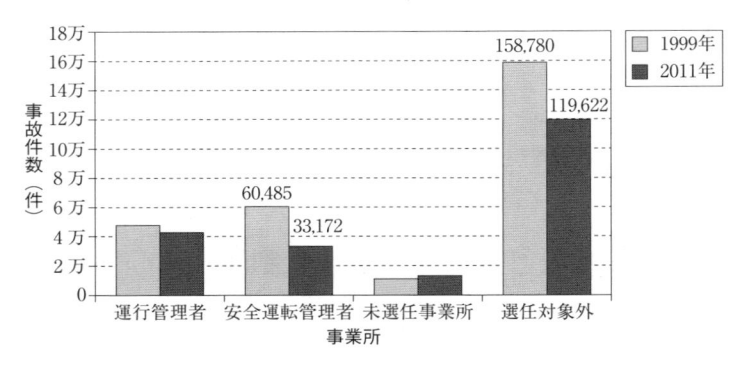

図5　所属事業所の種類ごとにみた業務・通勤中事故件数の変化
（1当原付以上、交通統計）[1]

1-5 通行目的

人から702万人へとかえって増加していることから[1]、こういった事業所での交通安全対策は着実に進んでいると思われます。

◆ 通勤・通学中の事故

　通勤・通学時の事故では、行き（出勤・登校時）か帰り（退社・下校時）に事故が発生します。普通、行きは朝で帰りは夕方か夜です。行きと帰りでは、どちらの事故の方が多いでしょうか。これを調べたのが図6と図7です[10]。図6は通勤時の事故についてみたもので、出勤時では退社時の何倍多く事故が発生しているかを、交通手段別・1当2当別に調べた図です。図7は、同様に通学時の事故についてみたものです。

　2つの図から、歩行者を除くと全ての交通手段で、出勤・登校時の事故の方が退社・下校時の事故より1.5倍から2倍多いという結果でした。朝の出勤・登校時は、急いでいたり、ラッシュ時で通行量が多いことから事故が発生しやすいと考えられます。夕方を中心とした退社・下校時は、疲れや暗さの要因が事故に影響するはずですが、急ぎや通行量の多さは朝ほどではありませんし、帰宅途中に寄り道することが比較的多く、その帰りに事故を起こすと通行目的が退社・下校時ではなくなるためと考えられます。

　それでは、人数が少ない通勤時の第1当事者（120人）を除くと、歩行中では、なぜ夕方を

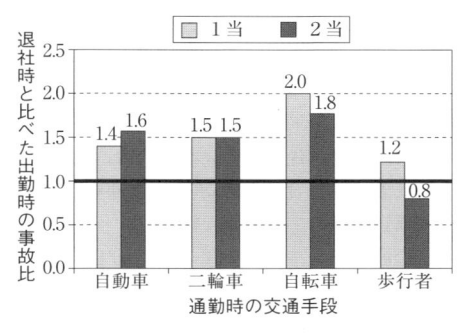

図6　交通手段別の退社時と比べた出勤時の事故件数比[10]

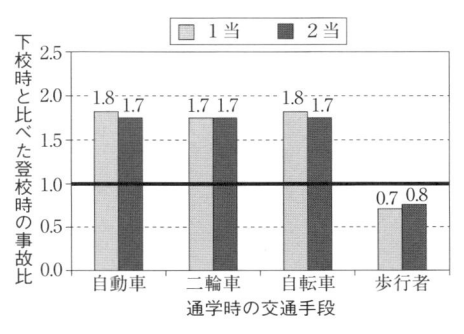

図7　交通手段別の下校時と比べた登校時の事故件数比[10]

中心とした退社・下校時の事故の方が多いのでしょうか。最大の理由は、夕方は薄暗いために歩行者が見えにくいからです。また、学校帰りの下校時の歩行者事故が多いのは、歩行者が子供であり、友達と遊びながら帰宅することも影響しています[11]。

> **Answer**
> Q1の答え　③　歩行者
> Q2の答え　③　私用

文　献

1）警察庁交通局交通事故総合分析センター（1991〜2013）．交通統計　平成2〜24年版．
2）国土交通省　都市局（2012）．都市における人の動き（平成22年全国都市交通特性調査集計結果から）．
http://www.mlit.go.jp/common/001002277.pdf
3）国土交通省　都市・地域整備局（2013）．都市交通調査・都市計画調査　ＰＴ調査の実施状況・結果概要．http://www.mlit.go.jp/crd/tosiko/pt/kotsujittai.html
4）交通事故総合分析センター（2013）．交通事故統計年報　平成24年版，pp.242-247．
5）交通事故総合分析センター（2006）．交通事故統計による四輪運転者の世代別分析．平成18年度自主研究報告書，p88，p98．
6）松浦常夫（2005）．初心運転者の心理学，pp.19-32．企業開発センター．
7）国土交通省（2012）．運行管理者について．
http://www.mlit.go.jp/jidosha/anzen/03safety/dispatcher.html
8）交通事故総合分析センター（2001）．業務目的運転中事故の特徴に関する分析．交通事故例調査・分析報告書（平成12年度報告書），pp.41-58．
9）交通事故総合分析センター（2012）．交通事故統計表データ（23-14LJ101）．
10）交通事故総合分析センター（2012）．交通事故統計表データ（23-20JZ101）．
11）松浦常夫（2011）．子どもの飛び出し事故の事例分析．平成23年第14回事故調査・分析（交通事故総合分析センター）．http://www.itarda.or.jp/ws/

1-6　同 乗 者
同乗者は運転と事故にどう影響するか

　事故発生時の同乗者の人数は、事故統計の乗車人員の項目によって調べられます。しかし、同乗者の年齢や性別などは、死亡したり負傷したりしない限り補充票でも調べることができません。また、同乗者のデータで統計表に現れているのは、状態別死者数・負傷者数かシートベルト着用・非着用関係だけです。

　ここでは、ふだんの同乗運転の実態や同乗者の運転への影響を考えながら、同乗者の被害や事故への影響について、少ないデータを手がかりに取り上げていきたいと思います。

Q1 同乗者を乗せて運転をしている車は、走行車のうち何パーセントくらいでしょうか。
　① 10パーセント
　② 30パーセント
　③ 50パーセント

Q2 同乗者が1人いると、一般的に事故の危険性はどう変わるでしょうか。
　① 減る
　② 変わらない
　③ 増える

▶答えは48ページ

◆　同乗者の位置づけ

　道路交通法では、同乗者は保護されるべき対象として扱われています。例えば、助手席はもちろん後席でもシートベルト着用は義務付けられてい

て（平成20（2008）年施行）、高速道路では、後席の同乗者が着用しないと運転者に対して反則点数が付けられます。これは、同乗者の多くは子供か免許を持たない大人であるから、運転者が保護しなければならないという考え方によります。

しかし、同乗者は単に保護されるべき対象というだけでなく、運転者に対して様々な影響を与えます。最近では、同乗者にも安全運転の責任があることが示されています。例えば、2007年の道路交通法の改正によって「あらかじめ車両の運転者が酒気を帯びていることを知りながら、同乗した」場合、同乗者が免許保持者であれば、行政処分の対象となりました。また、2013年12月からは、無免許運転者の車に同乗した人に対しても罰金が科せられるようになりました。

◆ 同乗者の被害

交通事故統計の目的には、事故を起こした運転者やその時の環境を調べて、事故の要因を明らかにするという目的のほかに、事故によってどのような被害が生じたかを調べるという目的があります。

事故の被害には、車両や物の被害のほかに、人に及ぼす被害があります。被害者には、事故を起こした運転者や歩行者などのほかに同乗者が含まれます。交通統計によれば、同乗者の人的被害は事故全体の死者の9.1パーセント、負傷者の16.9パーセントでした[1]。同乗者が占める被害の割合は、車種によって異なります。負傷者の場合は、**図1**に示すように自動車乗車中に負傷した人の4人に1人は同乗者ですが、二輪車や自転車の場合には、そもそも同乗することが少ないことから、同乗者の割合は非常に少なくなっています。

一般に、同乗者についての報

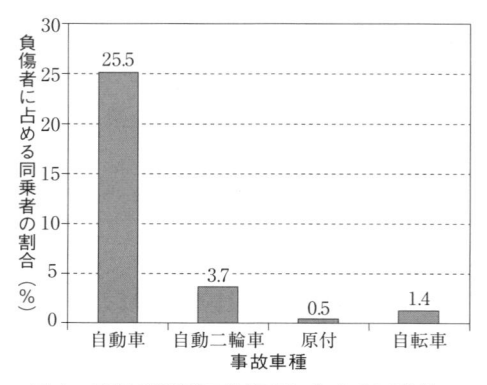

図1　事故車種別の負傷者に占める同乗者の割合（交通統計24年版）[1]

道は少なめです。しかし、乗車人員が多いバスなどの事故は、被害者が多いので大きく取り上げられます。近年では、2009年夏の全国高校野球選手権大分大会の開会式に向かっていた柳ヶ浦高校の野球部員ら47人が乗った大型バス（定員47人）が横転し、死者1名、重傷者5名を含む部員42名が負傷した事故がありました。また、2012年には関越道で7人が死亡し、39人が重軽傷を負った高速ツアーバスの事故が話題になりました。

◆ 何人を乗せて運転しているか

　ふだん家族や友人を乗せて運転することがどのくらいありますか。休みの日に家族で買物に行ったり、遠出をしたりすることはあっても、それ以外の時は通勤を始めとして1人で運転することが多いでしょう。何人を乗せて運転しているかを調べる方法には、自動車の保有状況と利用状況を調べるパーソン・トリップ調査[2]や道路交通センサスの中の自動車起終点調査[3]があります。また、警察庁と日本自動車連盟（JAF）が走行中のドライバーと同乗者を対象にシートベルト着用状況を調べている全国調査[4]によっても知ることができます。

　こうした調査によると、運転者の4人に3人は1人で運転していて、乗用車1台当たりの乗車人員の平均は1.3人～1.4人程度でした。この結果から、車は極めて個人的な移動手段だということに気づかされます。そのため車の運転には、単なる移動ではなくプライベートな空間を楽しむ、車の前後左右を自分のなわばりと考える、他の人から顔を見られないため（これを「匿名性」という）無責任な運転になるといった側面がある点が指摘されています。

◆ 単独運転を減らす仕組み

　ラッシュ時には、車が10台も20台も連なることはそれほど珍しいことではありません。数十メートルに及ぶその列の横を、駅に向かうサラリーマンや生徒が列を組んで歩いているとします。この光景を上空から眺めると、狭い帯状の歩道にたくさんの人が歩いていて、その横の広い車線上には車

が間隔をおいて連なっているのが見えるでしょう。ここで注目していただきたいことは、その車の中にいる人は歩行者よりずっと少ないということです。道路という公共の空間を、車は優先的に使用しているのです。

これではいかにも効率が悪いし、環境にもやさしくないということで、マイカーからバスや電車などの公共輸送機関への転換が以前から叫ばれています。バスや電車は一般の車に比べれば事故率が低く、安全面からも優れた乗り物です。

しかし、マイカーを利用しないと生活ができない地域に住んでいる人も大勢います。その場合には、相乗りを推奨したり、「パークアンドライド」といって、最寄りの駅やバス停まで車を運転し、その後は電車やバスに乗る方法が勧められています。欧米の一部のハイウエーでは、2人以上を乗せた車のみが通行できる専用通行帯（HOV）が設けられていたりしますが（図2）、こういった対策は経済、渋滞、環境面で同乗運転を推進するものです。

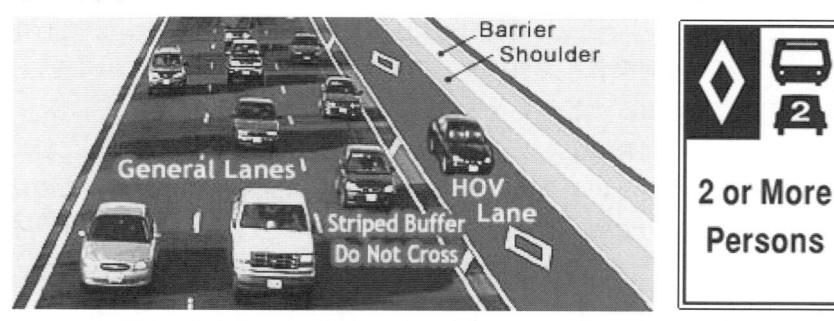

図2　カナダでの2人乗り以上の車専用レーン（HOV）と標識[5]

◆ 同乗者の運転者への影響

同乗者は運転者に対してどういった影響を与えるでしょうか。良い影響も悪い影響もあるでしょう。こうした影響を3つの種類に分けて考えてみましょう[6]。

1つ目は、心理的な影響です。同乗者がいると普通は安心します（表のa）。特に初心運転者や高齢運転者にとっては、同乗者はいるだけであり

1-6 同乗者

表　同乗者が運転者に与える影響（松浦（2003）[6]を改変）

影響の種類	運転への影響	
	良い影響	悪い影響
心理的	a 安心感 b 規範に合わせて安全運転	c 不快感、気をつかう d 規範に合わせて危険運転 e 乱暴運転等の優勢反応が出現
情報的	f 適切な情報提供と運転補助 g 会話が適度な刺激	h 不適切な情報提供 i 会話による運転時の注意散漫
物理的		j 視野妨害 k 動きが注意をそらす

がたいでしょう。規範に合わせて安全運転をする（b）というのは、社会心理学でいう同調行動の1つです。私たちは、他人と一緒にいる時は、仲良くやっていこうとして、その人たちの意向に沿った行動を取りがちです。同乗者を乗せた運転場面でも、一般的に同乗者は安全運転を希望しているし、運転マナーの良い運転は好印象を持たれることから、同乗した相手に配慮した安全運転を心掛けるのです[7]。

それではdの「規範に合わせて危険運転」とはどういうことかと不審に思われるかもしれません。これは相手の規範（あるいは意向や価値）が危険運転を志向している場合です。例えば、18歳の男性A君が仲間のB君を乗せてドライブに出かけたとしましょう。この場合、A君はB君がスピード運転や運転のうまさにこだわっていることを知っていて、B君の好みに合うように、ふだんより乱暴な運転をする可能性があります。また、自分の運転技能を見せびらかすような運転をするかもしれません[7]。

若年運転者への同年代同乗者の悪影響は、事故時の運転行動からも確認されています。若い運転者（18～29歳）は、自分と同じか少し下の年齢の人を前席に同乗させていた時の方が、その他の年齢層の人を同乗させた時より、事故直前の危険認知速度が時速5～10キロ以上高いというのです。また、その時のシートベルト着用率も低かったのです[8]。

eの「乱暴運転等の優勢反応が出現」というのは、社会心理学で取り上げられる社会的促進の例です。一般に、ある課題の遂行をほかの人が見ていたり、共に行っていたりすると、緊張したり、気合いが入ったりして覚

醒水準が上がります。自信がない行動ではアガってしまうのです。すると、その状況で発生しやすい自然で生得的な行動（優勢反応）が生じやすくなり、1人の場合よりも成績が阻害されやすくなります[9]。運転でいえば、同乗者がいると覚醒水準が上がって、アガりやすい人、例えば自分の運転に自信のない人が運転者の場合には、同乗者は正しい運転を阻害する悪い影響を運転者に与えるということです。

2つ目は、情報・コミュニケーションに関する影響です。fの「適切な情報提供と運転補助」というのは、例えば教習所の指導員が教習生に交通や規制の情報を事前に伝えたり、進路を指示したり、教習生が信号や標識などを見逃しそうになると、それを知らせたりするといったように、同乗者が運転者を支援・補助することです。免許を取って間もない初心運転者が、親や兄弟や友人に助手席に座ってもらい、まずは家の周りを運転したりするのも、同乗者に第3の目となってもらって、運転の補助が期待できるからです。ベテランになってもウッカリと標識を見逃したりすることはあります。そういう時に助手席に人がいれば、それを指摘してもらえます。

同乗者との会話は、それが適度の刺激になって安全運転に寄与する場合（g）と、会話に夢中になって事故の危険性を増す場合（i）があります。後者の例としては、女性同士の会話が連想されますが、私が調べた事故事例では、16件の会話中の事故のうち、10件は男性運転者と男性同乗者の組合せでした[6]。

3つ目は、同乗者の物理的影響で、これは悪い影響しか与えません。視野妨害（j）というのは、同乗者の陰になって左から来る自転車や二輪車に気がつかないで出会い頭事故を起こしたりする例があるように、同乗者が運転者の視野を妨げることです。動きが注意をそらす(k)というのは、小さな子供を同乗させて運転する場合によく見られます。運転しているお父さん・お母さんが、子供にお菓子を与えたり、子供からお菓子をもらったりする際には、どうしても注意や視線が前方から外れてしまうのです。

◆ **同乗者の事故への影響**

同乗者が運転者に影響を与えていることから、同乗者の存在は事故に何

1-6 同乗者

らかの影響を与えていると予想されます。同乗者がいると事故は減るのでしょうか、同乗者の性別や年齢によって事故の起こりやすさは異なるのでしょうか。実はこういった点を調べるには、定番の方法があります。運転者の何パーセントが同乗者を乗せて運転していたかを、通常の運転時と事故時で比較するという方法です。

事故発生時の同乗状況は、事故統計では乗車人数で調べることができますが、問題は通常の運転時の同乗状況をどうやって調べるかです。これには路上観察によって調べる方法、アンケートによってふだん他の人を同乗させて運転しているかを調べる方法、そして追突された車両の運転者グループなどを通常運転グループと同じとみなして事故統計から調べる方法があります。

最後に述べた方法は、一般的に「準暴露度法」と呼ばれ、事故統計からデータが得られるので統計分析ではしばしば使われています[10]。なぜ追突された車両の運転者グループ（駐停車両への追突事故で第2当事者となった運転者）が用いられるかというと、こういった運転者には事故の過失が少ないため、通常の運転者グループを代表していると考えられるからです。

路上観察で通常運転を調べた調査[6]では、同乗者が1人の場合が最も安全で、同乗者がいないと事故の危険性が増し、同乗者が2人以上の場合には最も危険性が高いという結果でした（図3）。また、同乗者が男性であったり、子供であったりした場合には事故が起こりやすく、女性の場合には起こりにくかったのです（図4）。

追突された車両の運転者グループを通常運転グループと同じとみなす方法で調べると[11,12]、同乗者の人数に関わりなく同乗者がいた場合が安全で、同乗者がいないと事故の危険が高くなるという結果でし

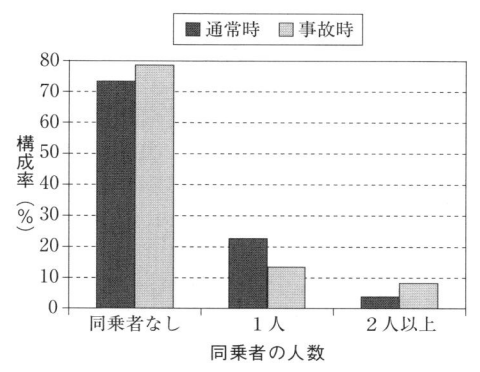

注　通常運転時の方が事故時より構成率が高い場合（1人運転）は、事故の危険性が低いことを意味します。

図3　通常運転時と事故時の同乗者人数[6]

た。また、同乗者の事故防止効果は、運転者が男性の場合（この場合の同乗者の8割は女性）の方が大きかったのです。

以上の結果をまとめると、同乗者が1人の場合には、いない場合よりも事故防止効果があり、同乗者としては大人の女性が一番安全なようです。表と関連させると、同乗者は運転者に安心感を与え、運転者の危険物への発見を助けたり、会話によって適度な刺激を与えたりして、事故防止効果を持つことが多いようです。特に、同乗者が大人の女性（妻や女友達）の場合には、安全運転しようという気持ちが強くなって、この効果が増すのかもしれません。

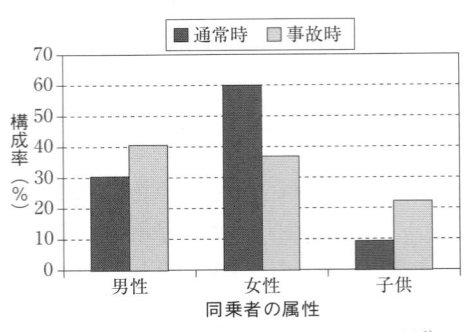

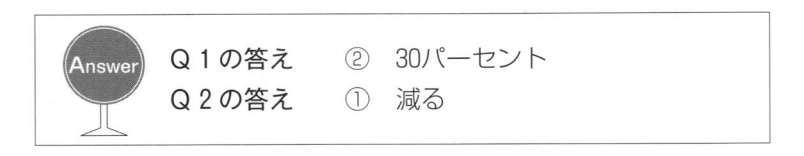

図4　通常運転時と事故時の同乗者属性[6]

Q1の答え　②　30パーセント
Q2の答え　①　減る

文　献

1）交通事故総合分析センター（2013）. 交通統計 平成24年版.
2）東京都市圏交通計画協議会（2013）. 東京都市圏パーソントリップ調査　ＰＴデータ利用のてびき. http://www.tokyo-pt.jp/data/file/tebiki.pdf
3）国土交通省（2013）. 道路交通センサスからみた道路交通の現況、推移（データ集）http://www.mlit.go.jp/road/ir/ir-data/data_shu.html
4）日本自動車連盟（2013）. 2013年シートベルト着用率データ. http://www.jaf.or.jp/eco-safety/safety/data/driver2013.htm
5）Ministry of Transportation (2013). High occupancy vehicle (HOV) lanes - lines and signs. http://www.mto.gov.on.ca/english/traveller/hov/lines.shtml
6）松浦常夫（2003）. 自動車事故における同乗者の影響. 社会心理学研究, *19*, 1-10.
7）Baxter, J., Manstead, A., Stradling, S., Campbell, K., Reason, J., & Parker, D. (1990). Social facilitation and driver behaviour. *British Journal of Psychology, 81*, 351-360.

8）交通事故総合分析センター（2012）．車に人を乗せるときは、こんなことにも注意を．イタルダ・インフォメーション, *93*.
9）Zajonc, R. B. (1965). Social facilitation. *Science, 149*, 269-274.
10) Chandraratna, S. & Stamatiadis, N. (2009). Quasi-induced exposure method: Evaluation of not-at-fault assumption. *Accident Analysis and Prevention, 41*, 308-313.
11) 西田 泰（2008）．高齢者の交通事故分析 4 同乗者の影響（その1）．月刊交通, *39(8)*, 56-61.
12) 交通事故総合分析センター（2008）．高齢者のための安全運転法：同乗者がいると事故は減る？ イタルダ・インフォメーション, *77*.

第2章

どこで事故は起きるか

2-1　都道府県と交通事故
事故の危険性を比べてみる

　都道府県と交通事故をテーマとするときには、2つの視点が考えられます。1つは、日本の各地には土地柄やお国柄といった特色があって、交通事故の場合も都道府県ごとに特徴がみられるという点です。もう1つは、交通事故死者が多いのはどの都道府県か、少ないのはどこか、またその理由は何かという点です。ここでは2番目の点について考えてみたいと思います。

　6-3でも詳しく述べますが、県別比較をする場合は、交通事故死者数をそのまま比較するのは適切ではありません。

　人口当たりあるいは走行距離当たりの死者数で比較した場合も考えてみましょう。

Q1 交通事故死者が一番多い都道府県はどこでしょうか。
① 北海道
② 東京都
③ 愛知県

Q2 交通事故死者が多い都道府県の特徴は何でしょうか。
① 人口当たりの交通事故死者数が少ない
② 面積が広い
③ 公共輸送機関が充実していない

Q3 人口当たりで比べると、交通事故死者が一番多い都道府県はどこでしょうか。
① 香川県
② 高知県
③ 佐賀県

▶答えは58ページ

2-1　都道府県と交通事故

◆ 交通事故死者が多い都道府県

　あなたの住む都道府県は、年間死者数が多いところでしょうか、少ないところでしょうか。図1の濃く塗られた都道府県ほど死者が多いことを示しています。

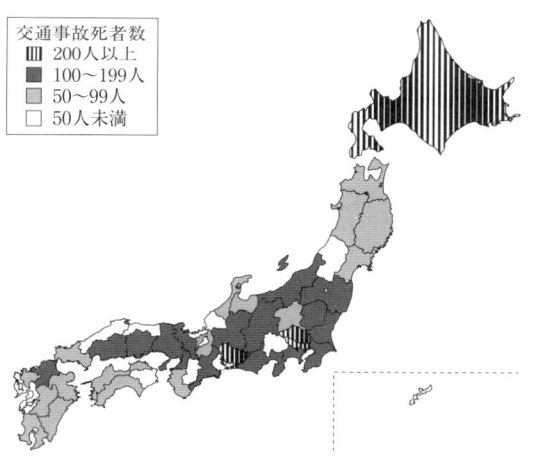

交通事故死者数
- 200人以上
- 100～199人
- 50～99人
- 50人未満

注　2008～2012年の5年間平均、交通統計20～24年版[1]
図1　都道府県別の交通事故死者数

　最近の5年間（2008年から2012年）を平均して最も年間の交通事故死者が多いのは、愛知県の273人で次が北海道の210人です。東京は207人で4位でした[1]。　人口の多さからいえば、全国で東京都が一番で、愛知県は4位、北海道は8位なのに、どうして事故死者は愛知県が一番多くなるのでしょうか[2]。

◆ 人口の多さと自動車交通量の影響

　一般的には人口の多い都道府県ほど自動車交通量が多く、事故死者も多いといえます。このことはモータリゼーションの発展期について特に当てはまります。日本でも東京オリンピックが開催された昭和39（1964）年頃

は、発展途上にあって自動車の台数は現在の1割にも満たなかったのですが、毎年台数が20パーセントずつ増えていくという時代でした[1]。その頃は東京都や大阪府といった人口の多い都道府県で特に自動車の交通が盛んでした。そのため大きな都道府県ほど交通事故死者が多くみられました。その頃のワースト1位は東京都で年間の死者数は1,000人を数えました。昭和45(1970)年に大阪府に抜かれるまで、ずっと東京がワースト1位だったのです。

しかし、交通社会が成熟してくると、人口の規模と自動車交通量や交通事故死者とは必ずしも一致しなくなります（図3）。これは大都会で人口の多いところでは道路整備が進み、それとともに地下鉄や鉄道などの公共交通機関が整備されるからです。そうすると人口の割には自動車交通量が少なくなり、交通事故死者も少なくなるのです。

◆ 3都県で比べてみると

図2を見てください。東京都と神奈川県と千葉県の交通事故死者数の推移を見ますと、この40年間で死者が多いところが、東京→神奈川→千葉と変化しています。1960年代は東京都が一番死者が多く、次いで神奈川県、千葉県と続きました。1980年代になると東京都の死者数が急激に減少していき、神奈川県の死者数は減少していくものの東京都より少し多くなり、代わりに千葉県の死者数が少し増加して、3都県の差はほとんどなくなりました[1,3]。2000年代に入ると、3都県共に死者が減少しましたが、減り方が少ない千葉県が最も死者数の多いところとなりました。このように東京都や神奈川県のような人口が多い先進県は、交通社会が成熟して死者が減少していくのです。ただし、最近3年間の死者数をみると東京の人口増加と他県の人口鈍化のため、東京の死者の方が再び多くなってきました[1]。

2-1 都道府県と交通事故

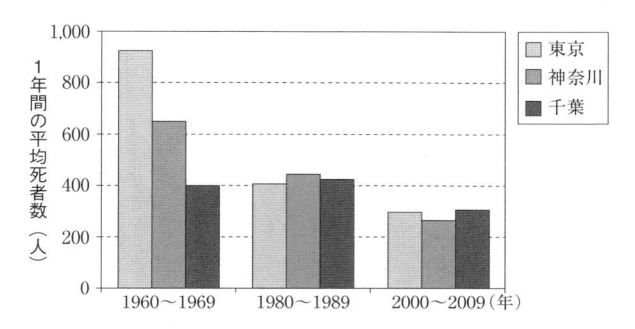

注　死者の多い都県が東京→神奈川→千葉と変化している。
1960年と2000年の人口は、東京が968万人から1,206万人、神奈川が344万人から849万人、千葉が231万人から593万人と増加し、千葉と神奈川の人口増加が著しい[4]。

図2　東京・神奈川・千葉の交通事故死者数の推移[1,3]

◆ 愛知県と北海道で事故死者が多い理由

　事故死者数ワースト1位の愛知県は名古屋という大都会を抱え、人口も東京、神奈川、大阪に次いで多いのですが、トヨタの本拠地だけあってそれ以上に自動車による交通が多く、自動車保有台数は全国で1位、自動車交通量は2位を占めます[1,5]。

　一方、北海道は愛知県とは少し事情が異なります。人口密度が低く、経済活動も愛知県や千葉県より活発とはいえません。しかし、愛知県以上に自動車交通が多く、全国1位です。自動車交通量は、自動車の台数が多いほど、また1台当たりの走行距離が長いほど多くなります。北海道にある自動車の保有台数は全国5位ですから、1台当たりの走行距離が長いのです[5]。また、北海道は事故件数や負傷者数はそれほど多くはないのに、事故死者数が多いという点が特徴です。つまり、それほど事故は発生しないのに、いったん事故が起きると、それが死亡事故になりやすいということです。

◆ 交通事故危険性の比較

　ある地域や国の交通事故の危険性を比較するのに、その地域や国の交通事故死者数の多さだけで比較してよいものでしょうか。確かに、A県とB県の1年間の交通事故死者数を比較すると、どちらの県の方が事故の死者数が多いかはっきりします。この2つの県が隣り合っていて、人口や経済規模の点で似ているライバル県であれば、相手の県より死者数が多いかどうかは気にかかるところです。例えば、青森と岩手、秋田と山形、栃木と群馬、埼玉と千葉、富山と石川、長野と新潟、鳥取と島根、徳島と高知、大分と宮崎などはそういった関係にあるかもしれません。

　しかし、山形と宮城、山梨と神奈川、三重と愛知などは、隣り合う県であっても人口が異なるため、事故死者数は人口が多い県の方が当然多いということになって、単に死者数を並べて多いか少ないかを論じてもあまり意味がありません。そこでよく比較のための指標として使われるのが、人口当たりの交通事故死者数です。先ほど愛知県と北海道の死者がワースト1、2位であると述べましたが、この指標を使うと表のような結果になりました。

表　交通事故死者数（実数と人口当たり）の多い都道府県とその人口（2010〜2012年の平均）[1,2]

都道府県	死者数順位（ワースト） 実数	死者数順位（ワースト） 人口当たり	人口順位
事故死者数の多いところ			
愛知	1	36	4
東京	2	47	1
北海道	3	35	8
埼玉	4	44	5
大阪	5	45	3
人口当たり事故死者数の多いところ			
香川	26	1	40
高知	36	2	45
佐賀	34	3	42
三重	17	4	22
栃木	15	5	19

◆ 愛知県や北海道は危険なところ？

　事故死者数が多い都道府県と人口当たり事故死者数が多い都道府県は、全く異なることが分かります。事故死者数が多いところは人口当たり事故死者数が少なく、また人口や経済規模が大きいところです。一方、人口当たり事故死者数が多いところは、事故死者数と人口が小から中くらいの県が該当しています。

　つまり、交通事故死者数の多さで都道府県を比較すると、人口当たりでは安全なところが危ないと印象づけられてしまうのです。住民個人からみれば、愛知県や北海道は事故の危険性が高いどころか安全なところなのです。

◆ 人口当たり事故死者数と走行距離当たり事故死者数

　地域や国の事故危険性を比較する指標としては、人口当たり事故死者数のほかに、走行距離当たり事故死者数があります。人口と事故死者数の関係は、図3のように多くの県では人口が多いと死者数も多いという関係にあります。しかし、人口が多い都道府県に限ると、人口にかかわりなく死者数が多くなっています。つまり、死者数と人口とはそれほどよく対応していません。

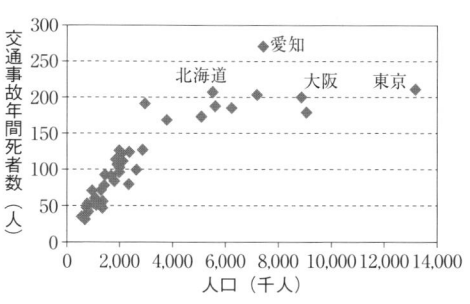

図3　都道府県人口と交通事故死者数の相関関係[1,2]

　一方、走行距離（つまり、自動車走行台キロ）と事故死者数の関係は、図4に示すように右上の北海道を除けば、自動車の走行距離が長い都道府県ほどそれに比例して事故死者も多くなるという対応がきれいにみられます。相関係数 r で表わせば、人口と事故死者数とには $r = 0.85$ という高い相関がみられ、自動車走行台キロと事故死者数とには $r = 0.95$ という更に

高い相関がみられたということになります（ところで相関係数 r というのは、2つの関係の強さを示す数値で、一般的にその値が1に近いほど関連性が高いことを示します）。

　図3と4から、人口や自動車走行台キロが多い都道府県は、事故死者数も多くて当然であり、少ない都道府県は事故死者数が少なくて当然だということが分かります。したがって、都道府県どうしの交通事故の危険性を比較する場合には、単に交通事故死者数を比べるのではなく、人口や自動車走行台キロなどを考慮して比較する必要があるのです。それが人口当たり事故死者数であり、自動車走行台キロ当たり事故死者数です。この2つの指標を比べると、相関係数がより高い自動車走行台キロ当たり事故死者数の方がより適切だといえるでしょう。

　今までは都道府県の比較をしてきましたが、市区町村ごとに自分のところの事故危険性を比べる場合にもこのことはいえます。「交通統計」の巻末にあるイタルダ・インフォメーションに「全国市区町村別交通事故死者数」が掲載されていて、自分の住むところが人口1万人当たりで何人の交通事故死者を出しているかが記されています。それを見ますと、村、町、市、政令指定都市の区、特別区（東京23区）の順に人口当たりの死者数が多くなっています[1]。村や町は市や区に比べて公共輸送機関や道路等の交通施設が充実していないためと考えられます。

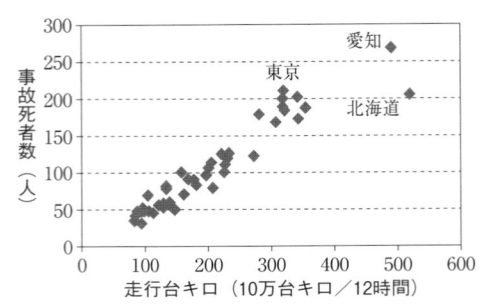

図4　都道府県自動車走行台キロと事故死者数の相関関係（走行台キロは2011年中、事故死者は2009～2011年中のデータ）[1]

Answer	Q1の答え	③　愛知県
	Q2の答え	①　人口当たりの交通事故死者数が少ない
	Q3の答え	①　香川県

文　献

1) 交通事故総合分析センター（2009〜2013）．交通統計　平成20〜24年版．
2) 総務省統計局（2013）．政府統計の総合窓口（人口推計年報平成22年10月1日現在）
   http://www.e-stat.go.jp/SG1/estat/List.do?lid=000001084274
3) 警察庁交通局（1961〜1990）．交通統計　昭和36年〜平成元年版
4) 総務省統計局（2013）日本統計年鑑　第2章　人口・世帯
   http://www.stat.go.jp/data/nenkan/02.htm
5) 交通事故総合分析センター（2013）．交通事故統計年報　平成24年版．

2-2　道路形状
なぜ交差点で事故が多いのか

　車は道路上を走行しますから、曲がった道路では曲がって走行し、交差点では車は交差しながら運転していきます。このことは当たり前なので、よほどきついカーブとか、非常に見通しの悪い交差点とか、五差路のような変形交差点でない限り、道路の形（道路形状など）が事故に影響するとは考えません。しかし、交差点での危険は運転中にいつも経験することであり、実際にそこで多くの事故が発生しています。交差点は事故原因ではないにせよ、事故を引き起こす前提となる要因といえます。哲学者のドレツキは、その著書「行動を説明する」の中で行動の原因を起動原因と構築原因に分けて説明していますが[1]、それに従えば交差点は事故の起動原因といえるでしょう。

Q1　交差点で最も多く発生する事故はどれでしょうか。
　① 出会い頭事故
　② 追突事故
　③ 歩行者事故

Q2　交差点での出会い頭事故では、第1当事者から見て、どちらの側から来た車と衝突することが多いでしょうか。
　① 左側
　② 右側
　③ 左右でほぼ同じ

▶答えは65ページ

◆ 事故はどんな形状の道路で発生しているか ◆

　図1はどんな道路形状のところで事故が発生しているかについて、全事

2-2 道路形状

故（人身事故）と死亡事故について調べたものです。どちらの事故もその半数は交差点とその付近で起きていました。ただし、全事故（53.9％）の方が死亡事故（48.9％）より、交差点やその付近での事故の割合は多いようです。

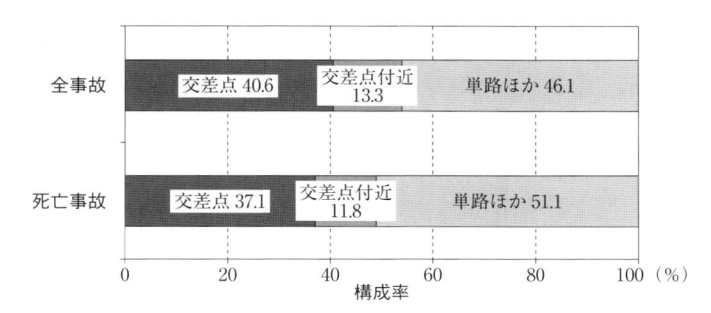

図1 道路形状別の事故発生地点（交通統計24年版）[2]

事故が発生した道路形状をもう少し詳しくみたものが図2です。交差点には信号機が設置された交差点（信号交差点）と設置されていない交差点（無信号交差点、多くは一時停止規制あり）があります。無信号交差点の方が数が多いことから、そこでの事故の方が信号交差点での事故より多く発生していますが、信号機の設置が進むにつれ、その差は少なくなってきています。

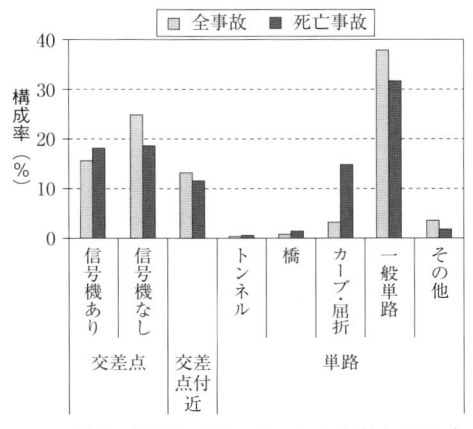

図2 道路形状別に詳しくみた全事故と死亡事故（交通統計24年版）[2]

ところで交差点とは横断歩道がある場合はそれを含み、交差点付近とは交差点から30メートル以内の道路の部分をいいます（図3）。

道路の単路部分は主としてカーブや屈折している場所と比較的真っ直ぐな場所（一般単路）からなっています。事故の多くは一般単路で起きていますが、死亡事故についてみるとカーブや屈折部分でも多く発生しています（14.9％）。

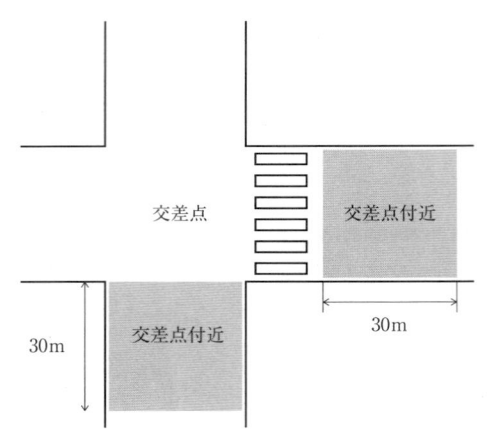

図3　交差点と交差点付近

◆ 交差点の危険性

(1) 交差点走行の危険性

　交差点を通過するときは誰でも緊張するでしょう。それは図4に示すように、交差点の手前で①自分の進路（直進、右折、左折）を確認し、②交差点の形や規制の方法を確かめて取るべき車線を確認・変更し、③自分の車と他の車や人の優先関係を信号や規制標識などから考慮し、交差点に進入するか停止するかを決定し、進入する場合には④信号や他の車や人の動向を見ながら進入し、交差点を抜けた先の通行位置を確認しながら交差点を通過する、ということを短い時間に適切に行う必要があるからです。

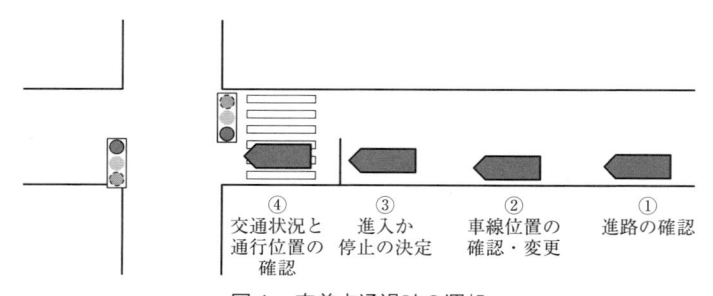

④ 交通状況と通行位置の確認　③ 進入か停止の決定　② 車線位置の確認・変更　① 進路の確認

図4　交差点通過時の運転

交差点通過は、人間工学や心理学でいう精神作業負荷（メンタル・ワークロード）が高い作業です。精神作業負荷が高い作業ではエラーが誘発されやすく、事故が起きやすいといわれています。

(2) 事故危険箇所としての交差点

今述べた理由から、あるいは交差点では人や車が交差するということだけからみても、交差点が単路部分と比べて危険なことは明らかです。それでも客観的に交差点の危険性を示すとすれば、図1に示すデータに加えて、事故多発地点あるいは事故危険箇所の多くは交差点であるというデータがそれを示しています。

警察庁と建設省（現国土交通省）では、平成8年度に「事故多発地点緊急対策事業」を実施し、その際に過去の事故発生状況を基にして「10年間に1件以上の死亡事故が再起して発生する可能性が高い箇所（事故多発地点）」を抽出しました。その結果、全国で3,196か所が該当し、このうち交差点は1,713か所（54％）で単路は1,483か所（46％）でした[3]。また、平成21年には警察庁と国土交通省が合同で、「10年に1度以上の確率で死亡事故が発生するおそれの高い箇所や幹線道路の平均事故率の5倍以上の事故率で事故が発生する箇所等」を事故危険箇所として指定し、集中的な事故防止対策を講じています。事故危険箇所は全国で3,956か所あり、このうち交差点は2,717か所（69％）で単路は1,239か所（31％）でした[4]。この取組は平成25（2013）年に更新されましたが、事故危険箇所の3分の2が交差点であることに変わりはありません[5]。こうした結果から、事故が多く発生する危険な箇所の半分以上は交差点であることが分かります。

事故が多発する危険な箇所だけではなく、一般的な交差点をその近くの単路と比較しても、交差点の方が単路より危険なようです。前記の事故多発地点を抽出した際に、幹線道路での交差点1か所当たりの年平均事故件数と幹線道路の単路部の1キロメートル当たりの年平均事故件数を比較したところ、交差点1か所当たりでは0.2件、単路部1キロメートル当たりでは0.9件でした[3]。仮に交差点の長さを100メートルとすると、その長さ当たりの単路部の事故件数は0.09件となることから、走行距離当たりでは2倍以上（0.2/0.09≒2.2）も交差点で事故が起きやすいといえます。

◆ 交差点事故の特徴
交差点での車の交差する動きによる事故のタイプ ──────◆

　交差点はその構造から、車や人が交差するところです。そのため事故が生じやすく、またそれを防ごうとして信号や一時停止標識を設置しても、そうした規制を守らないドライバーがいるため出会い頭事故や追突事故などが発生します。車両相互の動きとそれによる事故についてもう少し詳しくみてみましょう。

(1) 直進して交差点に入ってきた車同士の事故（出会い頭事故）

　交通工学では車や人が交錯してスムーズな移動が妨げられたり、もう少しで事故になったりすることをコンフリクト（交通コンフリクト、錯綜）と呼んでいます。交差点は道路が交差しているために、このコンフリクトが最も生じやすい場所です。

　なかでも交差点で多いのは、直進車同士の出会い頭事故です（図5）。このタイプの事故は、信号機のない交差点で一時停止をしないドライバーがいるために一番多く発生しますが、信号交差点でどちらかの車が信号無視をした時にもよく発生します。興味深いことは、一時停止標識や信号を無視した形で交差点に進入した第1当事者から見て、左方向から車が来た場合の方が、右方向から車が来た場合より事故が2割ほど多いことです。これは交差点の角には建物や塀が建てられていたり草木が茂っていたりして一般的に見通しが悪いのですが、第1当事者のドライバーにとってこの影響は、左から来る車を発見する場合の方が右から来る車を発見する場合より大きいためです。交差点の手前から見ると、右から来る車は比較的遠くにいる時点から発見しやすいのですが、左から来る車はそれより交差点に近づいた地点に来ないと発見できないのです。

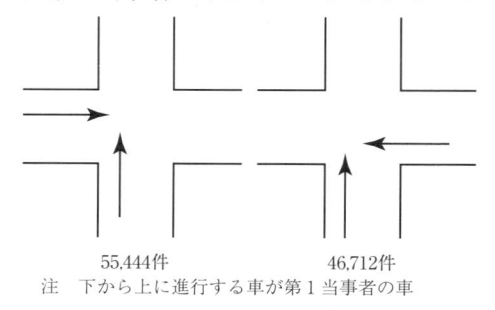

　　　　　　　　　55,444件　　　46,712件
　　　　　注　下から上に進行する車が第1当事者の車

図5　交差点での主要な出会い頭事故パターン
　　（2006年中）[6]

(2) 交差点で右左折する車の事故（右折事故、左折事故、出会い頭事故）

　交差点での事故で、出会い頭事故に次いで多いのは右折や左折をする時の事故です。追突の方が多いのではと考える方もいるかもしれませんが、追突は交差点内よりもその手前の交差点付近で多く起きています。

　図6は右折事故の主要な事故パターンを示したものです。左側のパターンは最もよく見かける右折時の事故（右折事故の3分の2）で、右折車と対向直進車が衝突することから右直事故と呼ばれています。この事故の特徴は、その7割が信号交差点で発生すること[6]、右折側の車両のほとんどは普通・軽の自動車で、直進側の車両の半数以上が二輪車（自動二輪車、原付）か自転車であることです[7]。右折側のドライバーからすると、二輪車は車体が小さいために四輪車の陰に隠れて見えにくいことや距離や速度の判断が難しいことが二輪車との事故が多い理由として考えられています。

　図6の真ん中の事故パターンは、右折事故のほかに出会い頭事故として記録されることもあります。交差点内に車の前部が進入した時に衝突すると出会い頭事故となり（約1万5,000件）[6]、右折中にぶつかれば右折事故となります。右側の事故パターンでは、直進車のほとんどは車道や横断歩道を通行する自転車です。平成19（2007）年にはこうした自転車事故が7,000件近くありました[8]。車道や横断歩道を矢印とは逆に対向直進してきた自転車と右折車との事故は右直事故としてカウントされますが、件数としてはこれと同じくらい多く発生していました[8]。

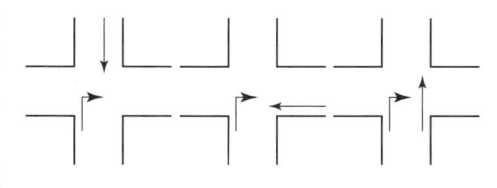

図6　交差点での主要な右折事故パターン[6]

Answer
Q1の答え　①　出会い頭事故
Q2の答え　①　左側

文　献

1) ドレツキ F., 水本正晴 (訳) (2005). 行動を説明する―因果の世界における理由 (双書現代哲学). 勁草書房.
2) 交通事故総合分析センター (2013). 交通統計 平成24年版.
3) 交通事故総合分析センター (1999). 事故多発地点. イタルダ・インフォメーション, 19.
4) 警察庁 (2010).「あんしん歩行エリア」及び「事故危険箇所」を指定.
http://www.npa.go.jp/koutsuu/kisei6/mlitrenmei.htm
5) 国土交通省 (2013). 交通事故対策の推進.
http://www.mlit.go.jp/road/road/traffic/sesaku/torikumi.html#2-1-1
6) 交通事故総合分析センター編 (2008). ビジュアルデータ ―平成18年版交通事故統計―. 大成出版社.
7) 吉田伸一 (2008). 右直事故発生における人的要因の分析. 第11回交通事故統計調査・分析研究発表会, 15-25.
8) 交通事故総合分析センター (2009). 自転車が関連する交差点での右左折事故の分析. 交通事故例調査・分析報告書 (平成20年度報告書), pp.56-78.

2-3　道路線形
カーブの危険性とは

　区画整理して建設された道路でない限り、普通、道路は真っすぐには伸びていません。交通事故統計では、その中でも道路が円弧を描いて曲がった部分とその手前30メートルの区間をカーブと呼んでいます。また、曲がっているというより「くの字」型に角張っている道路区間もあり、これは屈折と呼ばれています。事故発生地点の道路線形は、カーブと屈折を合わせた区間（カーブ区間）と直線区間に分けることができます。

　どの区間であっても道路は、平坦であるか、上り勾配であるか、下り勾配のいずれかです。道路線形では、上り下りの勾配があるかどうかについても、カーブかどうかに加えて調べています。

　ここでは、カーブや上り下りの勾配が事故や運転にどう影響しているかについてみてみましょう。

Q1 右カーブと左カーブでは、どちらの方が事故が多く発生しているでしょうか。
　① 右カーブ
　② 左カーブ
　③ ほぼ同じ

Q2 上り勾配と下り勾配では、どちらの方が事故が多く発生しているでしょうか。
　① 上り勾配
　② 下り勾配
　③ ほぼ同じ

▶答えは73ページ

◆ カーブ事故の起きやすさ

　図1は、カーブ事故がどのくらい発生しているかを全事故（人身事故）と死亡事故について調べたものです。人身事故についてみると、右カーブでの事故も左カーブでの事故も少なく、両者を合わせても5パーセント程度でした。しかし、死亡事故についてみると、両者の事故を合わせるとカーブ事故の割合は19パーセントに達しています。カーブでの事故はあまり多く発生しないものの、いったん、そこで事故が起きると死亡事故になりやすいのです。

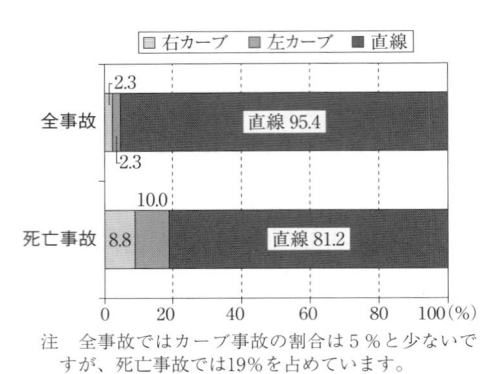

注　全事故ではカーブ事故の割合は5％と少ないですが、死亡事故では19％を占めています。

図1　カーブでの事故と直線区間での事故[1]

　右カーブと左カーブとではどちらが多く事故が発生しているかをみると、人身事故では差がみられませんでしたが、死亡事故では左カーブでの事故が少しだけ多いようです。これは、右カーブでは車両単独事故が起きやすいのに比べ、左カーブではもっと致死率が高い正面衝突事故が多いためかもしれません[2]。

◆ カーブでよく発生する事故

　カーブではどんな事故がよく起きるのでしょうか。自動車を運転している時には、正面衝突と車両単独事故（特にガードレールなどの工作物への衝突）と追突が多く発生しています（図2の左）。

　正面衝突は、特に左カーブを運転している時に遠心力で対向車線に車がはみ出してしまい、対向車と正面から衝突するものです（図3）。車両単独事故は、右カーブを運転している時に遠心力で車が左路側からはみ出してしまい、工作物などと衝突するものです（図4）。左にはみ出してしま

2-3 道路線形

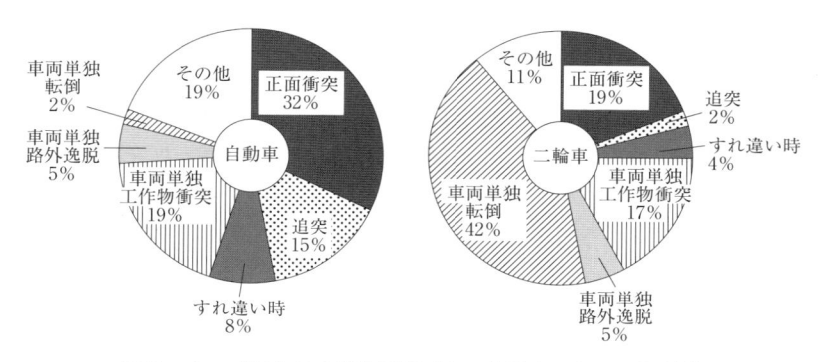

図2 カーブにおける事故類型（左：自動車、右：二輪車）[3]

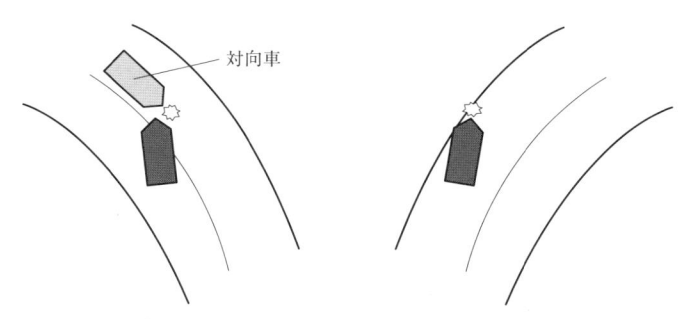

図3 左カーブでの正面衝突事故　　図4 右カーブでの車両単独事故

いそうになって右に急ハンドルを切り、対向車線を越えて道路右側の工作物と衝突することもあります。追突は、特に左カーブを運転している時に、カーブの先の見通しが悪いために、減速・停車している先行車の発見が遅れることから発生すると考えられます。

　自動二輪や原付を運転している時には、車両単独が最も多く発生します。中でもカーブでバランスを崩して転倒するものが半数近くを占めます（図2の右）。

◆ カーブの線形

　カーブ区間は、緩和曲線（クロソイド曲線）と円曲線から構成されています。緩和曲線は、車が円曲線のカーブに入る前に設けられ、カーブが急

にきつくなって急ハンドルとなることを防ぐための工夫です。ここでは、普通カーブと呼ばれる円曲線について述べます。

　カーブ区間は、場所によってその半径と角度と長さが異なります。図5は半径（曲率半径）が小さなカーブとそれより大きなカーブを示しています。図5の左のカーブの方が半径が短くて、急カーブな感じ、つまり運転していると外側に振られる感じがすると思います。その理由は、カーブでは遠心力が働きますが、その大きさは半径が小さいほど、走行速度が速いほど大きいからです。

　半径が小さな急なカーブを走行するのは危険が伴うので、そういった道路では速度規制をかけたり、片勾配（カント）と呼ばれる傾斜を道路横断方向につけたりします。

曲率半径　小　　　　　　曲率半径　中

小さい急カーブ　　　　　　やや大きいカーブ

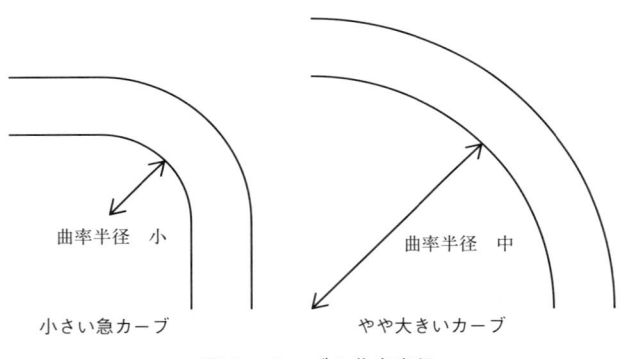

図5　カーブの曲率半径

　カーブの角度は、中心部分の半径が同じカーブでも図6に示すように、その前後区間の線形によって異なります。ここでいう角度は、カーブする手前の道路の中心線（センターライン）とカーブした後の道路の中心線が交差する角度のことで、それが狭い区間もあれば（図6の左）、その角度が広い区間（図6の右）もあります。図5と比較すると、角度が小さいカーブ区間は半径が小さいカーブに対応し、角度が大きいカーブ区間は半径が大きいカーブによく似ています。

2-3　道路線形

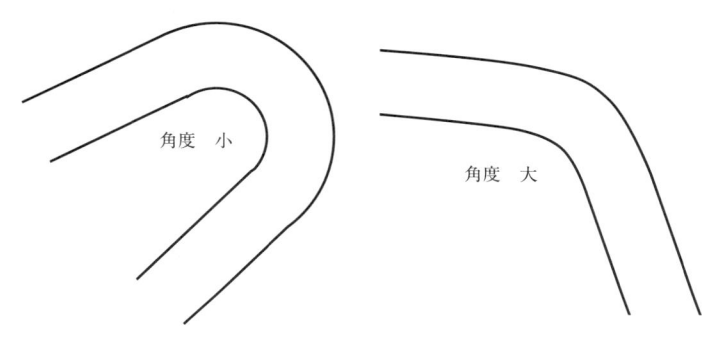

注　中心部分の曲率半径が同じでも左図のカーブの角度は小さく急で、右図のカーブの角度は大きくなだらか。

図6　カーブの角度

◆　**カーブの危険性**

　カーブの危険性の一つは、カーブという道路線形の特徴から、走行中に遠心力が働いて車の安定性が損なわれるということです。これは図5の左や図6の左のような急カーブ区間で特に問題となります。また、二輪車は自動車（四輪車）に比べて、重心の位置が高く、タイヤと道路の接地面積が小さいために、車体を傾けて遠心力とのバランスを取りながらの重心移動で曲がります。しかし、この傾け角が大きすぎると、遠心力よりも二輪車が倒れようとする重力の方が強く働いて、二輪車は転倒してしまいます。二輪車の方が自動車よりカーブ事故の割合が高く（図7）、図2でみたようにカーブで転倒しがちであるのはこのためです。

　カーブ走行を危険で難しくしているもう一つの要因は、カーブの手前でもカーブ走行中でも前方の様子が把握しにくいということです。しかも、カーブは過小に評価されやすいのです[4]。ドライバーは、カーブに

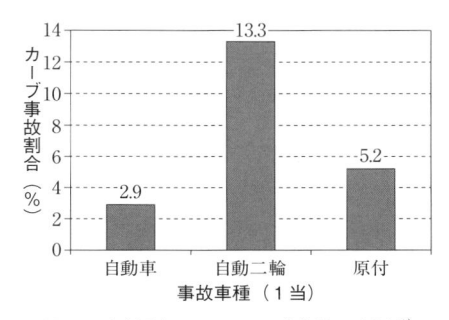

図7　車種別にみたカーブ事故の割合[1]

入る数秒前からカーブの曲がり具合を目で追い[5]、急カーブであったり複雑なカーブであると感じた場合には、スピードを十分落としてカーブに進入していきます。しかし、それほど危なくないカーブと誤って認識すると、スピードをあまり落とさずに進入してしまいます。それを防ぐために、警戒標識や速度制限の規制標識が設置されているのです。

カーブ走行中には、ドライバーは道路前方のカーブ内側とセンターライン方向を見ながら、絶えず前方の状態を予想しながら運転しています[6,7]。しかし、そういった予想を誤らせやすいカーブもあります。

カーブでは視界がさえぎられて、前方の状態が分かりにくいのに加え、道路周辺に木や建物がある場合には、前方の把握がもっと難しくなります。カーブでの自動車の事故で追突事故が15パーセントを占めているのは（図2）、カーブを曲がった先に停止車両があるのに気付かないまま、見通しの悪いカーブを速度を落とさずに運転する車が多いためと考えられます。

◆ 上り勾配と下り勾配での事故

カーブでも直線でも、道路には平坦な部分と上り坂の部分と下り坂の部分があります。坂の方が事故が起きやすいと考えられますが、それは坂の方が速度のコントロールが難しいためですし、また坂の勾配が変わるところでは当事者にとって互いに道路前方の見通しが悪いためです。

ところで、上り坂（上り勾配）か下り坂（下り勾配）かは、第1当事者の進行方向によって決めます。一方通行の道路でない限り、坂を上る車もいれば坂を下る車もいて、その台数はほぼ同じと考えられますから、上り勾配と下り勾配で発生した事故の件数を比較することによって、両者の危険性を比較することができます。

図8は上り勾配、下り勾配、そして平坦部分で発生した事故件数の割合を示したものです。坂で発生する事故の割合はそれほど多くないものの、上り坂と下り坂とを比較すると、下り坂での事故の方が1.5倍ほど多いのです。これは下り坂の方が車のスピードが出やすいため第1当事者になりやすいからです。

また、上り坂や下り坂では事故が起きるとそれが死亡事故になりやすい

2-3 道路線形

ことを図8は示しています。1当であれ2当であれ、下り坂では車のスピードが出やすくて致死率が高くなるためです。

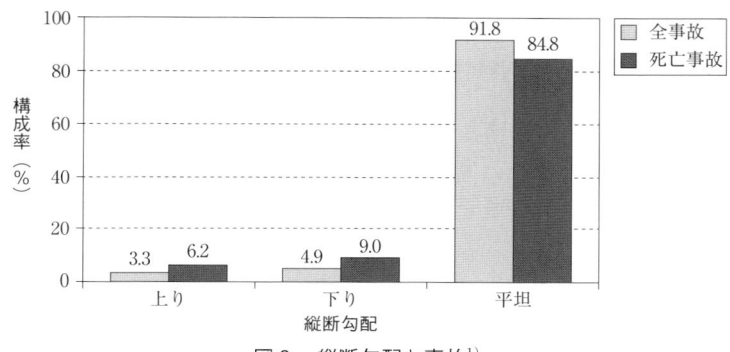

図8 縦断勾配と事故[1]

> Answer
> Q1の答え　③　ほぼ同じ
> Q2の答え　②　下り勾配

文　献

1) 交通事故総合分析センター（2013）．交通事故統計年報 平成24年版．
2) 藤原寛史(2003)．カーブ区間における事故防止対策の方向性．第6回交通事故調査・分析研究発表会，42-55．
3) 交通事故総合分析センター(2008)．ビジュアルデータ ―平成18年交通事故統計―，大成出版社．
4) シャイナー，D．野口薫・山下昇（訳）(1987)．交通心理学入門．サイエンス社．
5) Shinar, D., McDowell, E.D, & Rockwell, T.H. (1977). Eye movements in curve negotiation. *Human Factors, 19,* 63-72.
6) 小島幸夫(1995)．初心運転者と熟練運転者の運転特性1．注視特性について．科学警察研究所報告交通編, *36,* 30-37．
7) Laya, O. 1992). Eye movements in actual and simulated curve negotiation tasks. *IATSS Research, 16,* 15-26.

2-4　交通信号
信号機のある交差点事故の特徴とは

　信号機は、交差点での事故を減らすのに大いに役立っています。交差する交通に対してそれぞれの通行権を青、黄、赤で示すことによって、両方向からの車を時間的に分離することで人や車の流れが円滑になり、それが安全にもつながるのです。しかし、信号は万能ではありません。同一道路からの交通は分離しきれていないし、右左折車と横断歩行者は同時に同じ場所を通行するのでコンフリクト（錯綜、交錯）が生じます。また、信号を守らない人や車も時々見かけます。
　ここでは、そういった信号交差点に特有な交通現象と事故について解説します。

Q1 交通事故に占める交差点事故の割合の最近10年間の動向について、正しいものはどれでしょうか。
　① 無信号交差点事故も信号交差点事故も共に減少
　② 無信号交差点事故は減少したが、信号交差点事故は横ばい
　③ 無信号交差点事故は減少したが、信号交差点事故は増加

Q2 信号交差点（交差点付近を含まない）で発生する事故で、最も多いものはどれでしょうか。
　① 出会い頭事故
　② 右折事故
　③ 出会い頭事故と右折事故は同じくらい

▶答えは80ページ

信号機による交通の分離

信号機による交通の分離を信号現示の変化からみてみましょう。図1に信号現示に従った交通の流れを示します。標準的な十字交差点では、現示1と現示3が交互に表示される2現示が普通です。右折車が多い交差点では、右折専用の現示2が加わって3現示となります。

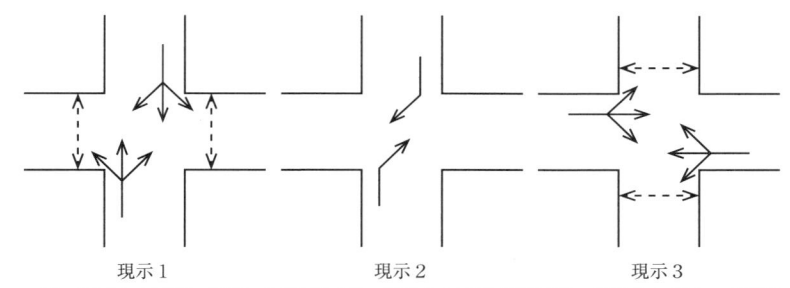

現示1　　　　　現示2　　　　　現示3

注　現示1：直進、右折、左折が可能。現示2：右折のみ可能。現示3：停止。点線は歩行者の動きを示します。

図1　十字交差点での信号現示の例

信号機のある交差点での事故

(1) 信号交差点事故の推移

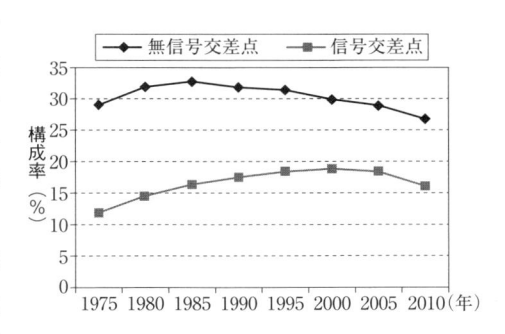

図2は、全事故に占める信号交差点と無信号交差点での事故の割合の推移を調べたものです。どの年も、無信号交差点での事故の方が信号交差点での事故より多く発生しています。また、1985年から2000年までの15年間は、無信号交差点での事故の割合が減少し、逆に信号交差点での事故の割合が増加しまし

図2　全事故に占める信号交差点と無信号交差点での事故の割合の推移[1]

た。これは、自動車の交通量の増加に伴って信号のなかった交差点に信号が設置されていったことと符合しています。

交通量のピークは平成15（2003）年で、それ以後はわずかながら交通量が減少していき[1]、その結果として信号交差点の新設も少なくなり[1]、また、信号機の改良によって交差点の安全性が向上しました。そのため、最近の10年間では信号交差点での事故の割合が減少に転じています。無信号交差点の事故の割合も減少傾向にあるのは、危険な無信号交差点には信号が設置され、信号交差点に変わったためであり、また、単路に比べると一時停止標識などの整備が進んだためと考えられます。

(2) 信号交差点の事故類型

事故の3分の2が出会い頭事故という無信号交差点での事故と比べると、信号交差点で発生する事故のタイプには様々なものがあります。中でも多いのは右折事故、出会い頭事故、人対車事故（歩行者事故）、左折事故、追突です（図3）。

信号交差点では信号によって交差する道路の車や人を分離していますが、同じ方向の道路上を走行する車や歩行者を分離できません。そのため、右左折事故や追突、歩行者事故が発生するのです。

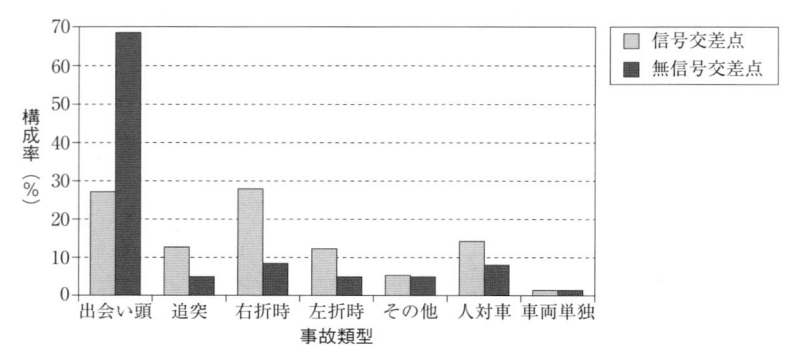

注　追突など交差点付近で発生する事故を除いた交差点事故が対象です。

図3　信号交差点と無信号交差点で発生した事故のタイプ[2]

信号交差点に特徴的な交通現象と事故

(1) 右折時のコンフリクト

　信号交差点で出会い頭事故と並んで多く発生する右折時の事故について考えてみましょう。車が信号交差点で右折するときの危険事象（交通コンフリクト）を表1にまとめてみました。この表では、右折専用現示（青矢）がある交差点を想定しています。右折車と対向直進車との事故が多く発生する交差点や右折車が多い交差点で、右折専用車線などが設置できる幅員のある交差点では、この右折専用現示がよく用いられます。

　こうした交差点では右折事故が減少するはずですが、実際には右折青矢前にも青矢中にも事故は発生しています。右折時の事故で最も多いのは、対向直進車との事故です。このような事故がなぜ発生するかについて、右折運転者のヒューマン・エラーの観点から考えてみましょう。

表1　信号交差点での右折時のコンフリクト

右折時の信号現示	青	黄	青矢（右折専用現示）
通行優先権	対向直進車　　　横断歩行者	右折車	
右折時のコンフリクト 対向直進車に対して	・直進車に気づいて急ブレーキ等 ・直進車の直前を右折して、直進車が急ブレーキ／急ハンドル操作		・信号無視の直進車に対して急ブレーキ等
右折側の横断歩行者に対して	・横断歩行者の直前を右折しようとして急ブレーキ等 ・横断歩行者の直前をすりぬけて通過して驚かせる		・信号無視の歩行者に対して急ブレーキ等

注　右折時の先行車、対向左折車、横断自転車などとのコンフリクトは省略

　東京都内の信号交差点で発生した右折車と対向直進車との事故91件を対象として、右折開始時のドライバーの直進車に対する確認と右折した理由について調査した研究[3]によると、対向直進車を確認しないで右折を開始

した事故が32件（35％）ありました。なぜ確認せずに右折したかというと「前車に続いて右折した」というものが13件、「脇見をしていた」が9件ありました。

42件（46％）は、確認したのに対向車は来ない（いない）と早合点したエラーによる事故でした。その理由として「渋滞のため対向直進車は停止あるいは減速する」（13件）、「信号の切り替わり時のため対向直進車は停止する」（9件）といった誤った判断があり、また、別の対向直進車や対向右折車の陰に隠れて対向直進車が見えなかった事故（3件）もありました。死角による事故やその一種であるサンキュー事故（対向車が停止してくれたので、感謝の意を込めて慌てて右折したところ、停止対向車の陰から現れた二輪車などと衝突したという事故）は、免許取得時の学科教習で危険予測の例としてよく出てくるものです。

最後に、対向車を見て先に右折できると判断したのに衝突してしまった事故は17件（19％）ありました。青現示の時には右折車は対向直進車の間隙を利用して右折することになりますが、この間隙のことをギャップといいます。どのくらいのギャップのときには待ち、どのくらいのギャップになったら右折するかに関する問題は、ギャップ・アクセプタンスの問題として交通工学や交通心理学で研究されてきました。どのギャップを利用して右折するかは、交差点の大きさや対向直進車の交通量などによって異なりますが、右折矢印の有無やその時の信号現示によっても異なります[4]。また、ギャップ・アクセプタンスの判断を狂わす要因として、対向直進車の車種と速度が指摘されています。91件の事故の中で、対向直進車が自動二輪車か原付であった事故が56件（62％）あったことは、二輪車は車体が小さいために見逃されやすいということのほかに、二輪車の速度や二輪車まで

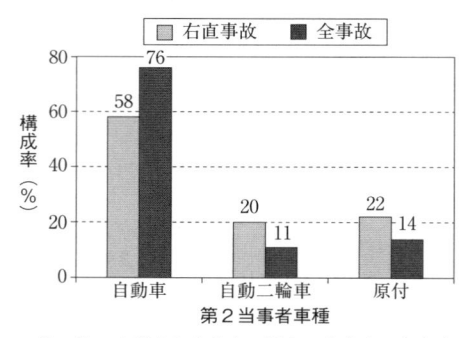

注　第1当事者が自動車の場合。該当する右直事故件数は14,683件、全事故件数は101,527件

図4　信号交差点での右直事故と全事故における第2当事者の車種[6]

2-4 交通信号

の距離の判断の難しさを示しています[5]。

右折車と対向直進車の事故は、右直事故と呼ばれています。右直事故では、二輪車が対向直進車となりやすいのは、全国統計を見ても明らかです。信号交差点での右直事故（第1当事者が右折の自動車の場合）では、対向直進車が二輪車であった割合は42パーセントに達していました[6]（図4）。

(2) 直進時の停止・進入判断のコンフリクト

交差点に近づいたときに信号が青から黄に変わると、ドライバーは停止位置で安全に停止できるかどうかを判断し、停止できると思えば停止します。しかし、交差点に近かったり速度が出ていたりして停止できないと思えば、交差点に進入します。これを示したものが図5です。この図に示すように、黄信号に直面したときに交差点に近いAの位置に車がいれば多くのドライバーは交差点に進入するでしょうし、交差点から遠いCの位置にいれば多くのドライバーは停止するでしょう。では、Bの位置で黄信号になったらどうするでしょうか。交差点を進入・通過しようとするドライバーがいる一方で、停止しようとするドライバーもいるでしょう。それは、この辺りで黄信号になった場合には、赤信号が始まる前までに交差点に進入することも、停止位置で安全に停止することもできないからです。このBのような道路区間をジレンマ・ゾーンといいます。

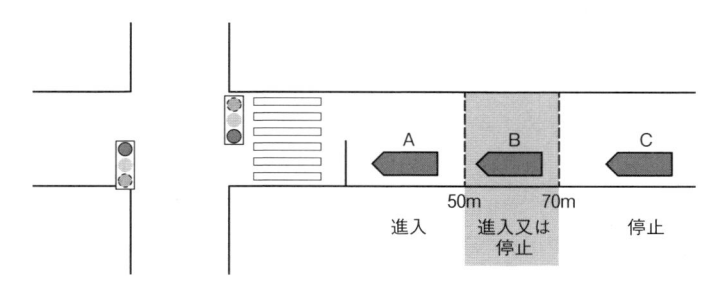

注　黄時間3秒の交差点を60km/hで走行した場合。この時、B付近の車はジレンマ・ゾーン内にあります。

図5　黄信号開始時の車両走行位置と停止・進入判断

このジレンマ・ゾーンやその付近に車が2台いたとします。その時に、前の車が停止しようとし、後ろの車が進行を続けようとすると、追突事故が発生するかもしれません。実際は、ジレンマ・ゾーンに近づくと、多くの車は速度を下げて前の車との車間距離を広げたり、前の車が停止するかどうかを注視したりして追突を免れています。また、ジレンマ・ゾーンを回避するように青信号を延長したりする信号制御方式（ジレンマ感応制御方式）を採用することによって、追突事故の発生を防いでいます。しかし、信号の変わり目はドライバーにストレスを与え、事故の誘因となることは確かです。

こういった信号の変わり目での前車と後車との意思決定の食い違いによる追突事故は、どのくらい発生しているでしょうか。全国統計ではこういった調査項目がないので分かりませんが、表2に示す追突事故多発交差点での事例分析によると、事故の半数近くがこの種の事故でした[7]。ただし、一般の信号交差点での追突事故の事例分析によると、意思決定の食い違いというより、前の車以外のところを見ていたり（脇見）、ぼんやりしていて追突してしまう事例の方が多いようでした[8]。

表2　信号交差点流入部での追突事故の状況[7]

追突事故発生時の状況	構成率(％)
1　信号切り替わり時における前車との意思決定の食い違い	45.0
2　信号停止車の発見遅れ（1以外）	30.2
3　前車の急ブレーキ（1、2以外）	8.5
4　その他	16.3

注　東京都内の追突事故多発交差点12か所の追突事故129件が対象

Q1の答え　①　無信号交差点事故も信号交差点事故も共に減少
Q2の答え　③　出会い頭事故と右折事故は同じくらい

文　献

1） 警察庁交通局・交通事故総合分析センター（1976-2011）．交通統計　昭和51年〜平成22年版．
2） 交通事故総合分析センター（2013）．交通事故統計年報　平成24年版．
3） 小島幸夫（1986）．信号交差点における右折事故に関連する運転挙動．科学警察研究所報告交通編，*27*, 57-69．
4） 森　健二・斎藤　威（1992）．信号交差点における右折車のギャップ利用特性に関する考察．科学警察研究所報告交通編，*33*, 90-99．
5） 萩田賢司・松浦常夫・西田　泰（1997）．直進二輪車に対向する右折車運転者の認知判断及びギャップ利用特性．土木計画学研究論文集，*14*, 917-922．
6） 交通事故総合分析センター(2008)．ビジュアルデータ　―平成18年交通事故統計―，大成出版社．
7） 小島幸夫（1981）．信号交差点における追突事故の潜在性に関する交通現象（Ⅱ）．科学警察研究所報告交通編，*22*, 56-59．
8） 交通事故総合分析センター（2001）．交通事故例調査・分析報告書．pp.79-88．

第3章

だれが事故を起こすか

3-1　子供の事故
幼児、小学生、中学生でどう変わっていくか

　少子高齢化の流れの中で、子供の人口減少が続いています。そのこともあって、子供の交通事故は、昔ほど大きな問題ではなくなってきています。しかし、子供には未来があります。事故の被害者は少なくなってきたとはいえ、事故防止の努力はまだ必要です。子供といっても事故の形態は年齢によって大きく異なります。子供の頃は心身の能力が急速に発達し、自分で移動できる範囲が広がる時期で、それに伴って移動手段が変化していくからです。

　ここでは、子供を幼児、小学生、中学生に分けて、事故の実態を明らかにし、各年齢段階の子供の事故防止に役立てることができるような知見を提供したいと思います。

Q1 子供が関わる事故で、最も死者が多いものはどれでしょうか。
　① 自動車同乗中の事故
　② 自転車運転中の事故
　③ 歩行中の事故

Q2 子供の自転車事故に占める出会い頭事故の割合はどのくらいでしょうか。
　① 30パーセント
　② 45パーセント
　③ 60パーセント

▶答えは93ページ

◆ 移動手段からみた子供の事故

　図1は、子供を6歳以下（幼児）と7～12歳（小学生）と13～15歳（中

3-1　子供の事故

学生）に分けて、移動手段別（状態別）の事故死者数を示した結果です。幸いにして子供の死者数は、平均して年に106人と少ないことが分かります。子供の死者で最も多いのは歩行中ですが、幼児から小学生へ、小学生から中学生へと年齢が上がるにつれて死者が減少していきます。代わりに、小中学生になると自転車運転中の死者が増えてきます。

　図2は、負傷者数について幼児と小学生と中学生を比較した結果です。図1の死者数のグラフと少し異なって、幼児では歩行中より自動車同乗中の負傷者が多くなっています。小学生と中学生では、自転車運転中の負傷者が一番多いという結果です。

　死亡事故でも負傷事故でも、幼児では少なかった自転車事故が小学生になると急に増加するのは、小学校に入る頃から本格的に自転車に乗り始めるからです。図3は、埼玉県内の6つの小学校の4年生609名に、自転車に乗れるようになった時期と初めて一人で自転車を使って出かけた時期を尋ねた調査結果です。小学校入学前までに半数以上の子供が自転車に乗れるようになるものの、多くの子供にとって公道で自転車に乗るようになるのは、小学生になってからでした。

　図1と図2のグラフから、幼児では歩行中と自動車同乗中の事故が問題であり、小学生では自転車運転中と歩行中の事故が多く、中学生では自転車運転中の事故が特に問題となります。そこで、子供の歩行者事故と自転車事故に焦点を当てて、詳しくみていきましょう。

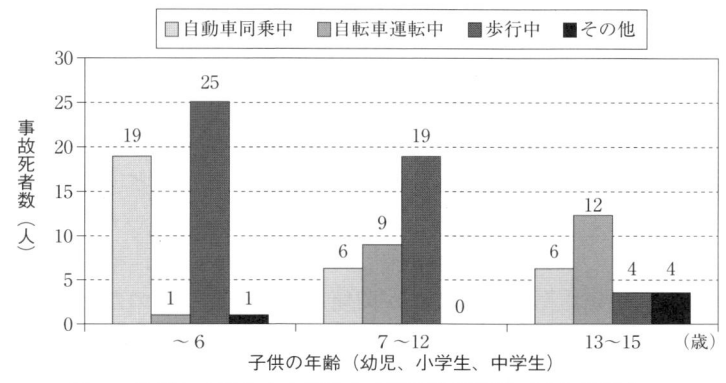

図1　幼児と小学生と中学生の交通事故死者数（3年間平均、交通統計22〜24年版）[1]

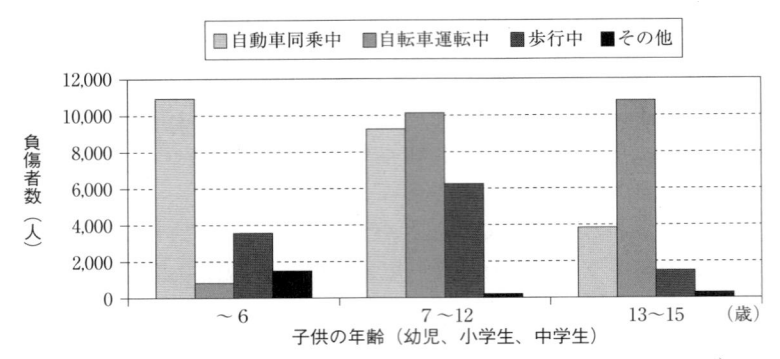

図2　幼児と小学生と中学生の交通事故負傷者数（交通統計24年版）[1]

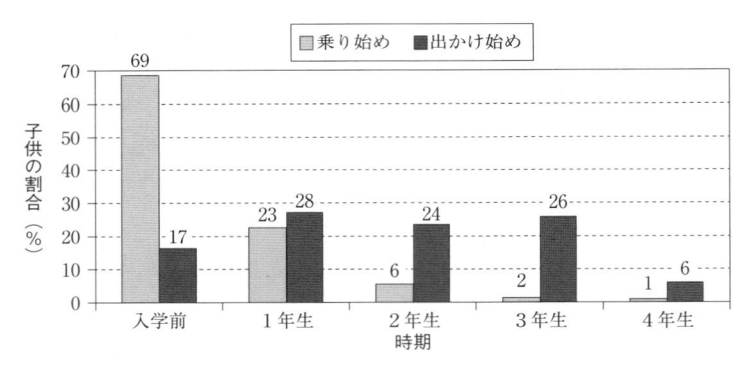

図3　自転車に乗れるようになった時期と一人で自転車で出かけ始めた時期（日本交通安全教育普及協会[2]を改変）

◆ 歩行者事故

　歩行者事故（人対車両事故）に遭った歩行者のほとんどは第2当事者となり（61,510人）、第1当事者となるのはその30分の1（2,070人）しかありません[3]。また、歩行者は交通弱者という捉え方が強く、第1当事者の人数より、何人が死亡し負傷したかが問題となります。そのため、ここでは死傷者に関する統計を図4と図5で紹介します。ただし、事故時の違反については、当事者の違反が問題となるので、1当と2当の統計を使って説明します。

(1) 道路で何をしている時に事故に遭ったか

図4は、歩行者事故の類型、つまり道路で何をしている時に事故に遭ったのかを調べたものです。幼児と小学生では、横断歩道以外の場所を横断している時が半数近くを占めていて最も多いという結果でした。それに比べると、中学生や16歳以上の歩行者では、横断歩道やその付近を横断中の事故の方が横断歩道外横断中の事故より多く、小さな子供の事故とは異なっていました。また、数はそれほど多くはないものの、小学生以下では路上遊戯中の事故がみられました。

子供に横断歩道以外を横断中の事故が多いのは、①子供が横断しようとする付近には横断歩道が少ないため、②付近に横断歩道があっても子供はそれを利用しないことが多いため、あるいは③横断歩道以外の場所を横断するのは特に子供にとって危険性が高いためと考えられます。

①の「子供が横断しようとする付近には横断歩道が少ない」というのは、住宅エリアでは一般に横断歩道があるような道路が少なく、子供の歩行移動の範囲が自宅周辺の狭いエリアにあることを考えると、納得できる理由でしょう。②の「付近に横断歩道があっても子供はそれを利用しないことが多い」については、子供の方がかえって利用率が高いという調査結果からすると[5]、理由とは考えられません。③の「横断歩道以外の場所を横断

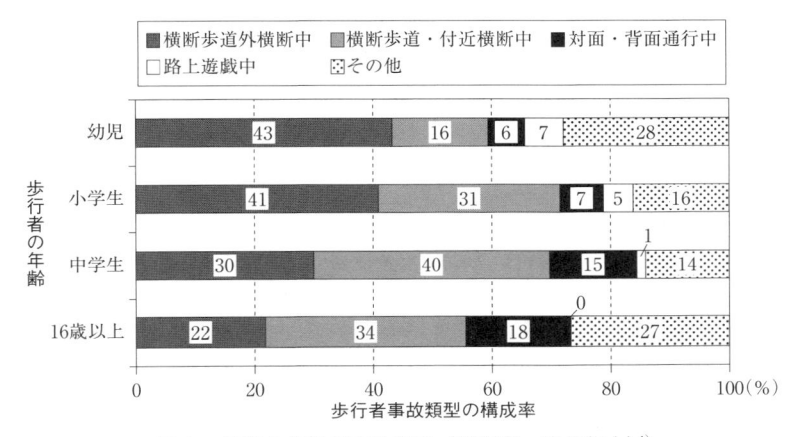

図4 子供の歩行者事故類型（死傷者、2012年中）[4]

するのは特に子供にとって危険性が高い」は、横断歩道のように歩行者を守ってくれる施設を利用する場合に比べて、横断歩道のない場所を車と衝突しないように横断するという課題は子供にとって難しいため、確かに危険性が高いと考えられます[5,6]。

ところで、子供の歩行者事故はどこで発生しているでしょうか。全年齢では、交差点の方が単路より事故が少し多い程度ですが、幼児や小学生が歩行者の場合には、横断歩道外での横断が多いことから予想されるように、単路での発生割合の方が高くなっています[1]。

(2) どういった通行目的で歩いていた時に事故に遭ったか

幼児、小学生、中学生と大人では、生活スタイルが大きく異なります。それを反映して、歩行中に事故に遭った時の通行目的も異なるでしょう。それを調べたものが図5です。これより幼児では遊戯（20%）と買物時に多く、小学生では通学（34%）と遊戯時に多く、中学生では通学時（56%）に半数以上の事故が発生し、年長者では買物（23%）や通学・通勤中に歩行者事故が比較的多く発生しています。つまり、子供の歩行者事故は、幼児と小学生と中学生で大きく異なり、幼児では遊戯時に多く通園時の事故は少ないが、小学生になると遊戯時の事故はまだ多いものの、通学時（特に下校中）により多く発生するようになり、中学生になると通学時に更に多く発生しています。

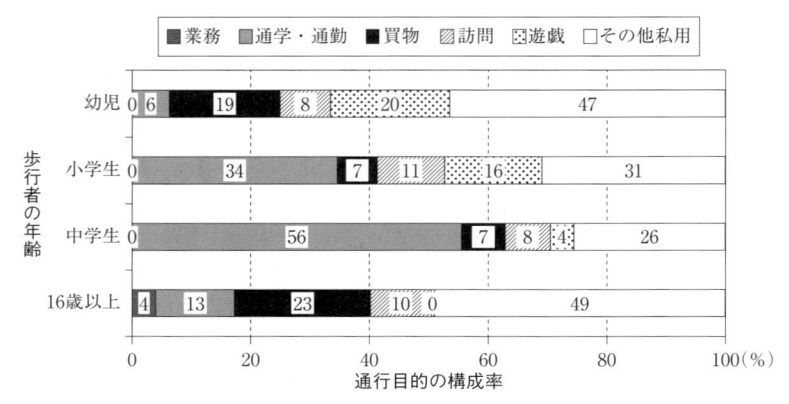

図5 子供の歩行者事故時の通行目的（死傷者数、2012年中）[1,3]

3-1 子供の事故

【遊戯中の事故例】

小学1年生になる6歳の男の子A君は、午後4時頃、家の近所の道路脇の空き地で兄や友人ら5人と遊んでいたところ、急に道幅5メートルの道路にかけ足で飛び出し、斜めに横断をして、左側から来た若い女性の運転する乗用車と衝突した。車は50キロの速度で進行してきたため、急ブレーキをかけたが間に合わなかった。

(3) どんな違反をして事故に遭ったか

表は、歩行者の事故時の違反を幼児、小学生、中学生と大人で比較したものです。幼児に特徴的な違反は、飛び出し（36％）と路上遊戯で、表には記されていませんがその他の違反の半数は幼児の一人歩きで、2番目に多い違反でした。幼児の一人歩きというのは、小さな子供には保護者が付き添って歩く必要があるのに一人歩きをさせたという違反で、保護者に事故の責任があると考えられる違反です。小学生の違反も飛び出し（34％）と路上遊戯が特徴的ですが、横断不適（特に、横断歩道外横断）や車両の直前・直後横断が多いのも特徴です。中学生になると飛び出しは減るものの、左側通行や車道通行といった通行区分違反や横断不適が増えてきます。

表　子供の歩行者事故時の違反（1当と2当、平成24年中）[7]

事故時の違反	5歳以下（幼児）	6～12歳（小学生）	13～15歳（中学生）	16歳以上
信号無視	2.0	2.7	3.9	2.2
通行区分	0.0	0.9	4.1	4.0
横断不適	4.3	8.2	9.6	9.1
直前直後横断（駐停車両）	1.8	3.5	3.2	1.1
直前直後横断（走行車両）	3.0	4.9	3.6	3.1
めいてい・はいかい	0.0	0.0	0.2	1.0
路上遊戯	3.1	3.1	0.8	0.1
飛び出し	36.2	34.1	13.9	1.9
その他の違反	23.0	2.0	2.7	4.9
不明等	0.1	0.2	0.2	0.3
違反なし	26.3	40.3	57.6	72.4
計	100	100	100	100

大人（16歳以上）の違反をみると、事故時に違反がなかったケースが72パーセントを占めています。小学生以下の子供の場合には、違反がなかったのは26パーセント（幼児）と40パーセント（小学生）ですから、小さな子供の歩行者事故では歩行者側の違反が多いのに対し、大人の歩行者事故では逆に自動車側に違反があるケースが多いといえます。

子供に最も多い「飛び出し」違反というのは、先の事例のＡ君のように安全を確認しないで路上に飛び出した違反のことを指します。路上へ飛び出すのは主として横断のためで、その場合には走って横断することになります。いくつかの調査によると、子供はふだん横断する時に走って横断することが多く（30％前後）、事故時には一層走っている場合が多い（70％前後）といいます[5]。平常時より事故時に走り横断が多いことは、走り横断の危険性が高い証拠です。

道路上には走っている車だけではなく、道路脇に駐車している車や停車している車、渋滞で止まっている車など動いていない車もいます。そういった車の前や後ろから道路を横断するのが危険な理由は、そうした車がいつ動き出すかもしれないということの他に、そうした車の陰に歩行者が隠れてしまい、歩行者側からも走行している車側からも互いに相手を見つけにくいからです。

「駐停車車両の直前・直後横断」違反はそういったもので、その場合の駐停車車両は、歩行者とは関係ない人の車であると考えられがちです。しかし、事故事例を調べた結果、その３分の１は家族の運転する車や送迎してくれたバスといった子供と関係のある人の車でした[8]。つまり、「父親が運転する車から降りて、その車の前や後ろから親より先に道路を横断しようとしたところ、走ってきた車と衝突した」というような事故が意外に多いのです。

◆ **自転車事故**　────────────────────◆

自転車事故は、子供たちの移動手段が徒歩から自転車に移行する小学生の頃から増え始めて、高校生でピークとなります[1]。ここでは、幼児と小学生と中学生の自転車事故の特徴をみてみましょう。

(1) どういった場所で起きているか

図6は、子供の自転車事故（1当と2当の件数の合計）の発生場所を示したものです。事故の半数は交差点やその付近で発生していますが、自転車が関与した事故ではその割合は70パーセント近くに達しています。また、自転車事故は交差点の中でも信号機のない交差点で特に多く発生している点も、他の移動手段での事故とは異なっています。

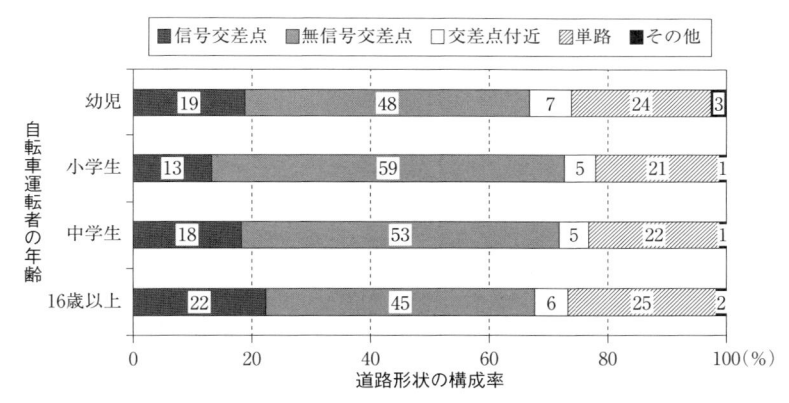

年齢	信号交差点	無信号交差点	交差点付近	単路	その他
幼児	19	48	7	24	3
小学生	13	59	5	21	1
中学生	18	53	5	22	1
16歳以上	22	45	6	25	2

図6　子供の自転車事故の発生場所（1当、2当計、2012年中）[9]

それでは、子供の自転車事故にはどういった特徴がみられるでしょうか。図6をみると、交差点で大多数の事故が起きている点は他の年代と同様ですが、信号機のない交差点でより多く発生している点が特徴的です。これは、大人に比べて単路で多く発生する子供の歩行者事故とは対照的です。

なぜ子供の歩行者では単路での事故、特に横断中の事故が多いのに、子供の自転車事故ではそれが少ないのでしょうか。単路で横断する時は、自転車から降りて歩いて横断することが多いからでしょうか（その場合、事故が起きると歩行者事故になります）。歩道と車道には段差があって自転車にとって単路では横断しにくいからでしょうか。また、交差点にある横断歩道まで自転車なら簡単に移動できるからでしょうか。あるいは自転車の横断は歩行者より目立ちやすいのでドライバーが事故を回避しやすいのでしょうか。いくつか理由が考えられますが、次の自転車事故の事故類型が理由をよく説明してくれそうです。

(2) どういったタイプの事故が起きているか

図7は、自転車事故ではどういったタイプの事故が起きているかを調べたものです。半分以上が出会い頭事故でした。事故全体の出会い頭事故の割合は4分の1程度ですから、その2倍です。半数の自転車事故が信号機のない交差点で起きていること（図6）と関連づけると、自転車事故の一番ポピュラーなタイプは、信号機のない交差点で、車と出会い頭に衝突する事故といえるでしょう。子供の自転車事故では、出会い頭事故は更に多く起きています。

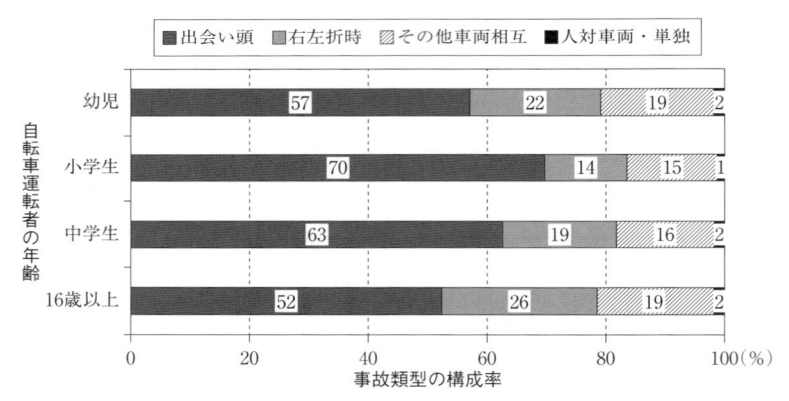

図7 子供の自転車事故の事故類型（1当、2当、2012年中）[4]

なぜ自転車は、特に子供が運転する自転車は、信号機のない交差点で出会い頭事故に遭うのでしょうか。まずは、無信号交差点での出会い頭事故の一般的な原因について考えてみましょう。第5章で詳しく述べますが、信号機のない交差点での出会い頭事故の7割は、非優先側が一時停止をしなかったために発生しています。なぜ一時停止をしなかったといえば、ぼんやりしていたり、脇見をしていて一時停止標識等を見落とすケースと一時停止標識等を認知していたのに車は来ないだろうと楽観して停止しなかったケースがありました。

信号なし交差点での出会い頭事故のうち、自転車が関与した事例を分析した結果によると[10]、自転車が非優先側であった事故の9割（75件中の67

件）では、自転車は一時停止を怠っていました。一時停止をしなかった割合が車の場合の7割より高いのは、ふだんから自転車は車に比べて一時停止を実行することが少ないためと考えられます[11]。

また、自転車が止まらない理由は、一時停止標識等を見落としたというより、一時停止標識等を認知していたのに車は来ないだろうと楽観していたためと考えられます。

子供が運転する自転車がこういった事故に遭いやすい理由も同様だと考えられますが、子供の方が更に大人より一時停止や安全確認を十分に行わないようです[5]。また、自転車が優先側道路を走っている場合でも、子供は体が小さくて車から見つけにくかったり、小学生や中学生になると自転車の走行速度が高くて発見しても事故を回避しにくかったりします。

Answer
Q1の答え　③　歩行中の事故
Q2の答え　③　60パーセント

文　献

1) 交通事故総合分析センター（2011～2013）．交通統計　平成22～24年版．
2) 日本交通安全教育普及協会（2008）．自転車交通安全教育地域一体型プロジェクト．http://www.jatras.or.jp/kensyu_jisshijirei_pdf/jitensha_project/19_jitensha_project_houkokusho.pdf
3) 交通事故総合分析センター（2013）．交通事故統計年報　平成24年版．
4) 交通事故総合分析センター（2013）．交通事故統計表データ（24-41DG201）．
5) 日本自動車工業会（1983）．子どもの道路横断行動からみた交通安全対策に関する研究報告書．
6) 松浦常夫（2011）．子どもの飛び出し事故の事例分析．交通事故総合分析センター第14回交通事故調査・分析研究発表会論文集．
http://www.itarda.or.jp/ws/pdf/h23/14_06kodomo.pdf
7) 交通事故総合分析センター（2013）．交通事故統計表データ（24-30NM109, 110）
8) 松浦常夫（2011）．横断歩道外を横断中の歩行者事故．交通事故例調査・分析報告書（平成22年度報告書），44-49．
9) 交通事故総合分析センター（2013）．交通事故統計表データ（24-41CG201）

10) 交通事故総合分析センター（2008）．自転車が関わる信号なし交差点での出会い頭事故の分析．交通事故例調査・分析報告書（平成19年度報告書），89-116.
11) 芳賀政宣・三井達郎（2005）．無信号交差点における自転車運転者の行動について．科学警察研究所報告交通科学編, 44, 44-53.

3-2 若者の事故
若さと経験不足は事故にどう影響するか

　若者は危険なドライバーだといわれています。若さによる未熟さと初心運転者という運転経験の少なさがその理由です。しかし、最近は、希望すれば皆が大学に入学できるといわれるほど、若者の人口が減少してきていますし、趣味の多様化と金銭的余裕のなさから若者の車離れも進んでいます。そのため、若者の交通問題は昔ほど叫ばれなくなってきています。それでも、前途ある若者の事故は、依然として重要な問題に変わりありません。

　ここでは、若年運転者は本当に危険な運転者なのか、その事故の特徴と背景は何かについて考えていきたいと思います。

Q1 若者が起こした死亡事故は、最近の15年間でどのくらい減少したでしょうか。
① 約2,000件から500件へと減少した
② 約2,000件から1,000件へと半減した
③ 約2,000件から1,500件へと減少した

Q2 若者の四輪車運転中の事故類型で最も多いのは追突事故ですが、その割合はどのくらいでしょうか。
① 30パーセント
② 50パーセント
③ 70パーセント

▶答えは103ページ

◆　若年運転者の事故危険性

　若者の事故が他の年齢層と比べて多いかどうかを、免許人口当たりの事

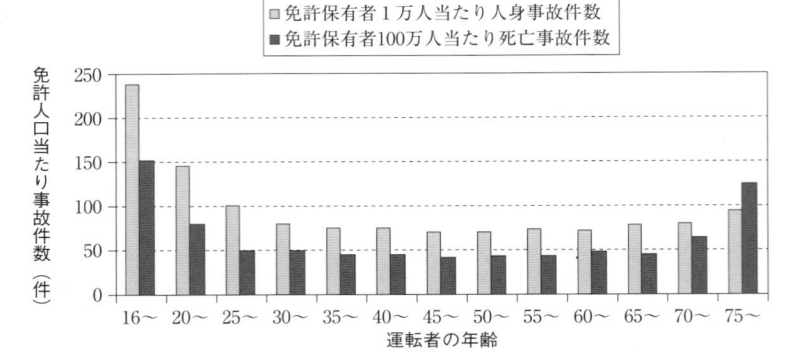

注　免許は原付以上の免許で、事故は原付以上の車を運転していて第1当事者となった人身事故と死亡事故です。

図1　運転者の年齢別にみた免許人口当たり事故件数（交通統計24年版）[1]

故件数で比較してみました。図1に示すように、人身事故でも死亡事故でも若者（16～19歳と20～24歳）の事故が最も多く、それより年長になると次第に事故は減少していき、高齢者になると再び増加するという結果でした。

このようなU字型で示される事故件数の変化は、走行距離当たりの事故件数を指標に取った場合にもみられます。

◆　若年運転者事故の急激な減少とその背景　◆

若年運転者は確かに最も危険な運転者グループですが、このグループが起こした事故は減少を続けています。図2は、運転者が第1当事者となった平成10（1998）年から平成24（2012）年までの最近15年間の死亡事故件数の推移を調べたものです。この間に25～64歳の運転者による死亡事故は4,892件から2,500件へと半減していますが、若年運転者の場合は減少幅が更に大きく、2,267件から509件へと4分の1になっています。

なぜ、若年運転者の事故は、これほどまでに減少したのでしょうか。先に若者の人口が減少してきている点と若者の車離れについて触れましたが、ここでは若者の運転免許人口の減少について詳しくみてみましょう。

図3は、ここ15年間の運転免許保有者数の推移を3つの年齢層ごとに比

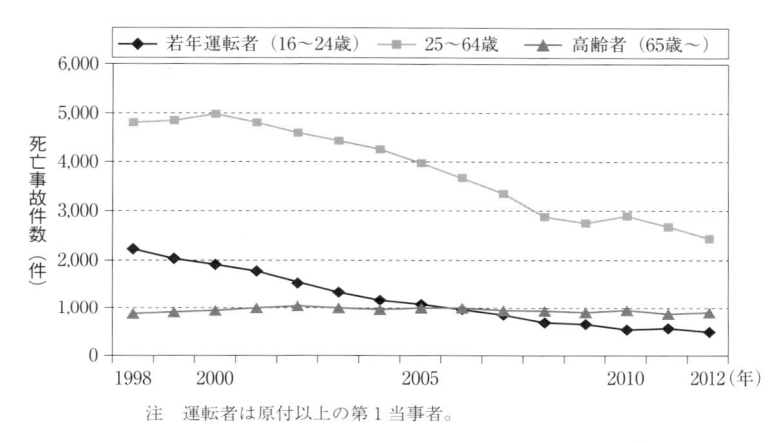

3-2　若者の事故　　　　　　　　　　　　　　　　　　　　　　　97

図2　運転者の年齢層別にみた死亡事故件数の推移[2]

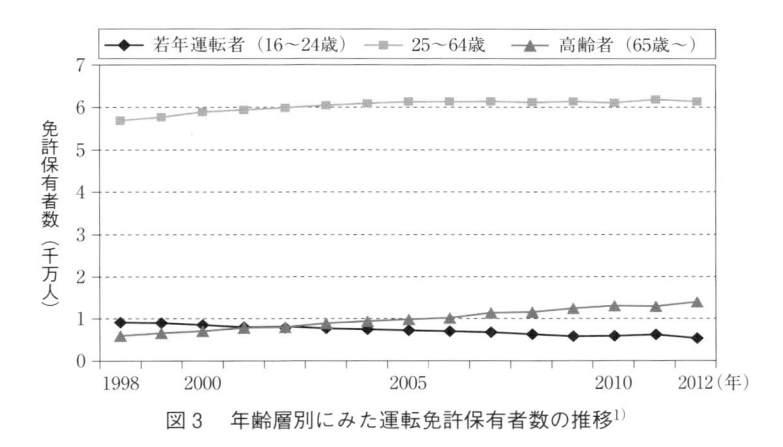

図3　年齢層別にみた運転免許保有者数の推移[1]

較したものです。若者の免許保有者のみが減少していることが分かります。1998年には1千万人近くの若年運転者がいたのですが、2012年には600万人に減少しています。この変化は高齢運転者の場合と逆で、高齢運転者の場合には635万人から1,420万人へと2倍以上に増えています。

　こういった人口構造の変化を反映した免許人口の変化が、図2に示すように若年運転者の死亡事故を減少させ、高齢運転者の死亡事故の減少を阻んでいるのです。

◆ 若年運転者の事故の特徴

若年運転者の事故には、様々な特徴がみられます。それを表にまとめてみました。この中から、事故類型（車両単独事故、追突）、危険認知速度（高い）、昼夜別（夜間）および同乗者（同年代）について詳しくみてみましょう。

表 若者事故の背景と特徴（松浦[3]を改変）

事故の背景	事故の特徴
運転経験の少なさ	第1当事者 ハンドル操作の不適切さ 車両単独事故 カーブ事故
人格の未成熟性	スピードの出しすぎ 疲労運転 飲酒運転 シートベルト不着用 追突事故・脇見
ライフスタイル	夜間（深夜・早朝）事故 週末（日曜・祭日）の事故 レジャー（ドライブ）時の事故 同乗者がいる事故

(1) 追突と車両単独事故が多い

若者とそれより年長の運転者では事故の種類（事故類型）が異なるといわれます。人身事故について、それを調べた結果が図4です。これより、確かに若年運転者は、それ以外の運転者より追突や車両単独や正面衝突の事故が多いといえます。

【追突事故の事例】

　冬の夕方、19歳の男性Aさんは、片側2車線の幹線道路を乗用車で

3-2　若者の事故

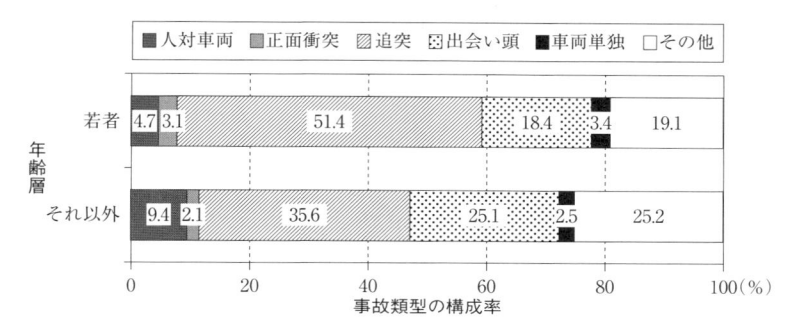

年齢層	人対車両	正面衝突	追突	出会い頭	車両単独	その他
若者	4.7	3.1	51.4	18.4	3.4	19.1
それ以外	9.4	2.1	35.6	25.1	2.5	25.2

注　運転者は四輪車運転の第1当事者で、若年運転者 $n = 81,564$、それ以外の年齢の運転者 $n = 597,628$

図4　若年運転者とそれ以外の運転者の事故類型別事故件数（構成率、2012年中）[4]

B車に追従して進行中、車内のCDプレーヤーの操作に気を取られたために、渋滞でB車が停止したのを発見するのが遅れて、B車に追突した。

【車両単独事故の事例】

秋の午前中に20歳の男性Aさんは、友人から譲り受けたスポーツカーをその日初めて運転し、片側2車線の広い道路に出て車の調子をみようと時速90キロで走行したところ、ハンドル操作を誤って中央分離帯に衝突した。

(2)　スピードを出しすぎる

車両単独事故の事例にみるように、若者事故の特徴はスピード運転にあるといわれています。そこで、若年運転者の方が年長運転者より事故前の走行速度が高いかどうかを、危険認知速度で比較してみました。**図5**がその結果です。危険認知速度というのは、衝突した相手車両や物件（電柱や防護柵など）を認め、危険を認知した時の速度のことで、普通この時からブレーキやハンドル操作などの事故回避行動が始まります。

事故の半数以上が追突や出会い頭事故であるためか、意外にも危険認知速度は時速10キロや20キロといった低い速度が多いことが、**図5**から分かります。それでも、若者と年長者を比べると、若者の危険認知速度の方が

第3章　だれが事故を起こすか

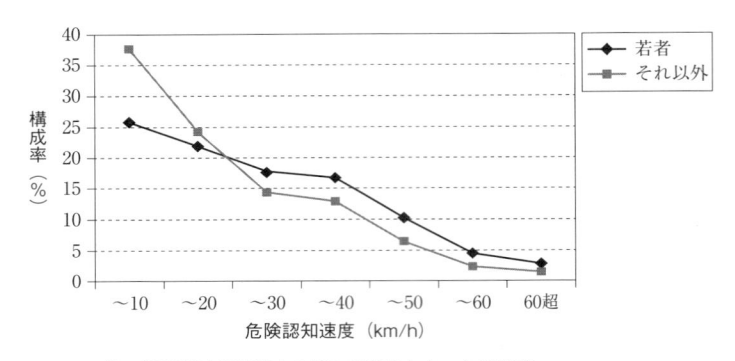

注　運転者は原付以上の第1当事者となった運転者。

図5　若年運転者の事故時の危険認知速度（2006年中）[5]

高いようです。例えば、危険認知速度が時速30キロを超える事故の割合は、若者は34パーセントですが、年長者では24パーセントにすぎません。

死亡事故についてみると、若者の速度の方が明らかに高く、時速50キロを超える事故の割合は、若者が55パーセントで年長者は29パーセントでした[2]。

(3) 夜間事故が多い

図6は、若年運転者と年長運転者の夜間事故割合を、人身事故と死亡事故の各々について比較したものです。まず、人身事故についてみると、全体では夜間より昼間に事故は多いのですが、若者の運転者の方が年長者より夜間に発生する事故の割合が高いといえます。次いで、死亡事故についてみると、人身事故より夜間事故の割合が多く、特に若者の場合は年長者より夜間事故割合が高く、60パーセントを超えています。

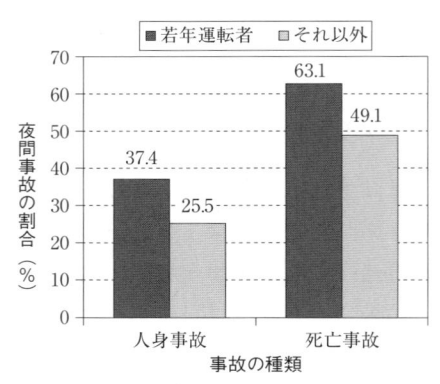

注　若者の人身事故件数は92,263件、死亡事故件数は509件。

図6　若者運転者の夜間事故の割合（2012年中）[6]

3-2 若者の事故

(4) 仲間の同乗者を乗せた事故が多い

　人身事故の50パーセントから60パーセントは、同乗者なしで運転している時に発生しています[7]。ただし、この項目についても年齢差がみられ、若者の方が年長者より同乗者を乗せて運転して、事故になるケースが多いといわれます[7]。

　また、若年運転者の運転や事故の特徴として、同年代の若者を同乗させて運転している点が指摘されています。これを確かめたものが図7で、若年運転者の方が年長運転者より、運転者と同乗者の性別組合せの全てにおいて、事故時の同乗者には同年代の人の割合が高いという予想どおりの結果でした。

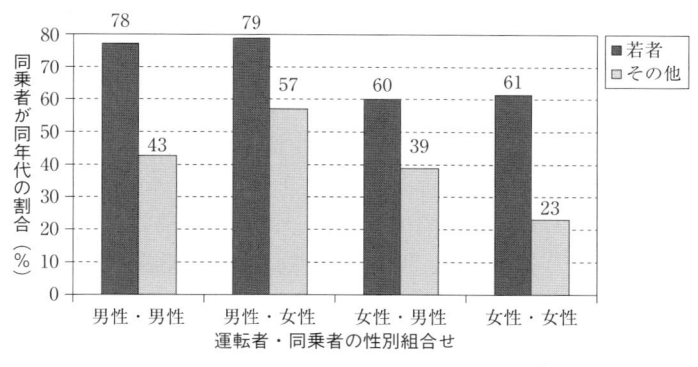

図7　同乗者が同年代である事故の割合[7]

◆ 若年運転者の事故の背景

(1) 運転経験の少なさ

　表に示したとおり、若者事故の背景の一つに、若者の多くが初心運転者という点があります。例えば、普通免許の取得は18歳からですから、普通乗用車を運転できる18歳の若者は全て免許取得後1年未満の初心運転者です。また、普通乗用車を運転する24歳の若者についてみると、その過半数は免許取得後5年から6年を経過していて初心運転者とはいえないものの、20歳を過ぎてから免許を取った人はまだ初心運転者といえます。若年

運転者（普通免許の場合は18歳から24歳）の半数以上が初心運転者（免許取得後3年未満）といえるでしょう[3]。

初心運転者は運転技能が未熟なこと以外にも、交通環境や車に慣れていない点が問題となります。初めて通行するところや初めて運転する車ではベテランドライバーでも事故の危険性が高いのですが[8]、そういった環境の中で初心運転者は運転をしているのです。

年齢にかかわらず初心運転者に特有な事故には、
① 同乗者あり
② 人口集中地区
③ 高速道路・自動車専用道
④ 初めて通行した道路
⑤ 初めて運転した車
⑥ 急ハンドル
などがあります[3]。

(2) 若さ（特に、人格の未熟さ）

若いことは素晴らしいことです。しかし、車の安全運転に関していうと、若さは安全を損なうものです。身体の若さ、社会的経験の少なさ、人格の未熟さといった若者の特性の中で、特に人格の未熟さが事故の原因となります。

未熟さの例としては、交通法規を自己流に解釈したり、時にそれを無視して運転するという運転態度（規範意識の薄さ）、感情の高まりや情緒の混乱のままに運転しやすいといったセルフコントロールの弱さが指摘されています。また、リスクテイキング行動に強く影響する若者のスリル探求は、他の日常生活では若者の長所となり得る特性ですが、運転場面では事故の危険性を高める要因となっています[3]。

追突と車両単独事故が多いこと（図4）やスピード運転をしがちであること（図5）は、若者のこういった点を反映していると考えられます。

(3) ライフスタイル

若者の運転や事故の背景要因には、この他に若者特有のライフスタイル

があります。これが車の運転にも影響を与え、車に対する関心の高さ、車を使っての友達とのつきあい（**図7**）、レジャーやドライブ等を中心とした運転目的、夜間の運転（**図6**）となって現れています。

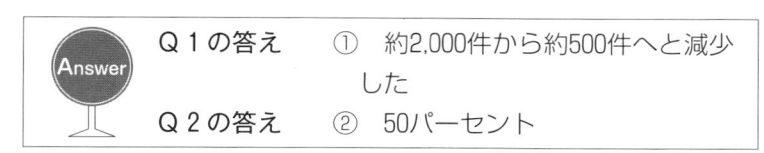

> **Answer**　Q1の答え　① 約2,000件から約500件へと減少した
> 　　　　　　Q2の答え　② 50パーセント

文　献

1）交通事故総合分析センター（1999～2013）．交通統計 平成10～24年版．
2）総務省統計局（2013）．政府統計の総合窓口．平成24年中の交通死亡事故の特徴及び道路交通法違反取り締まり状況について．
　http://www.e-stat.go.jp/SG1/estat/List.do?lid=000001106841
3）松浦常夫（2005）．初心運転者の心理学．企業開発センター．
4）交通事故総合分析センター（2013）．交通事故統計表データ（24-13BG102, 24-13BG106）
5）交通事故総合分析センター（2008）．ビジュアルデータ（平成18年版交通事故統計）．大成出版社．
6）交通事故総合分析センター（2013）．交通事故統計表データ（24-13BG102, 24-13BG106, 24-13BG101, 24-13BG105）
7）交通事故総合分析センター（2008）．高齢者のための安全運転法：同乗者がいると事故は減る？イタルダ・インフォメーション，77．
8）松浦常夫（2006）．運転者教育の心理学的背景18　道路と車への不慣れ．自動車学校，*42(4)*, 35-42.

3-3 高齢運転者の事故
加齢が運転にもたらす影響とは

　先進諸国の交通事故死者数はこの10年から20年の間、経済とは裏腹に、順調に減少を続けています。日本も平成に入ってからこの四半世紀、着実に死者数は減少し、1万人から5,000人を切るまでになりました。しかし、65歳以上の高齢者人口の増加が急なために、高齢者の事故の割合は増加を続けています。その中心は歩行者事故ですが、自動車運転中の事故も大きな問題となっています。それは、免許取得率の高い中年層が高齢者層に移行してきているためです。

　ここでは、高齢運転者の人口と事故が増えている実態、高齢運転者事故の特徴、その背景要因としての心身機能の低下について考えてみましょう。

Q1 運転者が死亡事故の第1当事者となった事故の中で、高齢運転者が占める割合は、最近の10年間でどのくらい増加したでしょうか。
　① 5パーセントから15パーセントに増加した
　② 10パーセントから20パーセントに増加した
　③ 15パーセントから25パーセントに増加した

Q2 高齢運転者（四輪車）の事故類型で最も多いのは何でしょうか。
　① 追突
　② 出会い頭
　③ 追突と出会い頭が同じくらい

▶答えは113ページ

3-3 高齢運転者の事故　　　　　　　　　　　　　　　　　　　　　　　　　　　105

◆　**高齢運転者の増加と事故**　　　　　　　　　　　　　　　　　　　　◆

　事故とその関連指標について、全運転者の中で高齢運転者が占める割合の年推移をみてみましょう。図1は、免許保有者数、人身事故件数、死亡事故件数に占める高齢運転者の割合が過去30年間にどう推移していったかを示したものです。免許保有者数は、1990年には全体の5パーセントを占めるにすぎなかったのが、現在では15パーセントを超えるほど増加しています。これと歩調を合わせて人身事故件数も増加していますが、注目すべきは、死亡事故件数がそれ以上に増加している点です。この点については、後ほど図4で説明します。

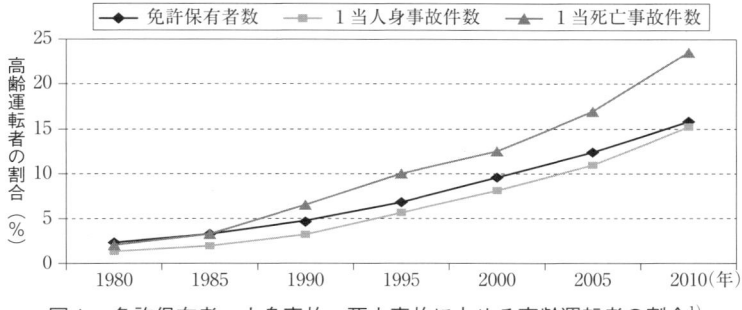

図1　免許保有者、人身事故、死亡事故に占める高齢運転者の割合[1]

　図1より、高齢運転者の事故の増加は、免許保有者数の増加によることが分かりました。そうすると、今後も高齢運転者事故が増加するかどうかは、免許保有者数の動向次第といえそうです。
　そこで、現在の年齢層別・性別の免許保有率を調べてみました（図2）。65歳以上の免許保有率に注目すると、70歳以上の女性を除いて、免許保有率は人口の半分を超えるようになりました。免許保有率の高い中年層が高齢層に移行するまで、まだ高齢運転者人口は増加し続けるでしょう。注目すべき点は、人口が突出している団塊の世代（1947年〜1949年生まれ）が、高齢者の仲間入りをする年（65歳）になってきたことです。この世代が高齢運転者人口を一層増加させることになって、事故の増加要因となるかもしれません。

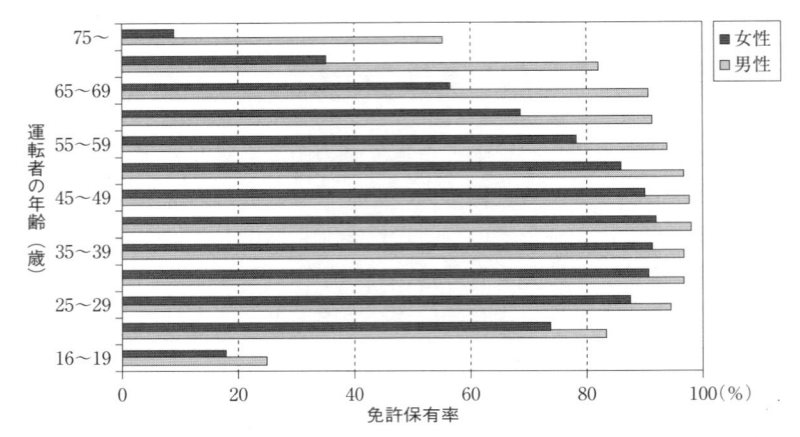

注　2012年末現在の免許保有率（人口に占める免許保有者の割合）を示します。65歳以上の男性では、3つのどの年齢区分でも免許保有率は50％以上です。女性の場合は、65～69歳でようやく50％を超えました。

図2　年齢層別・性別の免許保有率[2]

◆ 高齢運転者の事故危険性

(1) 免許人口当たりでも走行距離当たりでも事故が多い

　免許人口当たりでみた第1当事者となる死亡事故が、高齢運転者では多いことが分かりました。それでは、走行距離当たりでみるとどうでしょうか。一般に、高齢者になると仕事で車を運転する機会が減ったり、運転に不安を感じたりして、走行距離が以前より減少します。したがって、走行距離当たりで考えると（つまり、同じ距離を走行すると考えると）、免許人口当たりで考えるより、事故は中年層に比べてもっと多くなると予想されます。

　この点を調べた研究によれば、走行距離は高齢になると予想どおり減少し（図3）、走行距離当たりの事故件数は、特に自分が負傷したり死亡したりする事故を中心に増加するという結果でした[3]。図3の走行距離の年齢推移を詳しくみると、走行距離は60歳くらいから低下して、高齢者になると一番車を多く運転していた40代や50代の半分程度に減少します。

3-3 高齢運転者の事故　　　　　　　　　　　　　　　　　　　　　　　　　　　107

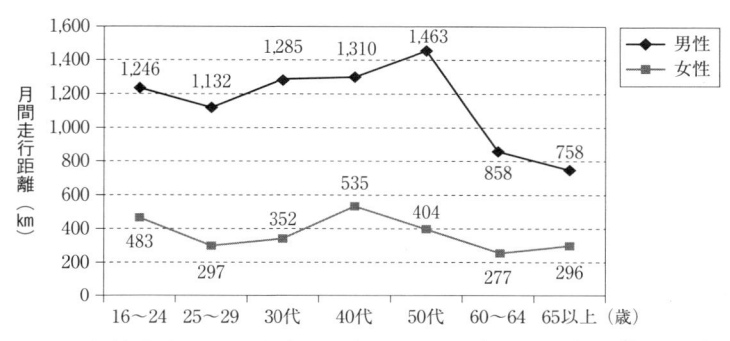

図3　年齢層別にみた運転者1人当たりの月間走行距離（藤田[3]を改変）

(2) 死亡事故、特に自分が死亡する事故が多い

　高齢になると体が弱くなり、ちょっと転んだだけでもケガをしたり、若い人ならケガで済んだ事故でも死んでしまうことがあります。そのため、図1に示すように、高齢運転者では、人身事故に比べて死亡事故が多くなるのです。

　この点を明らかにするために、第1当事者であれ第2当事者であれ運転中に事故で負傷した場合に、それがどのくらい死亡につながりやすいかを調べてみました。その結果が図4です。致死率（負傷者に占める死者の割合）は、30代が一番低く、その後次第に増加し、75歳を超えると加速する

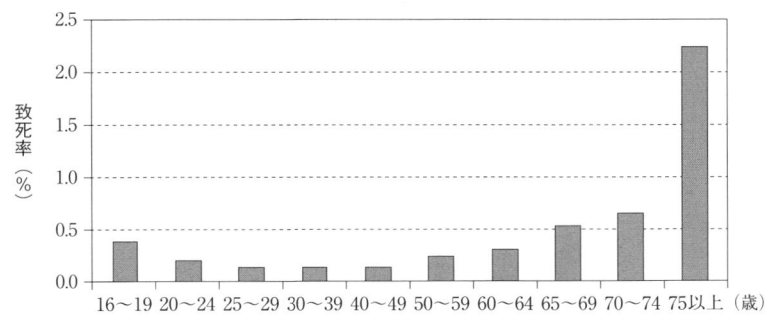

注　運転者は二輪車以外の自動車運転者。致死率は、死者数÷死傷者数×100。

図4　運転者の年齢別にみた致死率（交通統計24年版）[1]

ことが分かります。これより、高齢者の起こす死亡事故では、高齢者自らが死亡するケースの多いことが予想されます。

(3) 第1当事者になりやすい

運転者が事故を起こすと、車両相互事故では第1当事者（より過失が大きい当事者）になるか第2当事者（より過失が小さい当事者）になります。事故に巻き込まれて第3当事者になることもありますが、その数は少ないのでここでは考えません。歩行者事故を起こすと、ほとんどの場合、第1当事者になります。また、車両単独事故を起こすと、相手がいないので第1当事者になります。そうすると、事故を起こすと運転者は半分以上の確率で第1当事者になると予想されます。

高齢運転者は他の年齢層と比べて第1当事者になりやすいかどうかを調べたところ、確かに高齢運転者は若年運転者と同様に、第1当事者の割合が他の年齢層より高いことが分かりました（図5）。

なぜ高齢運転者は、第1当事者の割合が高いのでしょうか。第1当事者になりやすい歩行者事故や単独事故を起こしやすいこともありますが、そういった事故の件数はあまり多くありません（図6）。それよりも、運転中の過失が高齢運転者では実際に大きいからではないでしょうか。つまり、高齢者の場合は、事故を起こした責任が相手の運転者や歩行者より大きい

注　運転者は二輪車以外の自動車運転者。

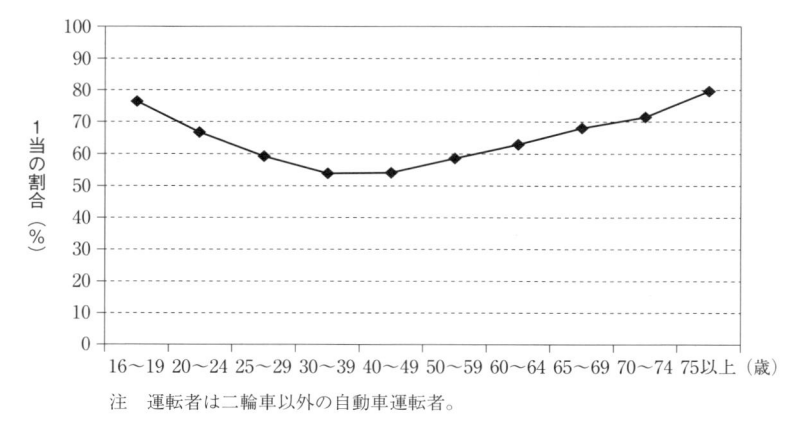

図5　運転者の年齢別にみた第1当事者の割合（2012年中）[4]

3-3 高齢運転者の事故

ということです。高齢者になると運転中のエラーが増え、それが事故を引き起こし、第1当事者となりやすいと考えられます。

◆ 高齢運転者事故のその他の特徴

(1) 事故時の違反

事故の原因の一つの側面を示す違反には、様々なものがあります。「交通統計」に記載されている違反だけでも25個あります。その中から、他の年齢層に比べて高齢運転者に多い違反と少ない違反を3つずつ挙げたものが表です。高齢運転者に多い違反は、信号無視、優先通行妨害、一時不停止でした。こういった違反は、自分がこのままの運転を続けてはいけない状況下になったのに（信号が赤なので停止する必要が生じた、相手に通行の優先権があるので自分は停止や徐行をして進路を譲る必要が生じた、自分に優先権がないので、いったん停止して交差車両の有無を確認する必要が生じた）、それに気付かなかったり、無視したりして、相手の通行を妨害する違反です。逆に、高齢運転者に少ない違反は、運転負担が少ない道路や交通の状況で余裕をもちすぎて、速度を出しすぎたり脇見運転をしたりするといった運転です。

表 高齢運転者の事故時に多い違反と少ない違反（2012年中）[5]

違反	年少運転者（～64歳）	高齢運転者（65歳～）
多い違反		
信号無視	2.6	3.9
優先通行妨害	1.9	2.7
一時不停止	3.7	6.0
少ない違反		
最高速度	0.3	0.1
脇見運転	17.6	11.4
動静不注視	11.9	8.2

注 表中の数字は、原付以上運転者（第1当事者）の事故時の法令違反の中で、非高齢運転者と高齢運転者に特徴的な違反の全違反に占める割合（％）を示しています。

(2) 事故類型

高齢の四輪運転者に特徴的な事故類型を図6に示します。高齢者には、出会い頭事故や車両単独事故の割合がその他の年代より多く、追突事故が少ないことが分かります。出会い頭事故が多いのは、高齢者は一時停止標識や信号を見落としやすいためで、車両単独事故が多いのは緊急時の運転

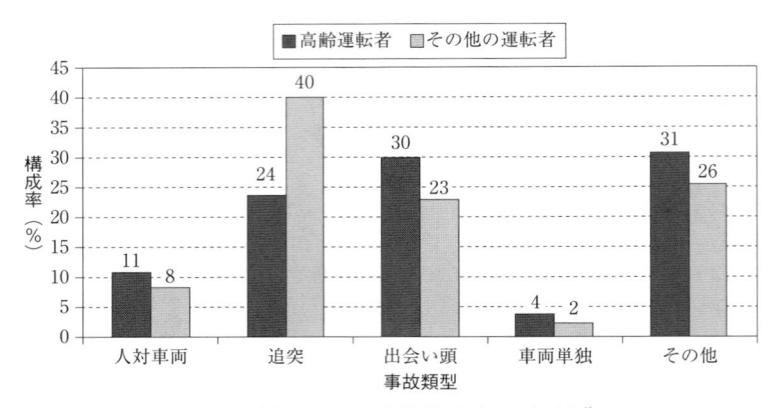

図6　高齢運転者の事故類型（2012年中）[6]

操作能力の低下のため、追突事故が少ないのは、前の車より低速で追従しやすいためかもしれませんが、夜間や幹線道路での走行が少ないためとも考えられます。

(3) 晴れや昼のように良好な環境下での事故が多い

　高齢者は心身機能の低下というハンデを負っているので、雨や夜間といった運転に不利な環境で事故を起こしやすいはずです。しかし、事故統計をみると、かえって晴れや昼のように良好な環境下での事故が多いのです[7,8]。その理由は、高齢者は雨や夜間といった運転に不利な環境下では、運転を避ける傾向にあるためです。こういった戦略的な適応行動は、自己調整行動の一種で補償運転と呼ばれています[9,10]。補償という戦略は、以前に入手した能力や権利が減少しても、今までと同じように暮らしていこうという努力であり、運転場面だけでなく、人生のあらゆる場面でみられる高齢者の知恵といえます。

◆ 高齢運転者事故の背景要因

(1) 考え方

　高齢運転者の事故危険性が中年世代より高い理由として考えられるのは、加齢と病気の影響です。図7に示すように、加齢と病気によって運転

3-3 高齢運転者の事故　　　　　　　　　　　　　　　　　　　　　　　　　　111

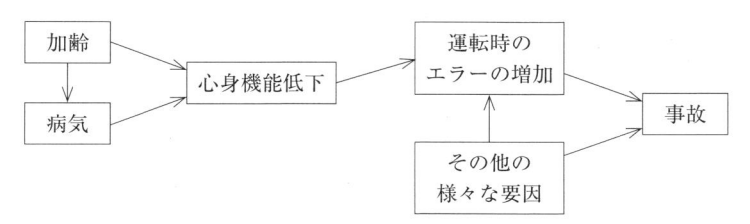

図7　高齢運転者の事故要因としての加齢、病気、心身機能低下

に必要な視機能や認知機能などが損なわれ、それが運転時の見落としといったエラーを増加させ、事故の確率を高めると考えられます。

(2) **加齢と心身機能低下**

　これは、今はやりの老年学のテーマです。健康な人でも加齢に伴う視機能や認知機能の低下はまぬがれません。交通事故で問題となるのは、運転に必要な心身機能とは何か、高齢になるとその中のどれが特に低下して運転に支障がでるのかという点です。

　まず、運転に必要な心身機能とは何かという問題ですが、交通情報を摂取するための視機能（感覚機能）、情報を適切に効率よく摂取するための注意機能（知覚機能）、摂取した情報を適切に処理するための記憶・判断機能（認知機能）が特に重要だと考えられています。

　高齢になると、この中のどの機能が特に低下するのでしょうか。視機能については、静止視力より動いているものを識別する動視力、正面の中心視より周辺を把握する周辺視が特に低下するといわれています。周辺視の低下というのは、視野が狭くなるということです[11～13]。

　視覚的な注意機能には、交差点に接近したら左右の交通に注意しようといったトップダウン型の指示を与える注意機構と、今までこの交差点では左右からの交通に出会ったことがなかったのに今回は急に車が出てきたといったような予期していない事象の検出に関わる刺激駆動型の注意機構があります。高齢者は、後者の刺激駆動型の注意機構が年少者より劣るといわれます[11,12]。

　記憶や判断に関わる認知機能の低下は、その処理速度の低下といった形で現れます。注意を向けられた情報は一時的に記憶として貯蔵され、知識

として皆さんが知っている情報(これを長期記憶といいます)と照合され、危険なものとみなされると、例えばブレーキを踏むという動作が行われます。この記憶貯蔵庫のことを心理学では作業記憶（ワーキング・メモリー）と呼んでいますが、この働きの低下は高齢になると特に低下するようです。これが動作の遅さとあいまって、高齢運転者特有のもたついた運転になるのです[11,12]。

(3) 病気と心身機能低下

　病気による心身機能の低下は2つの形で事故に影響します。1つは4-5「運転中の発作・急病」で述べるてんかん、脳血管障害、心臓マヒといった発作・急病で、事故の直接的原因となるものですが、件数は年間で300件程度とごくまれな出来事です。もう1つは、かぜをひいていたり、血圧が高かったり、白内障を患っていたりして、安全運転に必要な注意機能などが低下して相手の発見が遅れるという事故の間接的原因となる病気です。後者に該当する事故はかなり多いと予想されますが、現在の事故統計原票の違反や人的要因のコードから特定することはできません。

　病気には、様々な種類があります。その中のどういった病気が事故に悪影響を与えるのでしょうか。1つは「運転時の情報の90パーセントは視覚から得られる[13]」といわれていることから、目の病気が事故に影響するはずです。高齢者にポピュラーな白内障や緑内障、糖尿病に伴う網膜症、最近増えてきた加齢黄斑変性（黄斑と呼ばれる目の解像力に関わる部位が加齢により変性し、視力が悪化する病気）などにかかると、視力が低下したり、視野が狭くなったりするといったような視機能の低下がもたらされるのです[11,12]。

　日本人の死因の2位を占める心疾患は、発作がない限り運転に悪影響を与えることはないと考えられます。死因の3位を占める脳血管疾患は、発作以外に、手足の麻痺や視野障害などの後遺症が事故に悪影響を与えると考えられます。

　ナルコレプシーや睡眠時無呼吸症候群（SAS）といった睡眠障害の患者は、運転中に眠気を生じて、居眠り運転事故等を健常者より2倍以上は多く引き起こすといわれています[14]。ナルコレプシーというのは、脳機能

の障害によって、昼間断続的に耐えがたい眠気に襲われ、居眠りを頻回に繰り返す病気です。また、睡眠時無呼吸症候群は、睡眠中の筋弛緩により気道（空気の通り道）が閉塞して呼吸が止まることで、眼が覚めた状態になって睡眠が分断されるために、昼間に眠気を生じる病気です[14]。

最後に認知症を挙げます。高齢者講習でもこの病気のスクリーニングテストが実施されていることから明らかなように、この病気の初期を過ぎると、事故の危険性が確実に増します。それは、運転に必要な記憶や方向感覚や注意集中といった認知機能が大幅に低下するからです[15]。

> Answer　Q1の答え　③　15パーセントから25パーセントに増加した
> 　　　　Q2の答え　②　出会い頭

文　献

1) 警察庁・交通事故総合分析センター（1981-2013）．交通統計．
2) 警察庁（2013）．平成25年警察白書．
   http://www.npa.go.jp/hakusyo/h25/data.html
3) 藤田悟郎（1998）．高齢運転者の交通事故率．科学警察研究所報告交通編, *39-2*, 30-40.
4) 交通事故総合分析センター（2013）．交通事故統計表データ（24-40FZ102, 24-40FZ104）．
5) 総務省統計局（2013）．平成24年中の交通事故の発生状況．
   http://www.e-stat.go.jp/SG1/estat/List.do?lid=000001108012
6) 交通事故総合分析センター（2013）．交通事故統計表データ（24-13BG108）．
7) 交通事故総合分析センター（2007）．イタルダ・インフォメーション（No.68）．高齢者の四輪運転中の事故．
8) 松浦常夫（1991）．運転環境の危険性と危険回避可能性からみた高齢運転者事故の特徴．交通心理学研究, *7*, 1-11.
9) 松浦常夫（2008）．高齢ドライバーのための安全運転ワークブック実施の手引き．企業開発センター．
10) Owsley, C., Stalvey, B. T., & Phillips, J. M. (2003). The efficacy of an educational intervention in promoting self-regulation among high-risk older drivers. *Accident Analysis & Prevention, 35*, 393-400.
11) ビリン J.E., シャイエ K.W.（編著）藤田綾子・山本浩市（監訳）（2008）．エイジ

ング心理学ハンドブック．北大路書房．
12) Dobbs, B. M. (2005). *Medical conditions and driving: A review of the literature (1960-2000)*. DOT HS 809 690. Washington DC: U.S. Department of Transportation, National Highway Traffic Safety Administration.
13) Hills, B. L. (1980). Vision, visibility, and perception in driving. *Perception, 9*, 183-216.
14) 警察庁（2007）．睡眠障害と安全運転に関する調査研究報告書．
15) 池田学（2010）．認知症―専門医が語る診断・治療・ケア（中公新書）．中央公論新社．

3-4 女性運転者の事故
男性よりも事故を起こしやすいか

　かつては、「一姫、二トラ（酔っ払い）、三ダンプ」といって、周りから見て怖いドライバーの筆頭が女性ドライバーでした。しかし、今や男女の差はなくなりつつあって、それほどではないようです。一方で、女性の社会進出や行動範囲の拡大に伴って、女性運転者の事故が増えてきていることも事実です。

　ここでは、女性は男性よりも事故を起こしやすいのか、女性運転者の事故には何か特徴がみられるのか、それは何に由来するものなのかについて考えてみましょう。

Q1 運転免許人口当たり（運転者1人当たり）でみると、男性と女性ではどちらが事故を多く起こしているでしょうか。
①　男性
②　女性
③　同じくらい

Q2 女性運転者の事故時の通行目的で最も多いものはどれでしょうか。
①　通勤・通学
②　買物
③　訪問

▶答えは123ページ

◆ 女性は事故を起こしやすいか

(1) 女性事故の割合

　事故を起こしているのは男性が多いようですが、実際はどうでしょうか。

図1は、事故を起こした第1当事者の性別を人身事故と死亡事故について調べた結果です。どちらの事故でも男性の方が女性より事故を多く起こしていました。人身事故では男性の方が女性より2倍事故が多く、死亡事故では4倍も多いという結果でした。

この図で注意したいことは、第1当事者の全てが運転者というわけではない点です。とはいえ、人身事故の96パーセント、死亡事故の92パーセントは、歩行者や自転車乗り以外の人（つまり運転者）が第1当事者となっているので[1]、運転者に限定しても結果は同様だと考えられます（図2と図3も同様）。もう1つ注意すべき点は、女性事故の割合はまだ全体の3分の1以下ですが、その割合は増加傾向にあるという点です（図2）。これは、女性の免許取得率と走行距離が増加したためです。3つ目は、図1からだけでは女性運転者の方が男性運転者より安全とは必ずしもいえない点です。運転者の人数や走行距離が男性より少なければ、女性の事故も少なくなるのは当然だからです。

そこで、次に運転免許人口当たりの事故を男女で比較してみましょう。

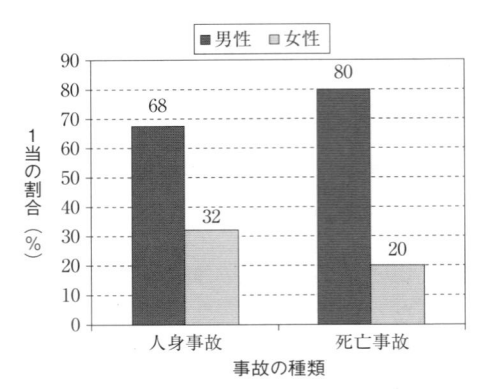

図1 第1当事者の割合の男女比較（2012年中）[1]

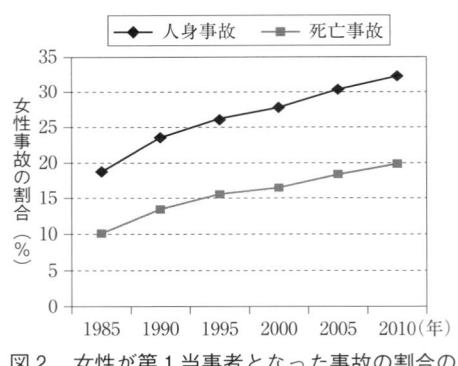

図2 女性が第1当事者となった事故の割合の経年変化（2012年中）[1]

(2) 運転免許人口当たりの女性の事故件数

図3は男性と女性の第1当事者となった事故件数を、運転免許人口当たりで比較したものです。図1でみられた差より小さいものの、やはり女性

3-4　女性運転者の事故

の方が男性より運転者1人当たりの事故は少ないという結果でした。このことは、女性運転者の事故が少ないのは人数が少ないからだけではないこと、仮に運転者（免許保有者）の数が男女で同じであっても、女性の事故の方が少ないことを示しています。

しかし、図3の結果から女性の方が男性より事故を起こしにくいとは、まだ断言できません。それは、女性の方がペーパードライバーが多かったり、走行距離が短かったりして、運転者1人当たりの事故が少ないのかもしれないからです。

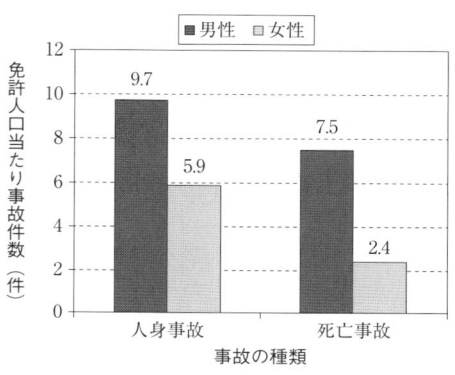

注　人身事故は免許保有者千人当たり、死亡事故は10万人当たりの第1当事者となった事故件数。

図3　免許人口当たり事故件数の男女比較（2012年中）[1]

(3) 走行距離当たりの女性の事故件数

集団間の事故危険性を比較するモノサシには、他に走行距離当たりの事故件数があります。例えば、同じ人が2倍多く運転すれば2倍多く事故を起こすと考えられることから、ある個人やグループ（例えば男性、女性）の事故危険性は運転の多さ、つまり走行距離当たりの事故件数で示す必要があります。

この考え方は多くの研究者が支持するものですが、問題点がいくつかあります。その1つは、運転の多さは走行距離によって代表するのが適切かという点です。例えば、混んだ市街地の道路を10キロ運転するのと空いた高速道路を10キロ運転するのとでは、走行に要する時間が大きく異なります。こうした場合には、事故の危険性は走行距離より走行時間に影響されると考えられます。ただし、実際のところは、運転者の走行時間を調べるのは走行距離よりも困難です。車内に走行距離計はあっても、走行時間計はありません。また、燃費をリッター何キロと表現するように、何時間運転できるかよりどのくらいの距離を運転できるかという点に運転者は関心

を持っているからです。

　もう1つの問題点は、個々の運転者の走行距離を調べようとしても、それすら簡単ではない点です。日本は交通関連の統計が整備された国ですが、個人や集団の走行距離に関する公式的なデータは発表されていません。国土交通省の自動車輸送統計（2011年からは自動車燃料消費量調査）や道路交通センサスオーナーインタビューＯＤ調査や自動車検査登録情報協会の車検データから車を単位とした走行距離は算出されていますが、ドライバーの走行距離ではありません。また、日本自動車工業会では、毎年「乗用車市場動向調査」を実施し、世帯が保有する乗用車の走行距離のデータを公表していますが[2]、月間走行距離の分布が公表されているだけです。

　そこで、研究者や調査研究機関で走行距離を調べるということになります。こうした調査によると、女性運転者の走行距離は男性運転者の3分の1から3分の2でした[2~4]。走行距離と事故件数が得られれば、走行距離当たりの事故件数を計算することができます。その結果によれば、走行距離当たりの普通自動車運転中の第1当事者数を男女で比較すると、負傷事故ではどの年代も女性の方が男性より事故件数（第1当事者数）が多かったのです。死亡事故では40代までは男性の方が女性より事故件数が多かったものの、50代以降の運転者の場合には女性の事故件数の方が多いという結果でした[4]。

　走行距離当たりでみると、女性の方が男性より負傷事故が多いという結果は、図1や図2と逆の結果で、意外に感じるかもしれません。しかし、アメリカの研究でも、走行距離当たりの死傷事故件数を調べると、若者では男性の事故が多いものの、中年では女性の方が多いか同程度で、高齢者では女性の方が多いという結果でした[5,6]。

◆ 女性事故の特徴とその理由

(1) 女性に特有な事故が生じる理由

　女性の事故は男性の事故とどこが異なっているのでしょうか。この点を説明したいと思いますが、その前になぜ事故に男女差が生じるのかについて考えてみましょう。心理学では、人の行動は個人の要因と環境の要因に

3-4 女性運転者の事故

よって決定されると考えます。交通事故を起こすという行動も、ドライバーが置かれた環境と個人の特性に影響されます。運転環境というのは、どういった時に、どこを、誰と、どういった目的で運転するのか、といった車を利用する環境のことです。個人特性には様々なものがありますが、ここでは運転技能と運転態度（あるいは運転スタイル）からなる運転行動あるいは運転者行動を挙げることにします。両者は、男性運転者と女性運転者で異なっている可能性があります（図4）。

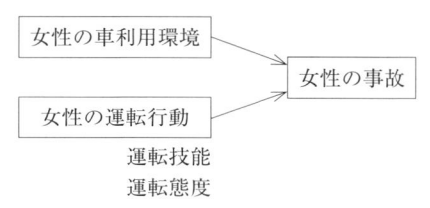

図4　車利用と運転行動から見た女性の事故

(2) **車利用の違いを反映した女性に特徴的な事故**

まず、車利用の環境が男性と異なるために、事故にも違いが生じるという点からみてみましょう。その代表として、事故時の運転車種の男女差を取り上げます。図5は男性と女性の事故時の車種を示したものです。女性

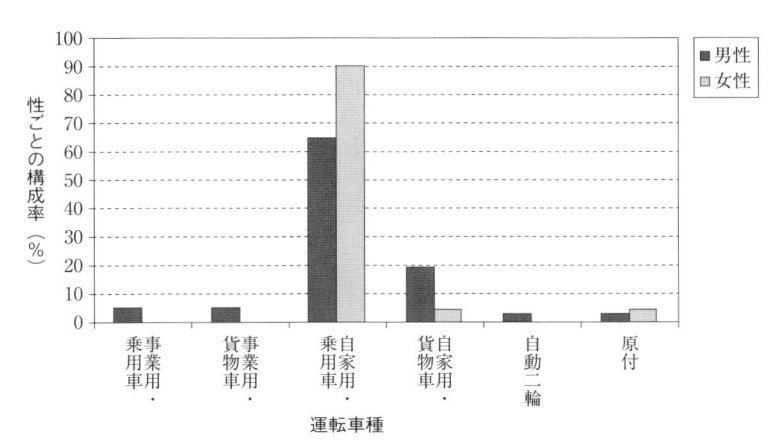

図5　男性と女性の事故時の車種（2012年中）[7]

の事故は、自家用乗用車が9割を占め、あとの1割は原付と自家用貨物車の事故がほとんどです。男性に比べると、事業用自動車や自動二輪車の事故はほとんどありません。

図6は、自家用乗用車と自家用貨物車を、各々軽自動車とそれ以外に分け、軽自動車による事故の割合を男性運転者と女性運転者で比較したものです。自家用乗用車でも自家用貨物車でも、女性運転者の方が軽自動車運転中の事故の割合が高いことが明らかです。

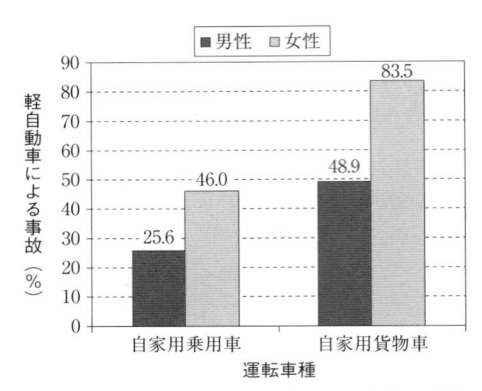

図6　男性と女性の軽自動車による事故の割合（2012年中）[7]

女性と男性によって事故時の運転車種が異なるという以上の結果は、そもそもふだん運転している車種が男女で異なっていることを反映した結果です。

車利用の環境が男性と異なるために事故も男性とは異なる例として、次に事故時の通行目的についてみてみましょう（図7）。男性は、業務やレ

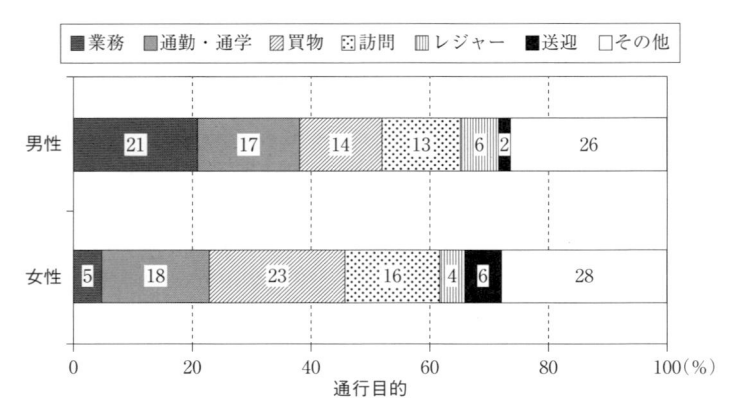

注　数字は自動車運転中の通行目的別の負傷者数の割合を性別に示したものです。
　　第1当事者の通行目的とほぼ一致していると考えられます。

図7　男性と女性の事故時の通行目的（2012）[1]

ジャーの割合が多く、逆に女性の方が多いのは買物と送迎です。この結果も、女性は買物や送迎時に事故の危険性が高まるというより、買物や送迎で運転する機会が多いことを反映したものでしょう。

その他の例としては、女性の方が昼間の事故（男性の割合70％対女性の割合76％）、中小の交差点での事故（42％対47％）、平日の事故（74％対77％）、居住都道府県内での事故（88％対96％）の割合が高いといわれます[8]。こういった事故の男女差も、ふだんの車利用環境の違いが反映されていると考えられます。

(3) 運転技能の違いを反映した女性に特徴的な事故

女性の方が男性より運転が下手でしょうか、という疑問はよく出ます。そして、男性ばかりでなく女性も、女性の方が下手だと答える人が多いのではないでしょうか。しかし、この問いに答えるのはそれほど簡単ではありません。

運転には運転操作の技能だけでなく、知覚技能、認知技能および社会的技能が必要です[9,10]。知覚技能というのは、ハザード（人や車などの危険対象物）の探索と発見、信号・標識の発見と理解、他車の速度判断などの能力です。認知技能は、自分の運転技能の正しい評価、ハザードがどの程度自分にとって危険であるかを評価する能力、それらの評価に基づく適切な行動の選択能力のことです。社会的技能は、他の交通参加者（これはドイツ語訳で、英語訳なら道路利用者となります）がある交通状況下で行いやすい行動の理解、交通参加者を発見し、それがどのような人であり、何をしようとしており、どのような心理状態であるかを知ること、相手に自車の意図を明確に知らせることです[11]。

この4つの運転技能の中で男女差がありそうなのは、運転操作技能です。女性の方が「操作上の誤り」の事故の割合が多いと予想されます。しかし、事故の人的要因に占めるその割合は男女共に8パーセントで、差はありませんでした[8]。ただし、事故類型ごとに男女差を調べてみると、車両単独事故や正面衝突事故といった走行速度が高い時の事故では、男性の方に「操作上の誤り」が多くみられ、追突事故では逆に女性の方に「操作上の誤り」が多くみられました[12]。追突事故の女性の事故事例をみると、ブレーキで

減速しようとした時に「ブレーキから足が滑った」や「ブレーキやアクセルを踏み間違った」がよくみられました[12]。こういった結果から、男性の場合はスピードの出しすぎによって車のコントロールを失うといった操作の誤りが多く、女性の場合は単純なブレーキ操作ミスが多いといえるでしょう。その他の技能にも男女差はありそうですが、それが事故に反映したデータはまだ見当たりません。

(4) 運転態度や運転スタイルの違いを反映した女性に特徴的な事故

走行速度は、ドライバーの運転態度を反映した運転行動（運転スタイル）の代表です。スピードを出して運転すると怖いといった初心運転者の一時期を除けば、ドライバーは自由に速度を決めて走行することができます。そこで、あるドライバーは比較的低い速度で運転し、他のドライバーは比較的高い速度で運転するといった個人差が生じます。この個人差は、運転技能よりも規範意識や安全意識といった運転に対する態度、あるいは自分の運転に対する自信に起因すると考えられます。男性の方が女性よりも高い速度で運転するのは、多くの調査研究が示していますが、この男女差の背景には、態度や自信の男女差が反映されています。一般的に、男性運転者の方が運転態度に問題があり、また自信過剰だといわれています[13,14]。

こういった男女差は、当然、事故にも反映されているはずです。図8は、事故直前に危険を感じた時の運転速度を男女別に調べた結果です。これよ

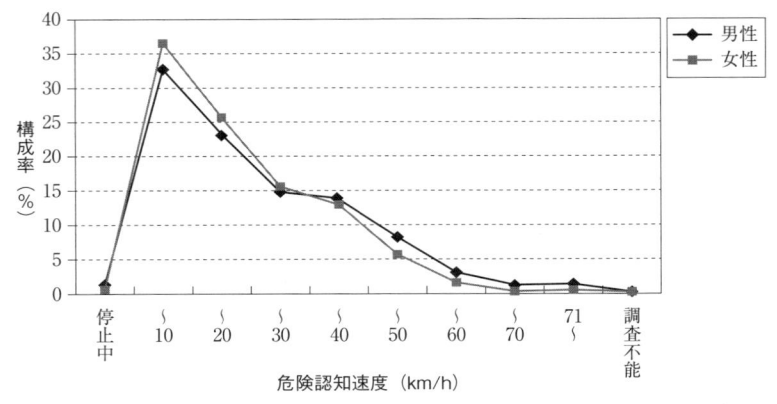

図8　男性運転者と女性運転者の事故前の危険認知速度（2006年中）[15]

り、時速30キロまでの比較的低い速度での事故は女性に多く、それ以上の速度での事故は男性に多いことが明らかです。つまり、速度選択という運転スタイルが男女で異なっていて、それが事故直前の速度にも反映されているということです。

最後に、運転者の事故原因の男女差を見ると、脇見（発見の遅れのなかの外在的前方不注意）は男性に多く見られます。なかでも「雑誌等を見る」、「景色にみとれる」、「他車等に脇見」、「ミラー等を見る」脇見が男性に多いのですが[15]、これは運転技能に自信を持ち過ぎて、他の危険への注意がおろそかになった結果といえるでしょう。

> **Answer**
> Q1の答え　①　男性
> Q2の答え　②　買物

文　献

1) 警察庁・交通事故総合分析センター（1986～2013）. 交通事故統計年報　昭和60年版～平成24年版.
2) 日本自動車工業会（2012）. 2011年度乗用車市場動向調査.
  http://www.jama.or.jp/lib/invest_analysis/pdf/2009PassengerCars.pdf
3) 自動車安全運転センター（1997）. ドライバーの運転意識とヒヤリ・ハット体験との関連に関する調査研究（Ⅲ）.
4) 藤田悟郎（1998）. 高齢運転者の交通事故率. 科学警察研究所報告交通編, *39*, 87-97.
5) Massie, D. L., Campbell, K. L. & Williams, A, F. (1995). Traffic accident involvement rates by driver age and gender. *Accident Analysis & Prevention, 27*, 73-87.
6) Kweon, Y-J. & Kockelman, K. M. (2003). Overall injury risk to different drivers: Combining exposures, frequency, and severity models. *Accident Analysis & Prevention, 35*, 441-450.
7) 交通事故総合分析センター（2013）. 交通事故統計表データ（24-20NZ102）.
8) 交通事故総合分析センター（2006）. イタルダ・インフォメーション（No.60）. 女性運転者による交通事故.
9) 松浦常夫（2005）. 初心運転者の心理学. 企業開発センター.

10) 松浦常夫 (2005). 運転者教育の心理学的背景. 教習に役立つ運転者の心理と行動 (12). 運転技能とその習得. 自動車学校, *41*, 42-48.
11) 長山泰久 (1989). 人間と交通社会—運転の心理と文化的背景—(住友海上福祉財団交通安全シリーズ). 幻想社.
12) 交通事故総合分析センター (2007). 四輪運転者の属性と人的要因の分析. 交通事故例調査・分析報告書 (平成18年度報告書), 86-100.
13) 大塚博保・鶴田和子・松浦常夫ほか (1990). 安全運転態度検査ＳＡＳ489-32及び40の開発. 科学警察研究所報告交通編, *31*, 47-56.
14) 松浦常夫 (1999). 運転技能の自己評価に見られる過大評価傾向. 心理学評論, *42*, 419-437
15) 交通事故総合分析センター (2008). ビジュアルデータ—平成18年交通事故統計—. 大成出版社.

3-5 バスとタクシーの事故

3-5 バスとタクシーの事故
一般ドライバーより事故の危険性が高いか

　車種別の事故分析では、事故の危険性は車種によってどう異なるか、どんな車がどういった事故を起こしやすいかを問題にします。ここで取り上げるバスとタクシーは、公共輸送機関として市民の足となる乗物ですから、それに加えて乗客の安全を考慮する必要があります。

　ただし、同じ公共輸送機関といっても、バスとタクシーでは車体の大きさや運行形態などが大きく異なります。ここでは、その違いがどのようなもので、それが事故にどう反映しているかについて調べてみましょう。

Q1 バスとタクシーの運転手の走行距離当たり事故件数を比較すると、どちらの方が多いでしょうか。
① バスの方が人身事故は少ないが死亡事故は多い
② タクシーの方が人身事故と死亡事故はともに多い
③ バスもタクシーも同じくらい人身事故と死亡事故を起こす

Q2 バス事故に占める車内事故の割合はどのくらいでしょうか。
① 9分の1
② 6分の1
③ 3分の1

▶答えは134ページ

◆ **勤務環境**

　全国に、バス運転手（乗合バス）は 8 万人、タクシー運転手は42万人います[1,2]。バス事業は何台ものバスを購入するため設備投資にお金がかかり、また公共性が強いことから、その事業規模は他の産業と比べて大きい

のが特徴です。タクシーの場合は、4万人は個人タクシーの運転手であって、また従業員数が10人以下の小さな事業所が6割を占めます。しかし、大手では運転者の数が多いことから、全体でみれば、タクシー運転手の半数は100人以上の比較的規模の大きい会社で働いていることになります[2]。ただし、規模の大きい会社で働いているからといって必ずしも賃金が高いことにはつながらず、他の産業に従事する人より給料が恵まれているとはいえないようです[2]。

　バス運転手の勤務形態は、観光バスや深夜バスを除けば朝から夜までの運行が普通です。しかし、運転手は毎日同じ時間帯に勤務しているわけではなく、1週間の中で早朝から働く日もあれば午後から働く日もあります。例えば、ある首都圏の公営バスでは、初日は午後3時～夜11時半、2日目は正午～夜10時半、3日目は朝5時～11時と午後2時半～夜8時半、4日目は朝6時半から午後4時半、休み前の5日目は朝5時から午後2時を勤務時間とするサイクルをとっています。この交替制勤務は、勤務時間が不規則な点、運転以外の拘束時間が長い点で、次に述べるタクシー運転手ほどではないにせよ、身体的・精神的な負担を強いるものです。

　タクシー運転手の勤務形態は、都市部では1台の車を2人の運転者で運行する勤務形態（隔日勤務）が主流で、朝から次の日の朝まで休憩を入れながらも丸1日近く運転し、それが明けるとその日は休みをとって、また翌日の朝から1日働くというものです。一方、地方部では昼間時間帯のみの営業が多く、1車1人制（昼の日勤）が主流となっているようです。隔日勤務の形態は、睡眠すべき時間帯の深夜・早朝に運転をしなければならないし、睡眠時間帯が1日おきに変化するので、運転手に強い身体的・精神的な負担を強いるものです。都内10社のタクシー運転手501人に、勤務日に備えて心がけている点を聞いたところ、4人に3人が「よく眠る」と答えていたのはこのためでしょう[3]。

◆ 運行形態による運転の特徴

(1) バス

　路線バスの運転について考えてみましょう。まず、バスは定められた運行ルート上を時刻表に従って運転しなければなりません。また、同じルートを1日運転し続けると思われがちですが、実際は1日にいくつもの異なるルートを運転する場合があります。先ほどはこの交差点を直進したのに、今度は左折するといったこともあります。そのため、ルートを誤って運行するミスが生じて、新聞記事になることもあります。

　ルート上には300メートルから500メートルくらいの間隔で多くのバス停があり、停車して客を降ろしたり乗せたりするのもバス運転の特徴です。次のバス停を案内し、降りる客はいないか、バス停はどこにあるか、バス停には何人いるかを把握した上で、左に進路変更して停留所に停車します。客の乗降が済んだら、発進しながら右の本線に進路変更します。こういった車の挙動は、追突事故や進路変更時の接触事故の原因となるものです。運転中はルート確認、バス停での停止と発進の他に、もちろん安全運転に気を配らなければなりません。また、乗客が車内で転倒しないような配慮も必要です。席に座ろうとしたり、立ち上がろうとしている乗客はいないかなど乗客の動静を見守り、必要なときは車内放送で注意を喚起して、車内事故を防止する必要があります。

(2) タクシー

　空車時と客を乗せている実車時とでは運転の仕方が異なります。空車時は、手を挙げてタクシーを拾おうとしている客がいないか左右に注意して運転します。もちろん、同時に信号・標識や他の車や歩行者にも注意を払わなければなりませんから、安全運転の観点からすると客探しは脇見運転になります。

　実車時は、乗客が指示した目的地へのルートを選び、交通状況によってはそれを変更し、乗客を安全に早く目的地に届ける必要があります。このときに問題となるのは、運転手が行先とそこまでのルートをよく知ってい

るかです。最近はカーナビが利用できるのでルート選択はやさしくなっていますが、慣れない道はそれだけで運転に負担がかかるし、カーナビでルートを確認しながら運転するのも一種の脇見運転です。

乗客が目的地を正しく指示しない場合も問題です。例えば、渋谷で拾ったお客さんから、「行先は世田谷区役所の近くですからまずそこに行ってください」と言われて、そこに着いたとしても、行先がはっきりしないと、タクシーは区役所付近をぐるぐる回ることになってしまいます。さらに、運転中に急に「ああ、ここで止まってください」と言われたり、交差点のすぐ手前で「ああ、ここ左折」と言われたりすることも、運転手さん泣かせでしょう。

◆ **事故の危険性**

タクシーやバスの運転手はプロドライバーですから、事故は一般ドライバーより少ないはずですが、実際はどうでしょうか。これを調べたのが図1です。

図1からバスの運転手は、一般の自家用乗用車の運転者より人身事故を起こさないし、第2当事者となって事故に遭うことも少ないことが分かります。しかし、タクシー運転手は、逆に一般運転者より人身事故を多く起こし、また人身事故に多く遭っています。

死亡事故についてみると（図2）、人身事故の場合とは大きく異なり、バス運転手はタクシー運転手より死亡事故を起こしやすく、また遭いやすいことが分かります。バス運転手が特に死亡事故の第2当事者になりやすい理由は、バスの車体が大きく、重いために、衝突してきた相手の人身被害が大きくなるからです。

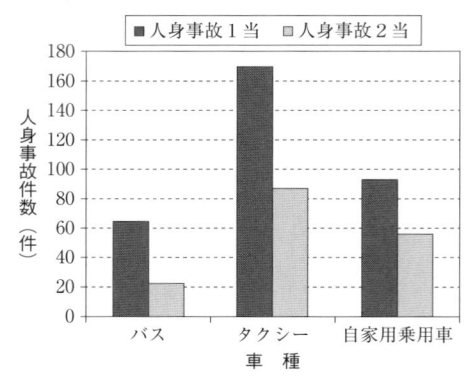

図1 走行距離（1億km）当たりの車種別人身事故件数[4,5]

不明な点は、なぜタクシーの人身事故は多いのか、それに比べ、なぜ死者が出る事故は少ないのかです。まず、タクシーの人身事故が多い点ですが、深夜・早朝の運転が多いことと、客探し運転が原因と考えられます。空車時の方が乗客のいる実車時より事故が3倍多いことから（表1）、客探し運転が脇見運転となって事故の危険性を高めていると考えられます。

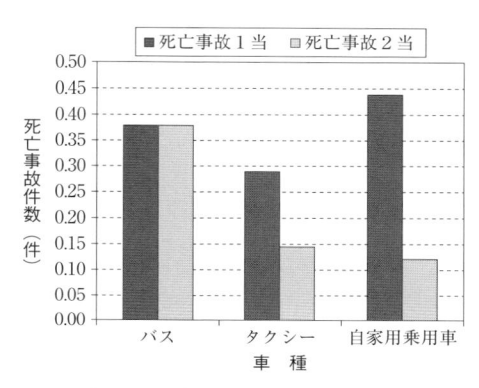

図2 走行距離（1億km）当たりの車種別死亡事故件数[4,5]

それでは、なぜタクシーの事故は死亡事故になりにくいのでしょうか。その理由の1つは、事故時の危険認知速度の74パーセントが時速20キロ以下と低いことです[6]。原付以上の運転者全体では62パーセントですから[7]、より低い速度でタクシーは衝突していることが死亡事故になるのを防いでいるのです。

表1 タクシーの空車時と実車時の走行距離当たり人身事故件数[4,6]

乗客有無	走行キロ	事故件数	百万キロ当たり事故件数
空車	7,238,521	17,713	2.4
実車	6,582,102	5,020	0.8

◆ 乗客の安全

(1) バス

バス運転手が第1当事者となった人身事故について、誰が死んだり、負傷したりしたかを調べた結果が表2です。バス運転者に比べると、乗客や相手の運転者や歩行者の負傷者がずっと多くなっています。

注目してほしいのは、被害を受けた乗客の半数以上は車内事故という点

表2　バス運転者が第1当事者となった事故の関与者別死傷者数[6]

事故関与者	人身被害の程度			
	死亡	重傷	軽傷	死傷なし
バス運転者	0	0	26	2,855
バス乗客				
車内事故	0	91	813	―
その他事故	0	21	665	―
衝突相手	23	229	3,273	―

注　衝突相手とは、第2当事者の運転者、その同乗者、第2当事者の歩行者などです。第3当事者も含みますが少数です。

です。車内事故というのは、事業用自動車が重大事故を起こしたときの報告要領を定めた国土交通省の「自動車事故報告規則」によると、運転手が急ハンドル・急ブレーキをしたときや乗降ドアを不適切に開閉したときに、乗客が比較的重いケガを負った事故のことをいいます。また、警察の事故統計では、他の車や歩行者や物件との衝突によるものではなく、また車の路外逸脱や転倒によるものでもない、乗客・乗員が死傷した事故が車内事故に該当し、事故類型の「車両単独事故―その他」に計上されます。

車内事故で負傷した乗客の年齢と性別を集計した結果が図3です。負傷者は女性の方がずっと多く（女性817人、男性188人）、年齢では高齢者が多いという結果でした。そのため、65歳以上の高齢女性が車内事故の半数近く（49％）を占めています。高齢女性が多い理由としては、バス利用者が多いことのほかに、ちょっとしたことで転倒しやすいこと、転倒すると骨折しやすいことが考えられます。

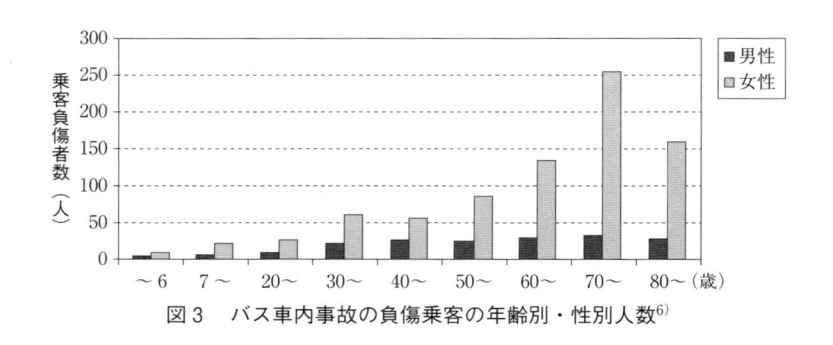

図3　バス車内事故の負傷乗客の年齢別・性別人数[6]

(2) タクシー

タクシー事故でも、運転者より乗客や相手の方が被害を受けやすいといえます（表3）。バスと比べると乗客や相手の被害程度は、件数が多い割には死者や重傷者は少ないのが特徴です。一般の普通乗用車と比べても、その同乗負傷者の10パーセント以上は重傷となるのに対して[5]、タクシー事故の場合は3パーセント以下になっています。

タクシー運転者本人はどのくらい負傷するかをみると、乗客の6分の1程度とかなり少ないのですが、本人が死亡した事故は同じくらい発生しています。また、タクシー運転手とその乗客に比べると、衝突相手（運転者や同乗者や歩行者）で死亡したり、ケガをしたりする人は数倍います。

表3　タクシー運転者が第1当事者となった事故の関与者別死傷者数[6]

事故関与者	人身被害の程度			
	死亡	重傷	軽傷	死傷なし
タクシー運転者	4	28	339	22,362
乗客	3	58	2,331	—
衝突相手	39	837	22,644	—

◆ 事故の特徴

(1) 事故類型

表4は、バスとタクシーの事故類型を全事故と比較した結果です。

バスについてみると、追突や出会い頭や右左折事故は全事故に比べると少ない一方で、人対車両（歩行者事故）、追越・追抜時、進路変更時、車内事故（車両単独のその他）の割合が、全事故に比べると多くなっています。なかでも、車内事故はバス事故全体の3分の1を占めていて、典型的な事故類型となっています。車内事故は次の事例1と2[7]にみられるように、発進した時や急停止した時によく発生します。

人対車両の事故の半数近くは、横断中でもなく通行中でもない事故で、

バス停で停まった時に乗降客がドア付近で転倒するといった事故が多いようです[6]。

追越・追抜時や進路変更時の事故が多いのもバス事故の特徴です。これは、バス停に停止したりそこから発進したりする際に進路を変更するからですし、追越しの時なども、斜め後方が死角となって他車の動静を見逃しやすかったり、車の動きが鈍かったりするためです。

表4 バスとタクシーの事故類型[6,8]

事故類型		当事者		
		バス	タクシー	全事故
人対車両	人対車両	14.9	14.7	9.5
車両相互	追突	14.0	20.3	32.4
	出会い頭	5.8	24.2	26.7
	追越・追抜時	5.1	1.8	1.5
	進路変更時	3.4	5.0	1.5
	右左折時	8.5	15.7	13.5
	その他車両相互	8.2	13.7	9.4
車両単独	車内事故等	38.4	2.8	0.6
	上記以外	1.8	1.8	3.9
合計 %		100	100	100
件数		2,881	22,733	725,706

【車内事故の事例1】
　晴れた午後3時半頃、バス停で81歳の女性1人を乗車させ、ミラー越しにその女性が座席に手荷物を置いたのを見た後、追い越してくる後続車両を気にしながらバスは発車した。ところが、その乗客はまだ座席に座りきる前だったため、発車時の振動で転倒し、重傷を負った。

【車内事故の事例2】
　バスが左前方のコンビニエンスストアに近づいたとき、そこの駐車場に停めていた大型トラックの陰から、車道へ出てきそうな乗用車を発見した。しかし、減速が足りなかったため、乗用車が道路に出てきたときに急ブレーキをかけてしまい、運転席横にある最前列席の二人掛け座席の右側に浅く座っていた乗客（59歳）を車内に転倒させた。

3-5　バスとタクシーの事故　　　　　　　　　　　　　　　　　　　　　133

　タクシーについてみると、全事故と比較して人対車両と進路変更時と車内事故が多く、追突や一般的な車両単独事故が少ないという結果です。タクシーは人通りの多い市街地を走行するのが普通なので、人対車両事故が多いと考えられます。進路変更時の事故が多いのは、客を見つけたときや乗車させて発進する際に進路変更をする機会が多いからです。ところで、乗客との関係でタクシーは急な進路変更、右左折、停止をすることが多いためか、タクシーが追突される事故は、自らが追突する事故の1.5倍発生しています[9]。表3に掲げているタクシーが第一当事者だった場合の乗客の死傷者以外にも、追突されてむちうち症などで負傷する乗客も多いでしょう。

(2) **勤務形態や運行環境を反映した事故**

　バスやタクシーは、勤務形態や運行環境が特殊な点を先に述べました。これを反映して、事故にもいくつかの特徴がみられます。

　その1つは、事故発生時間帯です。図4に示すように、バスは全事故と同様に朝から夕方にかけて多く発生していますが、タクシーは夜間と深夜にも昼間と同じくらい事故が発生しています。

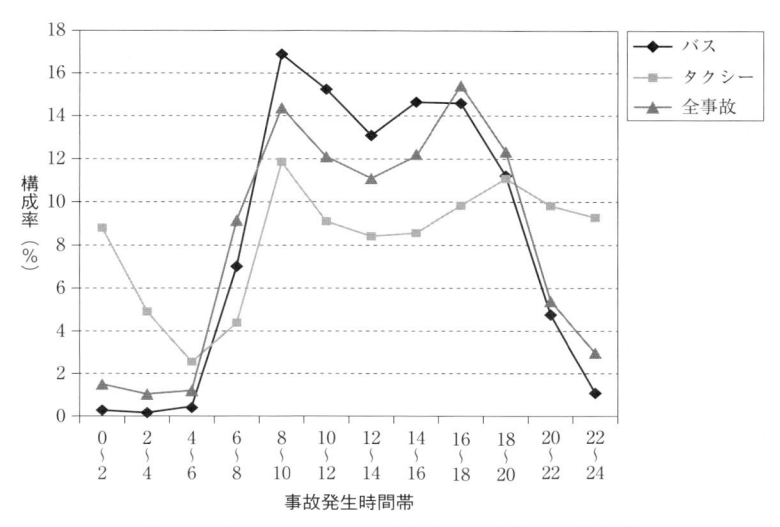

図4　バス、タクシー、全事故の事故発生時間帯[10]

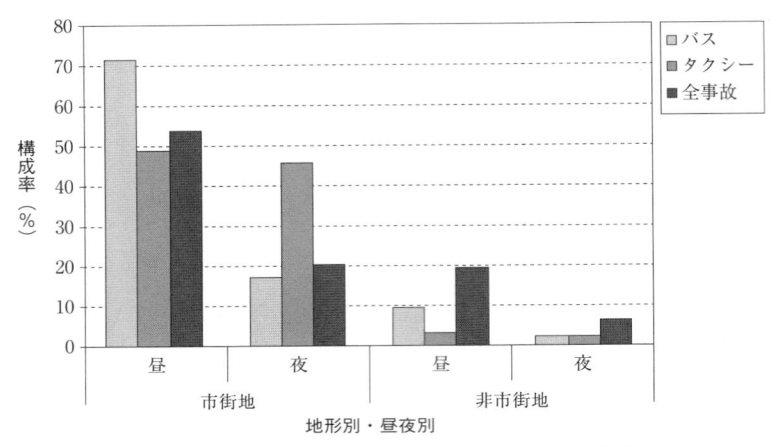

図5 バス、タクシー、全事故の地形別・昼夜別事故[10]

事故が発生する場所もバスとタクシーには特徴がみられ、バスは昼の市街地で多く発生していて、タクシーは昼夜を問わず市街地で多く発生しています（図5）。

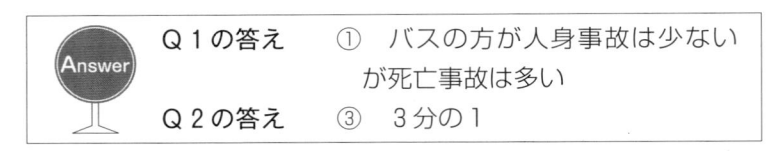

> Q1の答え　①　バスの方が人身事故は少ないが死亡事故は多い
> Q2の答え　③　3分の1

文　献

1) 日本バス協会（2013）．データでみるバスの10年．
　http://www.bus.or.jp/110th/data.html
2) 全国ハイヤー・タクシー連合会（2013）．タクシー事業の現状．
　http://www.taxi-japan.or.jp/content/?p=article&c=100&a=8
3) 内田千枝子（2001）．バスとタクシー運転者の運転意識と実態—パイロット調査—．科学警察研究所報告交通編, *41(2)*, 52-62.
4) 国土交通省（2011）．自動車輸送統計年報　平成21年度分．
　http://www.mlit.go.jp/k-toukei/search/excelhtml/06/06200900a00000.html
5) 交通事故総合分析センター（2010）．交通事故統計年報　平成21年版．
6) 交通事故総合分析センター（2012）．事業用自動車の交通事故統計　平成22年版．
7) 国土交通省自動車交通局（2011）．自動車運送事業に係る交通事故要因分析検討会報告書（平成22年度）．乗合バスの車内事故を防止するための安全対策の充実に係る

検討.
　　http://www.mlit.go.jp/jidosha/anzen/03analysis/resourse/data/h22_2.pdf（3.pdf）
8）交通事故総合分析センター（2011）．交通統計　平成22年版．
9）交通事故総合分析センター（2013）．交通事故統計表データ（24-13FZ102,104）．
10）交通事故総合分析センター（2011）．交通事故統計年報　平成22年版．

3-6　自転車事故
自転車は交通弱者か

　中高生や主婦の乗り物であった自転車が、最近では若者やサラリーマンにも人気を博しています。車に比べてお金がかからない、小回りが利く、健康に良い、環境にやさしいといった自転車の効用が再認識されているようです。坂の多い日本ですが、電動自転車がもっと安くなれば、オランダや北欧諸国のように、高齢者にも普及するでしょう。

　しかし、現状では自転車専用の道や通行帯がまだ少ないため、自転車は車道通行が原則であっても車道を通行することに不安を抱いたり、逆に自転車利用者が歩道を通行して歩行者に危険を及ぼしていることが社会的な問題となっています。そこで、実際に自転車事故は増加しているのか、自転車はどういう状況下で事故に遭うのかなどについて調べてみたいと思います。

Q1 自転車事故で最も多い事故類型は出会い頭事故ですが、その割合はどのくらいでしょうか。
① 全事故の8分の1
② 全事故の4分の1
③ 全事故の2分の1

Q2 自転車事故の負傷者が最も多い年齢層はどれでしょうか。
① 中学生
② 高校生・大学生
③ 高齢者（ここでは70歳以上）

▶答えは144ページ

自転車事故をめぐる行政の動き

　日本では長らく、車道を走行すべき自転車が、車道を走っていたかと思うと歩道を走行しているといったように両方を使い分ける通行方法が一般的でした。しかし、自転車が被害を受ける事故が増えてきたり、逆に歩道を通行する自転車が歩行者に危害や不安を与えるケースが増えてきたことを反映して、数年前から自転車交通を秩序立てる対策が推進されてきました。

　例えば平成19（2007）年には、道路交通法の一部改正によって自転車の歩道通行を認めるに当たってのルールが明確化され、それを受けて国の交通対策本部によって次の「自転車安全利用五則」が広報されました。

　1　自転車は、車道が原則、歩道は例外
　2　車道は左側を通行
　3　歩道は歩行者優先で、車道寄りを徐行
　4　安全ルールを守る（飲酒運転・二人乗り・並進の禁止、夜間はライトを点灯、交差点での信号遵守と一時停止・安全確認）
　5　子供はヘルメットを着用

　また、平成23（2011）年10月には、警察庁から「良好な自転車交通秩序の実現のための総合対策の推進について」が出され、自転車は車両であり車道を通行することが基本である点が改めて強調され、自転車の安全を担保するために自転車道を整備したり、自転車教室などの安全教育や自転車利用者に対する指導取締りを強化する方針が示されました。

自転車事故の推移

　図1は、最近の自転車関連事故（自転車が第1当事者か第2当事者となった人身事故）の件数とそれが人身事故全体に占める割合の推移を示したものです。ここ数年の自転車事故対策が功を奏してか、事故の件数だけでなく、全事故に占める割合も低下傾向にあります。

　警察では、年初からの交通事故状勢と昨年同月との変化を知るために月

図1　自転車事故の推移[1]

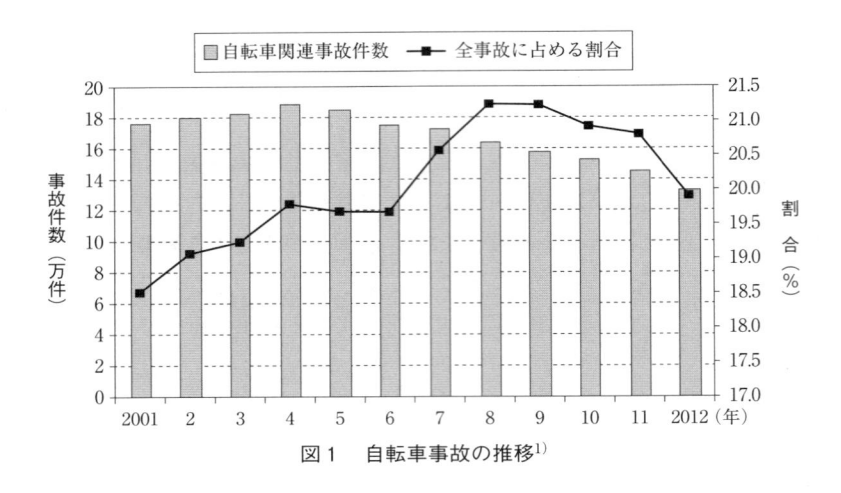

　報というものを出しています。それによると、平成23年10月に「自転車は車両である」という宣言を出したのを境に、それ以前の1月から7月までと、翌年の1月から7月までの自転車事故件数を比較すると、自転車事故は10パーセント減少していました。この結果は、自転車事故の割合が全国一の東京都内でも同様でした（11%減少）[2]。また、これらはいずれも事故全体の減少率（全国4.6%と都内7.2%の減少）を上回るものでした。このことから、前記の宣言は有効であったと評価されます。2011年と12年を比較してみても（図1）、対歩行者事故、他の車との車両相互事故、自転車の単独事故の全てで自転車事故は全事故より減少しました[1]。

　最近の自転車事故で注目すべきもう一つの点は、以前より自転車対歩行者の事故が増えてきているということです。平成12（2000）年には1,807件でしたが、平成24（2012）年は2,625件に達しています[1]。自転車の歩道通行が歩行者の脅威になっている点は、確かに事故統計でも示されているといえます。ただし、歩行者事故全体の件数（6万3千件、平成24年）から比べると、自転車が相手の歩行者事故は4パーセントにすぎません。また、平成24年の自転車の対歩行者事故は前年より減少しました。

　自転車による歩行者事故は少ないのに、歩行者側から自転車に対する非難が多いのはなぜでしょうか。歩道を通行している歩行者は「ここなら車の心配もない」と思って歩いていたのに、後ろから大きな音でベルを鳴ら

されたり、何の合図もなく脇スレスレを高速で追い越されたりして、事故にはならなくても自転車に不安を感じるのかもしれません。内閣府の最近の意識調査によれば、歩行者として自転車を迷惑・危険と感じる状況で多かったのは、

　○歩道を歩いている際にすぐそばを通り過ぎていった（65.9％が回答）
　○歩道を歩いている際に危険な速度で通り過ぎていった（同59.7％）
　○自転車が無灯火で運転しており、近くに来るまで分からなかった（同49.5％）
　○自転車が二人乗りや傘差し、携帯電話の使用など不適切な乗り方をしており、通り過ぎる際に不安を感じた（同47.5％）

でした[3]。

◆ 自転車は交通弱者か

交通マナーが悪く、歩行者に危険を及ぼすということで、自転車は交通弱者というより加害者・強者という印象を抱かれる方もいるかもしれません。それが正しいかどうか、3つの点から考えてみましょう。

(1) 自転車運転者の致死率

人身事故で負傷した100人のうち何人が死亡したかを致死率といいます。自転車利用者が事故に遭って負傷した場合の致死率は、どのくらいでしょうか。表1はその結果を示したものです。これより自転車利用者が関与した事故の致死率は、歩行者が関与した事故の8分の1程度で、原付事故と同程度でした。また、自転車が歩行者に衝突して死者になる率は非常に少ないことが分かります（致死率は0.2％、件数は5件）。致死率からみると、自転車利用者は歩行者ほどには交通弱者といえないようです。ただし、自転車利用者は歩行者に比べて高齢者の割合が低いので、歩行者と同じ年齢だと仮定すると、もっと致死率は高くなります。

表1　自転車等当事者の衝突相手別にみた致死率[4]

第2当事者	第1当事者					
	大型貨物	普通乗用車	原付	自転車	歩行者	合計
大型貨物	2.3	5.3	11.5	11.7	31.4	5.5
普通乗用車	0.5	0.1	1.1	0.9	5.2	0.2
原付	3.8	0.2	0.1	0.3	0.8	0.3
自転車	5.2	0.2	0.0	0.0	0.0	0.3
歩行者	16.7	2.0	0.6	0.2	—	2.3
合計	2.0	0.4	1.0	0.9	6.7	0.5

注　致死率は、人身事故で負傷した100人のうち何人が死亡したかを示します。例えば、自転車が第1当事者で大型貨物車が第2当事者であった場合の事故では、致死率は11.7%（負傷者100人中11.7人が死亡です。死傷者は必ずしも自転車利用者とは限りませんが、ほとんどは自転車利用者と考えられます。

(2) 自転車側の過失

　警察では事故が起きたときに、どちらの過失が大きいかを調べ、より大きい方の当事者を第1当事者と呼びます。自転車事故では、自転車側の過失の方が大きいのでしょうか。それを自転車の衝突相手別に調べた結果が図2です。これをみると、確かに歩行者が相手の場合には、自転車の過失の方が大きいケースがほとんどです。しかし、相手が二輪車や四輪車の場合には、逆に過失が少ないとみなされるケースが大半です。そして事故全

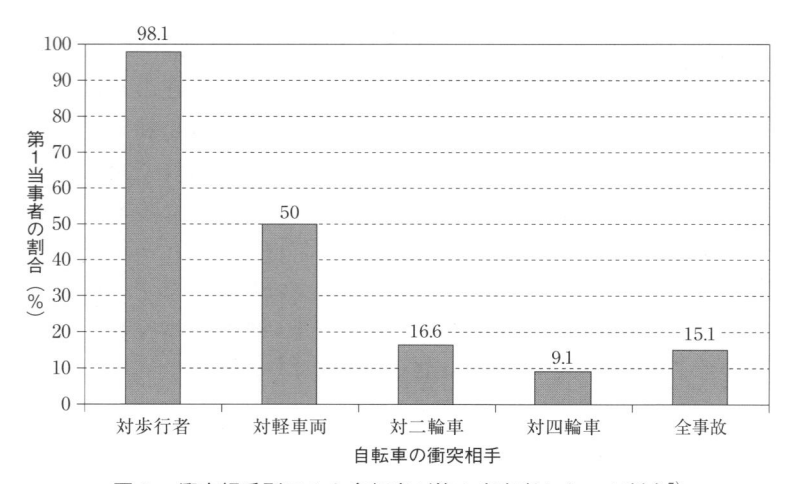

図2　衝突相手別にみた自転車が第1当事者となった割合[5]

体では、過失が多い方とされるケースは15パーセントと少ないのです。

ただし、当事者双方の過失が同じくらいの場合には、ケガの程度が軽い方（普通は車側）を第1当事者とするという記入上の決まりがありますから、対歩行者の時には第1当事者となりやすく、車が相手の時にはその割合が小さくなりがちです。

(3) 自転車側の違反

図3は、自転車利用者が事故に遭ったときに違反をしていたかどうかを、歩行者や他の車両運転者と比較したものです。これより事故に関与した自転車利用者の3分の2は事故時に違反をして事故に遭ったことが分かります。この割合は歩行者より2倍ほど多く、自動車などの運転者の違反者率とそれほど変わりません。

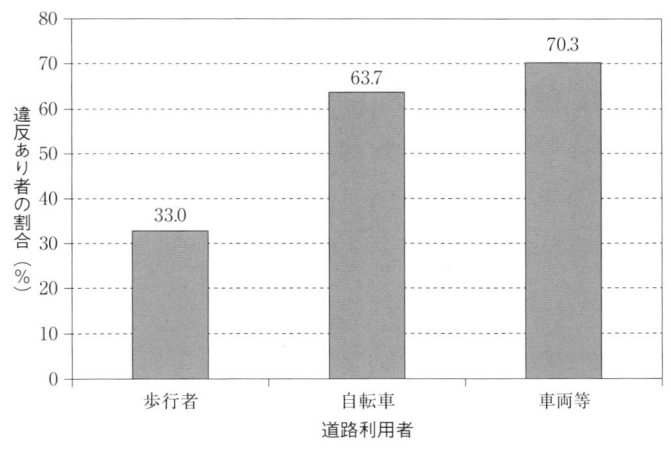

注　歩行者と自転車の違反あり者率は、事故の第1当事者と第2当事者となって死傷した人のうち違反をした人の割合（％）を示します。車両等（原付以上）の違反あり者率は、事故の第1当事者と第2当事者となった人の中で違反をした人の割合（％）を示します。

図3　道路利用者別にみた事故時に違反があった者の割合[1,4]

表1と図2、図3の結果をまとめると、自転車は事故を起こした責任が少ない交通参加者、つまり歩行者と同様に交通被害者といえますが、歩行者と比べて致死率が低いことや事故時の違反者率が高いことから、歩行者

ほどには交通弱者といえないようです。

◆ 自転車事故の特徴

(1) 事故類型

　自転車事故には、どのようなタイプの事故が多いでしょうか。表2をみると、第1当事者として事故を起こしたときには、出会い頭が半数を占め、次いで単独、人対車両が多く、第2当事者のときにも、出会い頭が半数を占め、次いで他車（第1当事者）が右折あるいは左折しているときに多いという結果でした。

表2　自転車事故の事故類型[6]

事故類型		1当		2当		計	
		件数	%	件数	%	件数	%
人対車両		2,748	12	53	0	2,801	2
車両相互	追突	201	1	1,750	1	1,951	1
	出会い頭	11,754	53	67,397	54	79,151	54
	右折	664	3	16,888	13	17,552	12
	左折	289	1	16,924	13	17,213	12
	その他	3,411	15	22,390	18	25,801	17
車両単独		3,158	14	—	—	3,158	2
全事故		22,227	100	125,402	100	147,629	100

　自転車が第1当事者になる出会い頭事故は、主として信号機のない交差点で、自転車が一時停止を無視して交差点に進入して、左右から来た車と出会い頭に衝突するという事故です。一方、自転車が第2当事者になる出会い頭事故の多くは、車の側が逆に一時停止違反で進入して、主道路から来た自転車と衝突するという事故です。この場合には、車に一時停止違反や安全不確認という違反がありますが、自転車側にも右側通行という違反のある場合が多いのです。他に自転車が第2当事者になる出会い頭事故には、駐車場などの路外施設から右左折して道路に流入しようとした車と歩道を通行中の自転車との事故があります[7]。

　自転車が第2当事者になる右折事故は、第1当事者の他車が右折した時の事故です。これには、右折する車と対向直進をしてきた自転車が衝突す

る右直事故と、右折した車が横断歩道を横断しようとした自転車と衝突する右折事故があります。自転車が第2当事者になる左折事故は、道路を横断しようとした自転車と左折車との事故で、特に車から見て横断歩道を手前（左）から向こう側（右）へ横断しようとした自転車との事故が多いといわれます[8]。

(2) 自転車運転者の年齢

　自転車事故の当事者の多くは第2当事者であることから、第1当事者の年齢層別事故件数ではなく、1当2当の区別をしない自転車利用者の負傷者数について、年齢層別にみた結果が図4です。比較のために歩行者の死傷者数についても記してあります。この図から、自転車運転中の方が歩行中より2倍負傷者が多いことが分かります（12.9万人、6.4万人）。また、自転車事故も歩行者事故も共に、子供から高齢者までまんべんなく負傷者が出ているといえます。中でも、歩行者事故の負傷者は子供と高齢者に比較的多く、自転車事故の負傷者は小学生から大学生の年代にかけて多いことが分かります。

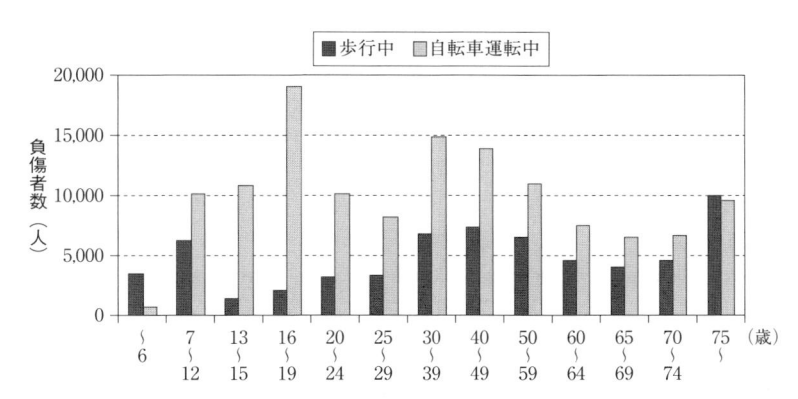

注　年齢層はほぼ5歳きざみですが、30代・40代・50代は10歳きざみとなっている点に注意。

図4　歩行者と自転車運転者の年齢層別負傷者数[9]

　ところが、死者数に限定して年齢層別に比較すると、この図4の分布とは全く別の分布が得られます。図5を見てください。歩行中の死者も自転

車運転中の死者も、高齢者に集中しています。特に、70歳を超えると死者数が急に多くなります。

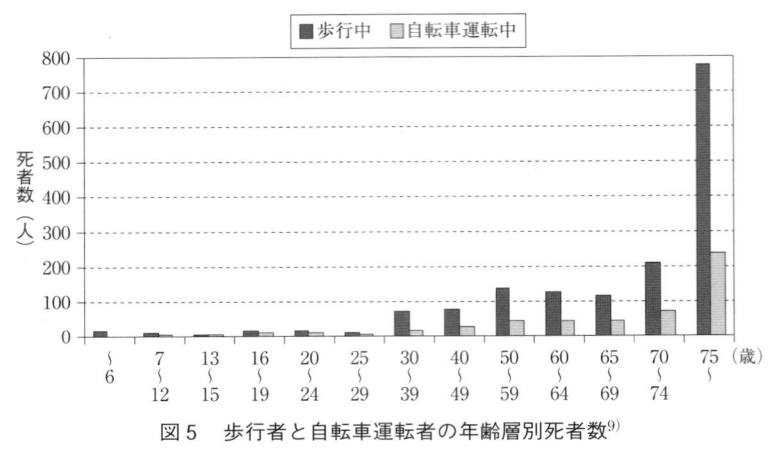

図5　歩行者と自転車運転者の年齢層別死者数[9]

Q1の答え　③　全事故の2分の1
Q2の答え　②　高校生・大学生

文　献

1) 総務省統計局 (2013). 政府統計の総合窓口　平成24年中の交通事故の発生状況.
 http://www.e-stat.go.jp/SG1/estat/GL08020101.do?_toGL08020101_&tstatCode=000001027457&requestSender=search
2) 警視庁 (2012). 都内自転車の交通事故発生状況.
 http://www.keishicho.metro.tokyo.jp/toukei/bicycle/bicycle.htm
3) 内閣府 (2011). 自転車交通の総合的な安全性向上策に関する調査.
4) 交通事故総合分析センター (2013). 交通事故統計年報　平成24年版.
5) 交通事故総合分析センター (2012). 交通事故統計表データ (23-21GZ107).
6) 交通事故総合分析センター (2012). 交通事故統計表データ (23-13BG102, 104).
7) 萩田賢司 (2012). 自転車の走行方法に着目した分析. 交通事故例調査・分析報告書 (平成23年度報告書). 交通事故総合分析センター.
8) 高宮進ほか(2012). 幹線道路の交差点で発生する事故の要因分析. 交通事故例調査・分析報告書 (平成23年度報告書). 交通事故総合分析センター.
9) 交通事故総合分析センター (2013). 交通統計　平成24年版.

第4章

なぜ事故は起きるか

4-1 事故原因
事故の背景にはどんな要因があるか

　事故分析で最も知りたいことの一つは事故原因です。特に個別の事故を調査する事故事例分析や事故捜査では、この点をまず解明する必要があります。一方、事故統計分析では、事故原因は主役というほどではありません。それは、個別で複雑な事故原因を統計分析では抽象化して表現せざるを得ないため、具体的なイメージがわきにくいためです。しかし、統計的に示された事故原因は、安全対策を立てる上で貴重な情報である点に変わりありません。

　ここでは、日本の交通事故統計で調べられている「事故原因」の特徴とその集計結果について説明します。

Q1 事故の人的要因の中で最も多いものはどれでしょうか。
① 発見の遅れ
② 判断の誤り等
③ 操作上の誤り

Q2 事故の環境的要因の中で最も多いものはどれでしょうか。
① 交通安全施設不備
② 路面状態的障害
③ 視界障害

▶答えは156ページ

◆　**事故原因の考え方**

(1)　事故原因はいろいろな所にある

　1件の事故の背景には様々な要因が関係しています。事故統計では古くから運転者や歩行者などの人、運転していた車両、道路や交通などの環境

の3つが事故の要因として考えられてきました。

事故を複数の要因から考えるという発想は、他の事故でも同様で、鉄道や航空機や原子力発電所などの原因分析では、事故要因を4つのMに分け、各々のMについて事故原因を考えています。例えば、アメリカの国家航空宇宙局（ナサ：ＮＡＳＡ）や国際民間航空機関（イカオ：ＩＣＡＯ）でも、事故の原因を整理する方法として4M法を採用しています。

4Mとは、
① Man（人間）
② Machine（物・機械）
③ Media（環境）
④ Management（管理）

の4つです。① Man（人間）は交通事故統計では運転者や歩行者に相当し、② Machine（物・機械）は車両や信号機などに当てはまり、③ Media（環境）は道路環境や交通環境などに相当します。④ Management（管理）は、事故の背後には様々な組織やシステムの問題があり、組織や管理や教育の体制の不備が事故原因となることを示しています。自動車運転の場合にも、企業では安全運転管理者や運行管理者を置いて、運転者の安全運転の管理をすることになっていて、事故を起こした場合には運転者だけでなく会社側も罰せられることがあります。しかし、事故原票の調査項目にはこういった管理の項目はありません。

Management（管理）に関する項目が事故原因にないのは、4Mの考え方が出てくる前から、我が国ではその中の3Mに相当する人、車、環境の要因に分けての分析が定着していたこと、管理が事故原因となる可能性のある業務中の事故は全事故の中で6分の1と少ないこと、他の国の交通事故統計でも取り上げられていないことが考えられます。

(2) **事故原因は過去に遡る（事故原因の連鎖）**

事故に直接的に影響した事故原因がいくつか見つかったとします。例えば、ある追突事故の人的原因が前方の車の発見遅れで、車両原因がブレーキ摩耗による停止距離の増大で、環境要因が路面湿潤だとします。事故統計ではこれを記録するだけで十分ですが、事故事例分析や事故捜査では

もっと原因が追究されます。

　追究する方法の一つは、事故原因を過去に遡ることです。図1に示すように、なぜ前方の車の発見が遅れたのかを過去に遡って調べると、車の速度が出過ぎていたためということが分かります。それではなぜ速度を出して運転していたかを調べると、攻撃的な急いだ運転をしていたことが分かります。さらに、その原因は何かを調べると、出掛けに妻とけんかをして家を出発する時間が遅れたことが分かります。車両原因や環境原因についても、同じように過去に遡って原因を調べていきます。

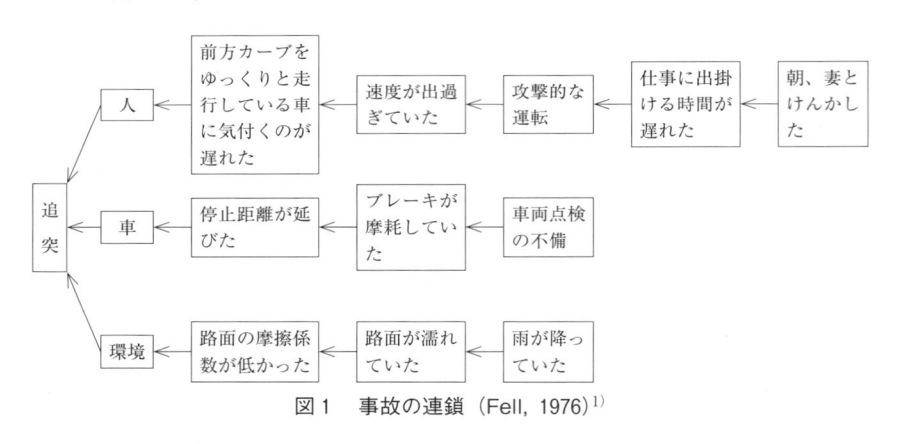

図1　事故の連鎖（Fell, 1976）[1]

　このように直接的な事故原因だけでなく、その原因の原因は何かを連鎖的に過去に遡って調べる方法は、交通事故だけではなく他の事故分野でも考えられています。例えば、バリエーションツリー法（VTA, Variation tree analysis）は、建設、鉄道、航空機、電力などの事故分析で用いられていますが、これは事故に関与した人や機械や環境ごとに、事故要因となる通常とは異なる要因を発生順に整理して並べ、上から下にツリー（木）状に表して、事故の原因の連鎖と対策を考える手法です[2]。

　トヨタ自動車の元副社長が書かれたトヨタ生産方式の本に出てくる「なぜなぜ分析」も同様な考え方で、5回のなぜを自問自答することによって、ものごとの因果関係や、その裏に潜む本当の原因を突きとめることができると言っています[3]。

◆ 事故統計で調べる事故原因

(1) 事故要因区分コードとその他の項目

　交通事故統計原票の中で事故原因を調べる項目は、事故要因区分コードです。事故要因は、事故に影響を与えた要因という意味を持ち、事故原因であると断定したものではありません。なぜ事故要因という用語が使われているかといえば、統計原票に記した事故要因は事故原因の最後の連鎖に来た原因の一つであって、それが真の事故原因といえるかどうかは不明だからです。

　事故要因区分コードの他にも事故原因を調べている調査項目があります。それは法令違反コードです。テレビで交通事故のニュースを見ていると、「事故の原因は運転手のスピードの出し過ぎと考えられています」といった報道をよく耳にしますが、これは速度超過という違反を事故原因とみなした表現です。警察の事故統計でも、今日の交通事故統計原票システムが作られた昭和41（1966）年以前には、事故原因といえば交通法令違反に相当する運転者の違反行為や酒酔い（当時の用語では酩酊）といった心身状態などを指していました。また、現在の事故要因区分コードは、昭和50（1975）年の原票改正前までは「内在的条件コード」と呼ばれていました。

　事故統計の調査項目の中で事故原因を調べている項目は、事故要因区分コードと法令違反コードということが分かりました。それでは、他の調査項目の中にも事故原因を調べている項目がないかといえば、事故によっては夜間（昼夜）や雨（天候）や時速70キロの速度（危険認知速度）などが事故原因となることがあります。こうした要因が通常の運転時に比べて他の事故時にも多くみられることが統計的に確かめられると、事故原因の一つと認められます。また、事故統計分析では、ある種の事故（例えば、若者運転者の事故や雨天時の事故）を対象として、その種の事故には共通してみられるが他の事故にはみられない調査項目に注目します。若者運転者の事故の場合でいえば、夜間（昼夜）、高い速度（危険認知速度）、車両単独（事故類型）などが他の年代の運転者とは異なる事故の特徴で、こういった特徴が若者に特有の事故原因と考えます。

(2) 事故の人的要因（運転者の場合）

　事故要因区分コードでは、1当と2当について、事故の人的要因と車両的要因と環境的要因の3区分ごとに、該当するコード記号を記します。
　人的要因は、それぞれ運転者、自転車乗用者および歩行者に適用するコード表に分かれています。運転者に適用するコード表は、**表1**に示すように、大分類が発見の遅れ、判断の誤り、操作上の誤りの3つに分かれ、発見の遅れの中分類としては、前方不注意（内在的）、前方不注意（外在的）、安全不確認があります。表には記しませんでしたが、小分類として、前方不注意（内在的）は、居眠り運転、ラジオ・ステレオ等を聞いていた、雑談や携帯電話等で話していた、その他考え事等の漫然運転の4つに分類されています。
　運転者要因が発見の遅れ、判断の誤り、操作の誤りの3つに大きく分類されているのは、運転者が事故を起こした要因を、運転者の情報処理エラーの観点から整理したものだからです。自動車学校で、車の運転は「認知」、「判断」、「操作」の連続ということが教えられていますが、事故はこのどこかの段階での致命的な誤りによって生じると考えて、運転者要因の大分類ではこの3段階のどこに誤りがあったかを調べます。つまり事故は、衝突相手の発見が遅れたか（事前に回避できる時点で発見できなかったのか）、発見後に衝突相手の挙動に対する判断を誤ったか、正しい判断の後に操作上の誤りをしたかのどこかで生じたと考えるのです。
　情報処理エラー（例えば発見の遅れ）が生じた理由や内容を記述したものが中分類です。例えば、前方不注意（内在的）というのは、考え事をしていたために前方不注意になって相手の発見が遅れたといったことを意味します。判断の誤り（大分類）の下にある動静不注視（中分類）は、相手を事前に発見したのにその動静を注視しなかったという判断の誤りがあって事故を起こしたものです。
　判断の誤り（大分類）の交通環境（中分類）は、道路形状や交通規制といった交通環境を正しく認識しなかったという判断の誤りによって事故が発生したことを意味しますが、この場合だけは発見の遅れ（大分類）の有無は問いません。相手を発見したのに道路形状を見誤って事故を起こした

4-1 事故原因

という事故もありますが、道路形状を見誤って相手の発見が遅れたという事故もこの交通環境（中分類）では含むのです。

操作上の誤り（大分類）の中分類は、操作不適のみです。このコードに該当する事故の場合も、適切な発見と判断をした後に操作を誤ったという事故がほとんどだと考えられます。

表1 事故の人的要因（車両等の1当運転者）[4]

事故要因区分		1当件数	%
大分類	中分類		
発見の遅れ	前方不注意（内在的）	61,937	9.8
	前方不注意（外在的）	120,170	19.1
	安全不確認	292,741	46.4
判断の誤り	動静不注視	81,545	12.9
	予測不適	13,663	2.2
	交通環境	10,705	1.7
操作上の誤り	操作不適	48,905	7.8
調査不能		1,083	0.2
合計		630,749	100

さて、運転者要因ではどんな要因が多いかを見ると（表1）、発見の遅れが全体の75パーセントを占め最も多いことが分かります。中でも交差点の通過時など安全を確認すべきところで確認が不十分であったり、確認をしなかったりする事故が多く、全体の半数近くを占めています。この結果から、運転とは絶えず前後左右の交通に注意を払う必要がある行為であって、事故が発生するのは大概それを怠った時だということが分かります。

判断の誤りは全体の17パーセントとそれほど多くはありませんが、これは運転中に判断を誤ることが少ないとか判断を誤っても事故にはならないということを意味しているわけではありません。繰り返しになりますが、事前に衝突相手を発見したのにその後の判断を誤った事故が、全体の17パーセント弱を占めるということです。考え事や脇見からなる発見の遅れも、その背景には事故を起こすような場所でそういった考え事や脇見をするという行動判断の誤りがあったともいえますから、ほとんどの事故にはその背景に何らかの判断の誤りがあったといえるでしょう。

(3) 事故の人的要因（自転車乗用者の場合）

自転車乗用者（第1当事者）の事故原因をみてみましょう（表2）。自動車運転者の事故原因とほぼ同じである点が注目されます。少し異なるのは安全不確認が60.2パーセントと多い点ですが、これは自転車が1当の事故の半数が出会い頭事故であるためです。出会い頭事故の場合には、左右の安全を確認しなかったり、不十分であったりすることから事故が発生する場合が大多数を占める（78％）のです[5]。また、交通環境に対する認識の誤りが6.5パーセントと少し多いのは、車の運転者に比べると自転車乗用者の交通知識が少ないためと考えられます。

表2 事故の人的要因（自転車等の1当運転者）[5]

事故要因区分		1当件数	％
大分類	中分類		
発見の遅れ	前方不注意	2,117	10.1
	安全不確認	12,570	60.2
判断の誤り	動静不注視	1,564	7.5
	予測不適	918	4.4
	交通環境	1,356	6.5
操作上の誤り	操作不適	2,268	10.9
保護者等の不注意		1	0.0
調査不能		97	0.5
合計		20,891	100

(4) 事故の人的要因（歩行者の場合）

歩行者の人的要因の集計結果を表3に示します。運転者や自転車乗用者の場合には発見の遅れ、判断の誤り、操作上の誤りの3つの大分類に従って事故要因を分けていましたが、歩行者の場合には操作上の誤りがなく、代わりに保護者等の不注意と健康状態不良が含まれています。保護者等の不注意が含まれているのは、幼児の事故の場合には事故要因を本人の情報処理エラーと考えるより、情報処理能力が未発達の幼児に対する保護者の

4-1 事故原因

監督不注意とみなしているためです。健康状態不良については、平成12 (2000) 年以前の原票には車や自転車の運転者の事故要因に健康状態不良が入っていましたが、その後はなぜか廃止され、歩行者の人的要因の中にのみ現在でも事故要因として残っています。

表3 事故の人的要因（歩行者）[6,7]

事故要因区分		第1当事者		第2当事者	
大分類	中分類	件数	%	件数	%
保護者等の不注意	手をつないでいないほか	118	5.7	966	4.7
発見の遅れ	前方不注意	272	13.1	2,051	10.1
	安全不確認	1,126	54.4	9,966	48.9
判断の誤り	相手が譲ってくれるほか	424	20.5	6,337	31.1
健康状態不良	飲酒ほか	74	3.6	492	2.4
調査不能		56	2.7	552	2.7
合計		2,070	100	20,364	100

歩行者の場合も運転者や自転車乗用者の事故要因と同様に、安全不確認などの発見の遅れが一番多く、次いで判断の誤りが多い点が共通しています。歩行者の場合も、よく周りを見て移動することが事故防止に最も大切です。

(5) **事故の車両的要因**

事故の人的要因は、運転者も自転車乗用者も歩行者も、第1当事者であれば必ず記載されることになっています。ところが、車両的要因と環境的要因については該当する要因があった場合にのみ要因コードを記入することになっています。**表4**は事故の車両的要因をまとめた結果ですが、事故全体のわずか0.2パーセント（1,314件）だけに車両的要因が存在していました。

車両に起因する事故がほとんどない理由は、車の性能が向上してきたためです。ちなみに60年前（昭和28年）の統計を調べてみると、車両的要因（車両の状態）がみられた事故は7.2パーセント（5,174件）でした[8]。

表4　事故の車両的要因（車両の1当運転者）[9]

事故要因区分		1当件数	%
大分類	中分類		
整備不良	制動装置不良	179	0.03
	タイヤ不良	510	0.08
	その他	144	0.02
状態的不良	積荷の状態	214	0.03
	その他	101	0.02
その他		166	0.03
調査不能		216	0.03
車両的要因なし		629,180	99.76
合計		630,710	100

(6) 事故の環境的要因

自転車等を除く車両の第1当事者の環境要因を調べた結果が**表5**です。この要因も車両的要因よりは多いものの、事故全体の3.5パーセント（22,253

表5　事故の環境的要因（車両の1当運転者）[10]

事故要因区分		1当件数	%
大分類	中分類		
道路的要因	線形不良	283	0.04
	交差点形状不良	181	0.03
	道路構造的障害	166	0.03
	通行障害	189	0.03
	交通安全施設不備	201	0.03
	標識等不備	28	0.00
	その他	103	0.02
交通環境的要因	路面状態的障害	6,863	1.09
	通行障害	615	0.10
	視界障害	13,327	2.11
その他		297	0.05
調査不能		91	0.01
環境的要因なし		608,366	96.46
合計		630,710	100

件）しかありませんでした。比較的多かったのは視界障害で、事故100件に2件の割合で事故の要因となっています。視界障害で多いのは、建物等による見通し不良や駐停車車両・渋滞車両による視界障害でした。また、路面が積雪・凍結していたり、雨で濡れていたりする路面状態の不良も100件に1件の割合で事故要因となっていました。

◆ 外国の事故統計にみる事故要因

　アメリカ、ドイツ、フランスなど海外の主要国の交通事故統計でも、事故原因の項目をみると、日本と同様に人、車、環境に分けて記入する方式が取られています。イギリスでは長らく事故要因を調査してきませんでしたが、平成17（2005）年から9種類、77個の事故要因の中から最大6個の事故要因を選んで記入する方式に変わりました[11]。

　外国の一例として、イギリスの結果をみると、事故要因で最も多いのは、日本の前方不注意や安全不確認に相当する「不適切な注視」で、事故全体の40パーセントにこの要因がみられます（表6）。次いで日本の判断の誤りの中分類の予測不適に相当する「相手の進路や速度の判断の誤り」が多く21パーセントを占めています。また表2と6を見比べると、日本の事故要因と比べイギリスでは発見の遅れに相当する要因が少なく、判断の誤りに相当する要因が多いことが分かります。さらに、「路面の凍結・湿潤」が事故要因の上位10項目に入っているように、交通環境の要因が日本と比べ多いのも特徴的です。9つの事故要因のカテゴリー（大分類）の中で環境要因に相当するものは、「路面の凍結・湿潤」を中に含む「道路環境要因」と「視界障害」ですが、この2つが事故要因とされた事故はそれぞれ16パーセントと11パーセントありました。この結果から、イギリスでは日本より環境要因に起因する事故が実際に多いとも考えられますが、それよりイギリスの事故統計は、日本より環境要因を重視していると考えた方がよいと思います。

表6 イギリスの交通事故統計にみる事故要因の上位10項目 (Department for Transport, 2011)[11]

事故要因	対応する日本の要因	事故に占める割合(%)
不適切な注視	発見の遅れ（前方不注意、安全不確認）	40
相手の進路や速度の判断の誤り	判断の誤り（予測不適）	21
不注意、無謀、急ぎ		16
車両のコントロールを失う	操作上の誤り	15
不適切な右左折等		13
路面の凍結・湿潤	環境的要因（路面状態的障害）	12
歩行者の不適切な注視	歩行者の発見の遅れ	10
状況にそぐわない速度	判断の誤り（交通環境）	8
急ブレーキ	操作上の誤り	7
車間距離不保持	判断の誤り（予測不適）	7

Answer
Q1の答え　①　発見の遅れ
Q2の答え　③　視界障害

文　献

1) Fell, J.C. (1976). A motor vehicle accident causal system: the human element. *Human Factors*, 18, 85-94.
2) 神田直弥(2005). 事故の人的要因分析における分析結果の信頼性向上に関する検討. 東北公益文科大学総合研究論集：forum21, 9, 129-151.
   http://repo.lib.yamagata-u.ac.jp/bitstream/123456789/9968/1/tucss-9-01290151.pdf.
3) 大野耐一 (1978). トヨタ生産方式—脱規模の経営をめざして. ダイヤモンド社.
4) 交通事故総合分析センター (2013). 交通事故統計表データ　24-31NM101.
5) 交通事故総合分析センター (2013). 交通事故統計表データ　24-31DZ102.
6) 交通事故総合分析センター (2013). 交通事故統計表データ　24-31DZ104.
7) 交通事故総合分析センター (2013). 交通事故統計表データ　24-31DZ105.
8) 道路交通問題研究会(2002). 道路交通政策史概観　資料編, 686. プロコムジャパン.
9) 交通事故総合分析センター (2013). 交通事故統計表データ　24-31GZ101.
10) 交通事故総合分析センター (2013). 交通事故統計表データ　24-31GZ102.
11) Department for Transport (2011). Reported road casualties in Great Britain: 2010 Annual report.
    http://assets.dft.gov.uk/statistics/releases/road-accidents-and-safety-annual-report-2010/rrcgb2010-04.pdf

4-2　法令違反
事故直前にどんな違反をしているのか

　交通ルールには、円滑で快適な交通秩序を作ることの他に、事故防止という最大の目的があります。ところが、ドライバーなら誰でも交通ルールを守らない運転をする時があります。そんな時でも事故はめったに起こりませんが、それは違反をしても事故は起こらないとドライバーが感じる交通状況で違反をしているためかもしれません。しかし、そういう時こそ事故発生の危険性が高まっているのです。

　運転者や歩行者が事故の直前にどういった交通違反を犯していたかを調べる調査項目が法令違反です。ここでは、この交通違反がどう事故と関係しているか、取締りの違反とはどこが異なるか、年齢によって違反はどう異なるかについて解説します。

Q1 事故時の1当運転者の違反の中で最も多いものはどれでしょうか。
　① 安全不確認
　② 脇見
　③ 最高速度違反

Q2 追突事故時の1当運転者の違反の中で最も多いものはどれでしょうか。
　① 動静不注視
　② 脇見
　③ 車間距離不保持

▶答えは163ページ

◆ 事故時の法令違反とは

法令違反（以下、違反という）というと、普通は取り締まりの時の違反を思い起こしますが、ここでいう違反はある事故に対して最も影響を与えた違反のことをいいます。また、事故の第1当事者には必ず1つの違反名が付けられます。ただし、違反名を決めるに当たって、無免許運転、無資格運転又は酒気帯び運転の違反を伴う場合には、これ以外の違反を記入することになっています。無免許運転中に信号無視をして事故を起こした場合には、無免許運転ではなく信号無視が違反名となるのです。

4-1で、事故原因の一つに違反行動があると述べました。交通ルールに違反した運転行動をとれば、事故の危険性が高まるからです。それでは事故の前に運転者はどんな違反運転をしていたかみましょう。

◆ 人身事故時と死亡事故時の違反

表1は、人身事故時の運転者の違反を多い順に12個並べたものです。違反名を見ると、安全運転義務違反に含まれる違反が大部分を占めていて、一時不停止や信号無視といった、外から見た車の挙動によって明白な違反は少ないことが分かります。

交通三悪と呼ばれる、特に悪質・危険性の高い無免許運転、飲酒運転、速度超過（最高速度違反）やそれに信号無視と一時不停止を加えた交通五悪の割合をみると、信号無視（8位、2.8％）と一時不停止（7位、4.1％）が該当するだけです。無免許運転や酒気帯び運転は違反名として計上されないことになっていますが、別個に「運転資格」

表1 人身事故時の法令違反
（1当運転者、交通統計24年版)[1]

事故時の違反	件数	％
安全不確認[ア]	192,556	30.5
脇見[ア]	104,712	16.6
動静不注視[ア]	71,375	11.3
漫然[ア]	47,913	7.6
操作不適[ア]	43,700	6.9
交差点安全進行	40,068	6.4
一時不停止	25,797	4.1
信号無視	17,951	2.8
歩行者妨害	14,504	2.3
優先妨害	13,068	2.1
徐行違反	7,502	1.2
安全速度[ア]	6,529	1.0
その他の違反・不明	45,035	7.1
計	630,710	100

注　ア)は安全運転義務違反を意味します。

と「飲酒状況」の原票項目で調べられています。その結果をみると、無免許の運転者は1当運転者の0.4パーセントと非常に少なく[2]、基準値以下も含めた飲酒ありの1当運転者の割合も0.7パーセントと少ないことから[3]、人身事故では悪質な違反をして事故を起こした運転者は少ないといえるでしょう。

表2は、死亡事故時の運転者の違反を多い順に13個並べたものです。その違反をみると、人身事故と同様に安全運転義務違反に含まれる違反が過半数を超えていますが、人身事故の場合ほどは多くありません。また、交通三悪や交通五悪といわれる違反は、最高速度（6位、5.4%）、信号無視（9位、3.7%）、一時不停止（10位、3.2%）であり、人身事故の場合より増えています。表にはありませんが、無免許の運転者は1当運転者の1.6パーセント[2]、飲酒ありの1当運転者の割合は6.5パーセント[3]と人身事故より多くなっています。これより、死亡事故も事故の大部分は不注意によるエラーによって起こされていますが、人身事故と比べると悪質・危険な違反の割合が高いといえます。

表2 死亡事故時の法令違反
（1当運転者、交通統計24年版）[1]

死亡事故時の違反	件数	%
漫然[ア]	692	17.7
脇見[ア]	569	14.6
操作不適[ア]	376	9.6
安全不確認[ア]	376	9.6
歩行者妨害	296	7.6
最高速度	212	5.4
交差点安全進行	209	5.3
通行区分	174	4.5
信号無視	145	3.7
一時不停止	126	3.2
優先妨害	122	3.1
安全速度[ア]	113	2.9
動静不注視[ア]	104	2.7
その他の違反・不明	395	10.1
計	3,909	100

注 ア）は安全運転義務違反を意味します。

◆ 事故時の違反と取締り違反の比較

表1と表2で示した事故を起こした時の違反を、通常運転中の取締りで運転者が検挙された時の違反（表3）と比較すると、いくつかの違いがみられます。違いの理由の一つは、違反取締りは事故に結びつきやすい違反だけをターゲットにしたものではないからです。交通の円滑性の向上や事故後の被害軽減（これは受動的安全とも呼ばれます）や道路利用者のモラルやマナー向上のためにも取締り活動は実施されるからです。例えば、表

3の7番目に多い駐停車は、事故の誘因となる違反でもありますが、何よりも円滑な交通を妨げる違反です。2番目に多い座席ベルト装着義務違反（シートベルト不着用）は、被害軽減のためのベルト着用を怠った違反です。

両者の違反が異なるもう一つの理由は、事故に結びつきやすい違反をターゲットにして取締りを実施するにしても、交通警察官が取締りをしやすい違反とそうでない違反が実際にはあるからです。取締りをしやすい違反というのは、道路外などから観察しやすい違反、違反の客観的な証拠をドライバーに示せる違反などです。表3の取締り違反には安全運転義務違反がありませんが、それは安全不確認、脇見、漫然といった運転者の行動や心理状態は、外からは観察できないからです。

表3の取締り違反で一番多いのは、最高速度違反です。なぜこの違反が取締りの対象になるかといえば、この違反をすると死亡事故を起こしやすいこと（死亡事故違反の6位）、高速走行は他の交通の流れを乱して事故を誘発しやすいこと、そして何よりもドライバーはスピードを出して運転しがちであることによります。ヨーロッパの19か国のドライバーを対象とした調査によれば、EU諸国を平均すると79パーセントのドライバーは「速度を出し過ぎた運転は事故の原因であることが"しばしば"、"非常にしばしば"、あるいは"いつも"ある」と回答しています[5]。また、82パーセントのドライバーは「他のドライバーは"しばしば"、"非常にしばしば"、あるいは"いつも"速度違反をしている」と回答しています[5]。

また、同時期に実施された日本全国のドライバー2,551人を対象とした意識調査によれば、「10キロメートル程度のスピードオーバーであれば危険はない」という質問に対し、「そう思う」は9.6パーセント、「どちらかといえば

表3　道路交通法違反取締り件数[4]

違反の種類	取締件数	%
最高速度*	2,221,120	22.8
座席ベルト装着義務	1,760,135	18.1
携帯電話使用等	1,263,636	13.0
一時不停止*	1,207,374	12.4
通行禁止	795,348	8.2
信号無視*	725,761	7.5
駐停車	347,215	3.6
通行区分*	266,171	2.7
踏切不停止等	105,495	1.1
免許証不携帯	81,947	0.8
歩行者妨害*	76,218	0.8
右左折方法	66,032	0.7
整備不良	49,703	0.5
酒気帯び	31,508	0.3
その他	738,341	7.6
合計	9,736,004	100

注　点数告知の座席ベルト装置違反を含み、放置違反金納付命令件数は除いています。
＊は、表2の死亡事故時の違反と共通する違反であることを示します。

4-2 法令違反

そう思う」は34.3パーセントで、速度超過を肯定する者の比率は43.9パーセントと半数近くいました[6]。

さて交通三悪にもあげられ、取締り件数も多い最高速度違反が人身事故時の違反では12位までに入っていないのは不思議です。事故捜査の警察官にとって、事故を起こした運転者が危険を認知した時の速度を正確に推定することは、難しいのかもしれません。この問題は、ドライビングレコーダが全車種に搭載されるようになると解決されるでしょう。

◆ 事故とその時の違反との関係 ◆

事故発生時の違反については表1と表2で示しました。ただし、それは事故全体についての違反でした。ここでは事故類型ごとに事故時の違反をみることにします（表4）。事故類型に分けても人身事故では安全不確認と脇見が多く、死亡事故では漫然が多いことが分かります。また、各事故類型について上位2つの違反を合わせると人身事故では34.8～68.3パーセント、死亡事故では48～70.7パーセントとなり、ほぼ半数を占めています。

表4 事故類型ごとにみた事故時の違反（1当運転者）[7]

代表的な事故類型	人身事故 1位	人身事故 2位	死亡事故 1位	死亡事故 2位
追突	脇見 38.2	動静不注視 23.0	漫然 38.7	脇見 32.0
出会い頭	安全不確認 42.8	一時不停止 17.2	一時不停止 25.5	信号無視 22.5
人対車両	安全不確認 38.2	歩行者妨害 23.6	脇見 25.2	漫然 24.4
右折時	安全不確認 46.3	交差点安全進行 15.8	優先妨害 31.8	安全不確認 23.4
左折時	安全不確認 56.3	左折違反 13.0	安全不確認 39.6	自転車横断妨害 18.9
車両単独	操作不適 43..0	脇見 13.2	操作不適 35.3	漫然 16.7
正面衝突	通行区分 17.5	脇見 17.3	通行区分 38.2	漫然 16.3

事故類型が分かると違反名も限られてくるということです。

次に、視点を変えて、違反はどういった事故を招くかについて考えてみましょう。事故時の違反は必ずしも事故原因の一つというわけではありませんから、確かに事故原因となりそうな違反を取り上げ、その違反名がついた事故類型を調べてみましょう。

表5の事故時の違反から事故類型を見た場合の結びつきは、事故類型から事故時の違反を見た場合の結びつき（表4）より強いことが分かります。特に、信号無視と出会い頭、一時不停止と出会い頭、通行区分と正面衝突の関係は非常に強いのです。例えば、一時不停止をして事故を起こすと、そのほとんどは出会い頭事故になることを、これは意味しています。死亡事故の方が人身事故よりその傾向は一層強くみられます。

表5　事故時の違反とそれに対応する事故類型（1当運転者）[7]

事故原因と なる違反	事故類型と構成率（%）			
	人身事故		死亡事故	
	1位	2位	1位	2位
酒酔い	追突 32.6	正面衝突 22.3	単独 65.7	正面衝突 22.9
過労運転	追突 30.8	正面衝突 30.1	単独 45.7	正面衝突 28.6
最高速度	単独 42.1	追突 35.9	単独 56.6	歩行者 19.3
信号無視	出会い頭 83.0	右折 9.1	出会い頭 76.2	歩行者 12.4
一時不停止	出会い頭 95.0		出会い頭 96.4	
通行区分	正面衝突 59.2	すれちがい 13.8	正面衝突 88.8	

◆ 事故時の違反の年齢差

表6は、運転者の年齢によって事故時の違反が異なるか調べたものです。若者型違反というのは、若者の違反が一番多く、年齢が上がるにつれて減っていく違反のことをここでは指します。高い速度、先急ぎ、疲労状態、脇

4-2 法令違反

見・漫然・動静不注視といった不注意運転が事故に結びつくようです。高齢者型違反は、逆に年齢が上がるほど増えていき、高齢者の違反が一番多い違反のことを指します。他の車や人の通行を妨害するマイペースな運転、交差点で停止したり、右折したりする場面での状況把握が不適切な運転が違反となって現れています。

表6 若者に多い違反と高齢者に多い違反（1当運転者）[3]

違反	20〜24	40〜49	75〜
若者型違反			
最高速度	0.46	0.24	0.08
車間距離	0.51	0.44	0.20
追越し	0.28	0.25	0.21
過労運転	0.13	0.06	0.04
漫然	10.59	6.77	6.65
脇見	21.69	16.45	11.29
動静不注視	13.65	11.70	7.79
安全速度	1.33	1.04	0.56
小計	48.6	36.9	26.8
高齢者型違反			
右折違反	0.31	0.33	0.46
優先妨害	1.81	1.92	2.93
歩行者妨害	1.29	2.51	2.75
自転車横断妨害	0.52	0.94	1.32
一時不停止	3.35	3.67	6.55
安全不確認	23.50	31.90	32.72
小計	30.8	41.3	46.7

注 数字は違反に占める割合（％）を示します。

Q1の答え　①　安全不確認
Q2の答え　②　脇見

文　献

1) 交通事故総合分析センター（2013）．交通統計 平成24年版．
2) 交通事故総合分析センター（2013）．交通事故統計表データ　24-20NZ101, 24-20NZ102．
3) 総務省統計局（2013）．平成24年中の交通事故の発生状況．
http://www.e-stat.go.jp/SG 1 /estat/List.do?lid=000001108012
4) 総務省統計局（2013）．平成24年中の交通死亡事故の特徴及び道路交通法違反取り締まり状況について．http://www.e-stat.go.jp/SG 1 /estat/List.do?lid=000001106841
5) SARTRE 2 (1998). The attitude and behaviour of European car drivers to road safety. http://www.attitudes-roadsafety.eu/home/publications/.
6) 自動車安全運転センター（1997）．ドライバーの運転意識とヒヤリ・ハット体験との関連に関する調査研究（Ⅲ）．http://www.jsdc.or.jp/search/pdf/all/h08_3.pdf
7) 交通事故総合分析センター（2013）．交通事故統計表データ　24-14HZ101．

4-3 速　度
スピード運転はなぜ危険か

　スピードを出して運転することは、移動時間を短縮したり、運転者の気分を爽快にしたりします。また、円滑な車の流れによって交通量を増加させるためには、ある程度の速度を出す必要があります。しかしその一方で、スピードは事故の最大の原因と考えられています。人を死に追いやる悲惨な事故には、車の暴走といったイメージがまず浮かんできます。

　ここでは、なぜ速度が事故の原因となるのか、どのような運転者がどういった状況下で速度に起因する事故を起こしやすいのかについて考えていきます。

Q1 事故時の危険認知速度の中で、最も多い速度帯はどれでしょうか。
　① 時速30キロ以下
　② 時速30〜50キロ以下
　③ 時速50〜80キロ以下

Q2 事故時の危険認知速度が規制速度を超過していた運転者（第1当事者）の割合はどのくらいでしょうか。
　① 6パーセント
　② 16パーセント
　③ 26パーセント

▶答えは172ページ

◆　**スピード運転はなぜ危険か**　――――――――――◆

　速度を出すとなぜ事故が起きやすくなるのでしょうか。一つは速度が上がるにつれて、同じ時間内に処理すべき視覚情報が増えるからです。図1

のように、運転していると近くのものほど速く流れていき、識別しにくくなります。その流れは速度が上がると一層速くなります。そのため速度が高くなるほど、短い時間にたくさんのものを見て判断しなくてはなりません。するとどうしても人や車を見逃しやすくなるのです。特に、道路脇から人や車が出てくると、運転者は前方の遠い部分を見て運転していることもあって、余計に発見しにくくなります。

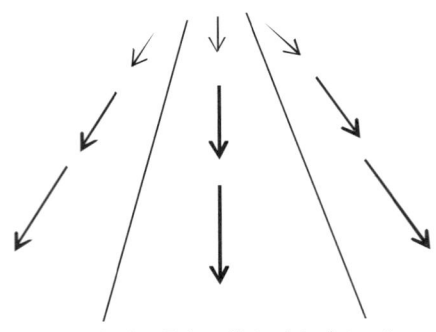

図1　運転時の景色の流れ（オプティカル・フロー）

　人や車を前方に発見したとしても、速度が高いと停止距離（＝空走距離＋制動距離）が長くなって、ブレーキが間に合わないことも事故の原因となります。このような事故は、速度をもう少し抑えれば避けることができたのです。
　他にもスピード運転は、前の車との車間距離を詰めたり、追越しをしたりするといったように、他の車との無用な接近やあつれきを作り出します。これは交通コンフリクトと呼ばれ、このコンフリクトを発生しやすい運転者や道路ほど事故の危険性が高いといわれます。
　速度は事故の可能性を高めるだけでなく、死亡事故を起こしやすくします。これは、車の移動に伴う破壊力（運動のエネルギー）は、速度の2乗に比例して大きくなるためです。例えば、速度が2倍になると、衝突の力は4倍となります。実際の事故について速度が人身事故と死亡事故に与える影響を調べたところ、速度が変化すると人身事故はその1.5乗で変化し、死亡事故ではもっと速度の影響が大きく、3.6乗で変化するといいます。例えば、速度が時速40キロから50キロに変化すると人身事故は1.4倍（＝50/40の1.5乗）に増え、死亡事故は2.2倍に増えるのです[1]。

◆ 事故時の危険認知速度の年別推移

　平成8（1996）年に交通事故死者が1万人を切って以来、交通事故死者

注　一般道路で発生した原付以上の第1当事者の危険認知速度です。

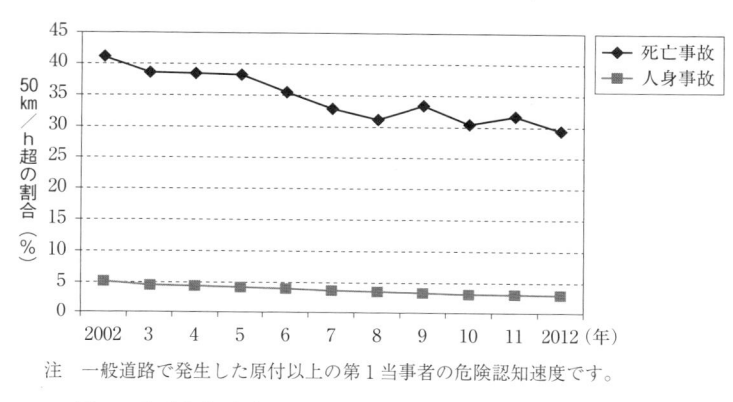

図2　危険認知速度が50km/hを超える事故の割合の年推移[2,3]

は順調に減少し、平成21（2009）年には5千人を切るまでになり、その後も減少を続けています。この原因としては、若者人口の減少、車両構造や道路交通環境の改善、救急医療体制の整備、車社会の成熟や教育による運転者の安全意識の向上など多くの要因が指摘されています。

　このうち、運転者の安全意識の向上は、事故統計の中の危険認知速度の低下によっても裏付けられます（図2）。危険認知速度は、運転者が相手車両や人や物件などの衝突相手を認めて、危険を認知したときの速度のことをいいます。渋滞などで速度を出せない状態ですと、この速度も低くなるのですが、最近10年間の混雑度も平均旅行速度もそれほど変化していません[4]。ふだんの走行速度は変化していないのに、事故時の速度は減少していることから、事故が発生しやすいような交通状況下では、速度を低下させて運転するようになってきていると考えられます。

◆　人身事故の危険認知速度はそれほど高くない

　図3は、一般道路における人身事故と死亡事故の危険認知速度の分布を示したものです。確かに死亡事故ではその速度が高いのですが、人身事故ではそれほど高くありません。事故の4分の3は時速30キロ以下です。速度が事故の大きな原因といわれる割には、危険認知時の速度がそれほど高くないのはなぜでしょうか。

人身事故の6割は追突事故と出会い頭事故の2つの事故で占められていますから、この2つの事故の危険認知速度が低いと予想されます。5-1で述べますが、追突事故の多くは危険を認知した時には等速で運転していて、減速中か停止中の前車と衝突しています。しかし、等速運転といってもその多くは時速30キロ以下の危険認知速度です。あまり速度が出ていない混雑した交通状況下で、追突事故が発生しやすいのです。

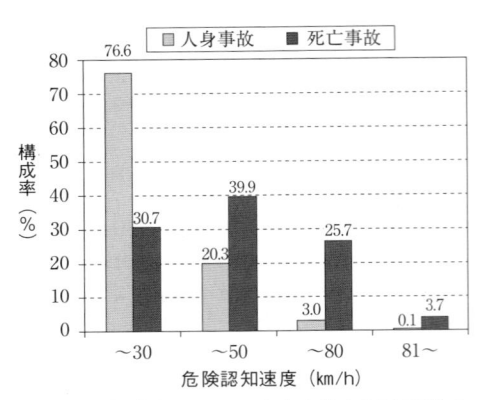

図3　一般道路における人身事故と死亡事故の危険認知速度の分布[2,3]

　出会い頭事故の多くは、信号機のない交差点で、車線が狭い道路から比較的広い道路を直進通過したり、右左折したりする際に発生しています。そのため、一時停止標識を見落として交差点に進入したとしても、速度はそれほど出てはいないのです。出会い頭事故の半数近くは危険認知速度が時速10キロ以下となっています。ただし、このタイプの事故では、一時停止違反や信号無視をした第1当事者の車の前部が第2当事者の車の側面に衝突するので、違反車の速度が低くても死亡事故になりやすいのが特徴です[5]。

　逆に、危険認知速度が高いのは、正面衝突事故と車両単独事故です[5]。この2つの事故は、事故が起きた時に死亡事故につながりやすい点でも一致しています。

　多くの事故では速度の高さそのものではなく、その場に応じた運転をしないことが事故の原因となっています。その誤った運転方法の1つが速度超過なのです。不適切な運転の代表には、他に前方不注視や一時不停止などがあります。

4-3 速　度

◆ 危険認知速度が高い運転者

　事故直前に危険を感じた時の速度が高いのはどういった運転者でしょうか。ふだんの運転スピードが高い人は、事故時のスピードも高いことが予想されます。そこで、年齢層ごとに危険認知速度を比較してみました（図4）。予想どおり、若者の速度が最も高く、高齢者の速度が最も低いという結果でした。以前ほど若者の暴走運転はクローズアップされなくなりましたが、若者の場合には速度が有力な死亡事故原因となっています。一方、高齢運転者の場合は事情が少し異なります。交通状況にあった速度で運転していなかったケースもありますが、低い速度で衝突しても老化により身体が弱くなっているために死亡しやすいといえます。

　男性の方が女性より危険認知速度が高いかを調べた結果が図5です。これは人身事故の結果ですが、男女であまり違いがみられません。わずかに時速50キロを超えたところで差がみられます。図3でみたように、死亡事故は危険認知速度が時速50キロを超えたところで多いことから、この速度域での男女差（女性2％、男性6％）が男性の方が女性より死亡事故を起こしやすい理由と考えられます。死亡事故率（人身事故に占める死亡

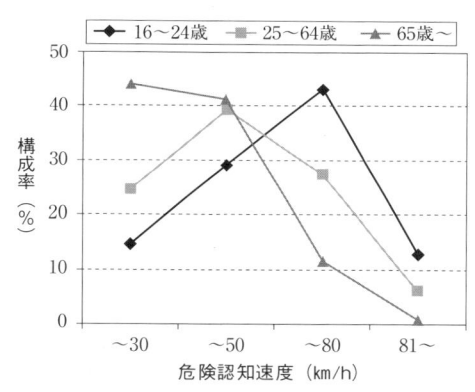

図4　年齢層別の危険認知速度の分布（死亡事故の1当、原付以上）[3]

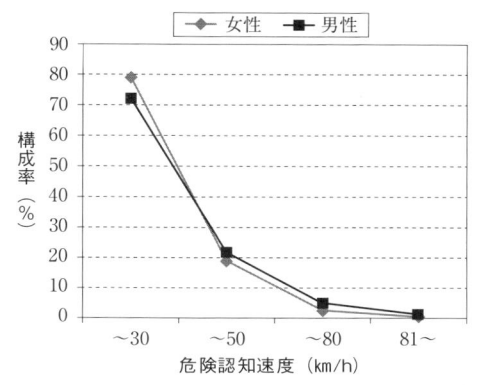

図5　男女別の危険認知速度の分布（人身事故の1当、原付以上）[6]

事故の割合）を男女で比較すると、第1当事者の自動車運転者（二輪を除く）では男性が0.7パーセントで女性が0.3パーセントと2倍も男性の方が起こしやすいのです[7]。

ふだんの運転速度が高い人々としては、若者や男性の他に、年間走行距離が長い人、通勤や仕事で車を使用している人、速度が出せるスポーツタイプの車に乗っている人、交通違反点数が高い人、スピード運転に肯定的な態度を示す人が挙げられています[8,9]。こういった人たちが事故を起こすと、その時の危険認知速度も高いことが予想されます。

◆ 危険認知速度が高い状況

前に述べた個人の属性や態度といった要因はそれほど変化しないものですが、一時的な要因である体調や気分などもスピード運転をもたらして事故の要因となります。例えば、飲酒運転時の事故は、夜間だけでなく日中でも危険認知速度が高いのです[10]。また、ムシャクシャした気分の時は速度違反をしがちです[11]。

スピードを出して運転してしまう理由には、対人的・社会的な理由もあります。仕事や通勤などで急いでいるとき、仲間や他の周囲の車の速度が高いときにはスピードを出しやすいのです[11,12]。

道路が空いている、スピードを出しても安全な状況だと運転者が交通環境を判断するときにもスピード運転が増えてきます[8,11,12]。こういった状況は夜間に比較的多く生じるため、事故が発生した時の危険認知速度は、夜間の方が昼間より高いのです（図6）。

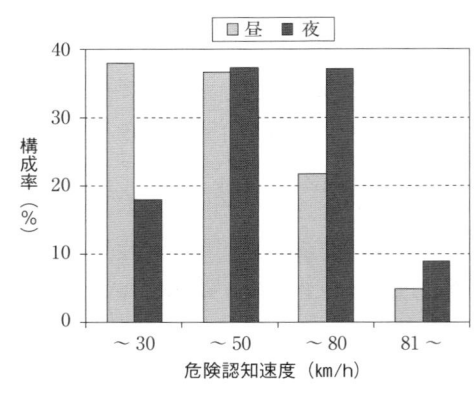

図6　昼夜別の危険認知速度の分布（死亡事故、原付以上1当）[13]

4-3 速　度

◆ 速度違反の教育的対策

　速度違反が絶えないのは、速度違反をしてもほとんどの場合、事故に遭ったり取締りにあったりするといったマイナス面が生じないばかりか、早く目的地に着けたり、気分が高揚したりするといったプラス面が逆に生じてしまうからです。そうすると、心理学でいう効果の法則によって、一層違反傾向が強くなってしまうのです。

　この悪循環を断ち切るには、速度違反をするとマイナス面が大きいことを認識させたり、速度違反をしてもそれほどメリットはないことを認識させることです。

　マイナス面の強調には、スピード違反をすると死亡事故の確率が高くなります（図3と図7）、エコに反し燃費も悪くなります、血圧が上がって体に良くありません、といった座学教育があります。また、悲惨な事故や結末を招いた交通安全映画を見せたり、速度違反の取締りを強化したり、それを広報したりする対策があります。これに加えて、交通ルールを破ることは交通社会人として恥ずべきことといった安全意識を育む教育もあります。

　プラス面は少ないということを示す教育対策には、速度を上げてもそれほどの時間短縮にはならないというデータを示したり、スピード運転によって気分転換を図るのは社会人としてほめられたことではないことを理解させるといった教育があるでしょう。先急ぎ運転に関しては、12.5キロ区間で急ぎ運転をしても安全運転をした場合に比べて、その差は平均して3分弱しかなかったという走行実験の

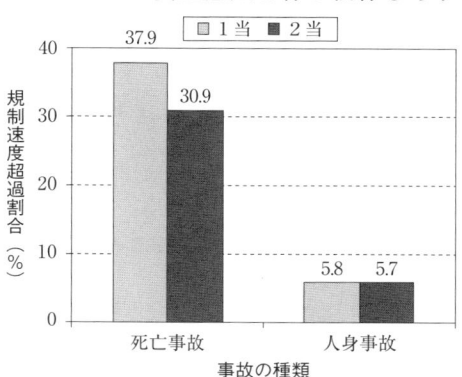

注　速度超過運転は死亡事故のもとであることが分かります。ただし、人身事故は規制速度を超過した運転が少なく、その場の状況にふさわしくない運転をすると発生します。

図7　事故運転者の規制速度超過割合（内閣府、2010）[14]

データもあります[15])。

　以上の対策は、自動車学校や警察の講習等で実施されているものですが、これを今後も継続、発展させていく必要があります。

Answer　Q1の答え　①　時速30キロ以下
　　　　　Q2の答え　①　6パーセント

文　献

1) Elvik, R. (2004). Speed, speed cameras and road safety evaluation research. A presentation given to the Royal Statistical Society, November 10, 2004.
2) 交通事故総合分析センター（2013ほか）．交通統計 平成19～24年版．
3) 総務省統計局（2013）．平成24年中の交通死亡事故の特徴及び道路交通法違反取り締まり状況について．http://www.e-stat.go.jp/SG1/estat/List.do?lid=000001106841
4) 国土交通省道路局（2012）．道路交通センサスからみた道路交通の現状、推移（データ集）．http://www.mlit.go.jp/road/ir/ir-data/data_shu.html
5) 交通事故総合分析センター（2009）．死亡事故率の高い自動車単独事故．イタルダ・インフォメーション, 80．
6) 交通事故総合分析センター（2008）．ビジュアルデータ―平成18年版交通事故統計―．大成出版社．
7) 交通事故総合分析センター（2013）．交通事故統計表データ（24-40FZ101～104）
8) Quimby, A., Maycock, G., Palmer, C. & Buttress, S. (1997). A questionnaire study of factors that influence a driver's choice of speed. *Behavioural research in road safety* VII (pp.137-147), PA3296/97. Crowthorne, UK: Transport Research Laboratory.
9) 松浦常夫（2007）．若年運転者の心理的危険要因（11）．スピード運転．交通安全教育, 42巻2月号．
10) 松浦常夫（2000）．飲酒運転事故のリスクテーキング行動と同乗者の役割に関する研究．交通事故例調査・分析報告書（平成11年度報告書）, 71-78．
11) 松浦常夫（1983）．運転者の記述に基づく交通違反理由の基礎的分析．科学警察研究所報告交通編, 24(1), 97-101．
12) Corbett, C & Simon, F. (1992). *Unlawful Driving Behaviour: A Criminological Perspective.* Contractor Report 310. Crowthorne, UK: Transport Research Laboratory.

13）警察庁交通局（2008）．平成19年中の交通死亡事故の特徴及び道路交通法違反取締り状況について．http://www.caremanagement.jp/dl/H19_koutsuu_jiko.pdf
14）内閣府政策統括官（2013）．最高速度違反による交通事故対策検討会　中間報告書（案）資料4．
http://softcar.jp/wordpress/wp-content/uploads/2013/04/saikousokudoihanniyoru.pdf
15）松永勝也（2002）．交通事故防止の人間科学（p36）．ナカニシヤ出版．

4-4　飲酒運転
飲酒は少量でも運転に影響する

　平成14（2002）年に酒気帯び運転の取締り基準が呼気中アルコール濃度0.25mg/ℓから0.15mg/ℓへと厳しくなって以来、酒類提供者や同乗者に対しても罰則を科す（2007年）など、飲酒運転に対する行政の対応はこの十数年間でずいぶん厳しいものとなってきました。

　こうした動向は、飲酒運転をしても加害者にはそれほどの罪を科せられないのは理不尽だという被害者の憤りや社会の関心の高まりを反映したものです。最近では、ハンドルキーパー（飲酒しないドライバー役）を決めておく、運転する前にはビールの代わりにノンアルコールビールを飲む、飲酒運転をして事故を起こすと懲戒免職になるなど、「乗るなら飲むな、飲んだら乗るな」、「飲酒運転は犯罪だ」といった考えが浸透しつつあります。

　ここでは、こういった官民の取組が実際に飲酒運転事故の防止に結びついているか、飲酒は運転にどう悪影響するか、飲酒運転事故にはどんな特徴がみられるかについて解説します。

Q1 成人男性が缶ビール1本（500mℓ）を飲むと、血液中のアルコール濃度はだいたいどのくらいになるでしょうか。
　① 酒気帯び運転の基準より低い値
　② 酒気帯び運転の基準と同じくらいの値
　③ 酒気帯び運転の基準より高い値

Q2 酒気帯び運転時の事故要因の中で最も多いものはどれでしょうか。
　① 前方不注意（内在的：漫然）
　② 前方不注意（外在的：脇見）
　③ 安全不確認

▶答えは183ページ

◆ 飲酒運転の厳罰化とその効果

　表1に示すように、この十数年間で飲酒運転に対する行政の対応は厳しいものになってきています。現在では、酒酔い運転をすると、5年以下の懲役又は100万円以下の罰金が科せられ、行政処分としては35点の点数がつき、免許が取り消されます。酒気帯び運転（血液中のアルコール濃度が0.3以上0.5mg/mℓ未満又は呼気中のアルコール濃度が0.15以上0.25mg/ℓ 未満の場合）でも、信号無視などの違反をして2点持っている人なら合計すると15点となって、免許の取消し処分を受けます。

　それでは、厳罰化に伴って、実際に飲酒運転事故は減ったのでしょうか。図1は、運転者が飲酒していた死亡事故と飲酒していなかった死亡事故の件数のここ10年間の推移を示しています。これにより、飲酒なしの死亡事故も減少していますが、それ以上に飲酒死亡事故が減少しています。この結果から、確かに飲酒運転防止のための厳罰化には効果があったことは明らかです。

　ただし、平成20（2008）年以降は、飲酒死亡事故の減少は緩やかで、しかも非飲酒死亡事故と比べて同じ程度の減り方です。このことは、厳罰化による効果が一巡したことを示しています。図1は、死亡事故件数の推移でしたが、人身事故の場合にも同じように推移していました。

　飲酒事故がそれほど減らなくなってきた原因としてもう一つ挙げられるのは、飲酒運転に対する取締りが減少してきたためと考えられます。普通、

表1　飲酒運転に関連する法律の改正[1]

施行年月	法律改正の内容
2001.12（平13）	危険運転致死傷罪新設に係る改正刑法
2002. 6	飲酒運転の取締り基準の改正、罰則と行政処分の強化
2004.11	飲酒検知拒否に対する厳罰化（罰金5万円以下→30万円以下）
2007. 9	飲酒運転に対する厳罰化
	飲酒運転を助長する行為に対する罰則を新設
2009. 6	飲酒運転に対する行政処分の強化
2014. 5	自動車運転死傷行為処罰法

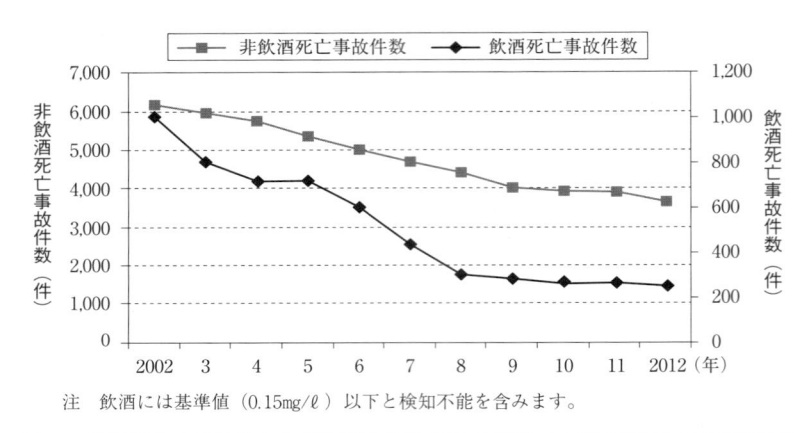

図1 飲酒死亡事故件数と非飲酒死亡事故件数の推移（1当の原付以上運転者）[2]

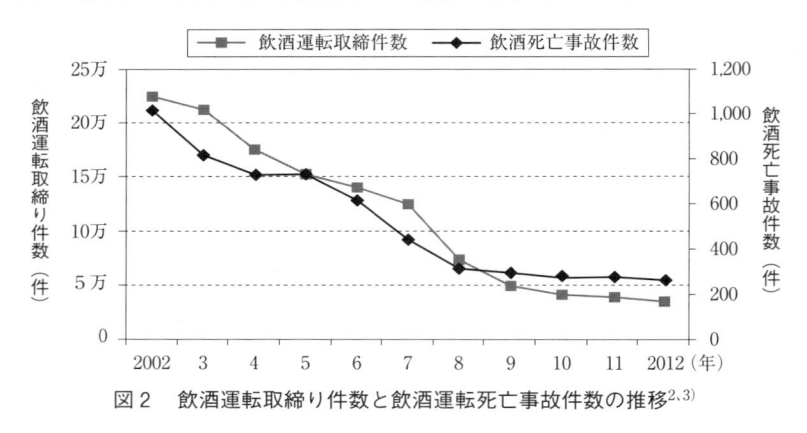

注　飲酒には基準値（0.15mg/ℓ）以下と検知不能を含みます。

図2　飲酒運転取締り件数と飲酒運転死亡事故件数の推移[2,3]

　事故が減るとそれに関連する違反取締りも減ってきますが、図2をみますと、2007年までは事故の減り方より取締りの減り方の方が少なく、それ以後は取締りの方がより減少しています。取締り活動は変わらないのに、飲酒運転者そのものが減ってきていると考えることもできますが、それでも取締り活動は必要です。

　飲酒運転の取締りは夜間に実施されることから、取締り警察官の負担が大きいことは事実です。しかし、国の世論調査によれば、飲酒運転防止の対策の中で最も国民が望んでいるのは、飲酒運転の危険性についての広報・啓発や罰則、違反点数の引き上げよりも、飲酒運転の取締り強化でした[4]。

◆ 飲酒運転をめぐる誤解

　飲酒運転をしたことのある人にその理由を聞くと、次のような言い訳をする人が多い[5,6]のですが、その多くは無知や誤解に基づいたものです。

(1) **酔っていない**

　これは、基準値に達するほど飲酒しても、酔いを自覚する人はそれほどいないことを意味します[7]。筆者のように、ビールをコップで2杯も飲めば酔った気分になる人は少数派です。しかし、自分でも周りからも酔っていないように見える場合でも、アルコールは心身に影響しているのです。アルコールはたとえ少量でも運転に悪影響を与え、飲めば飲むほどその影響力は強くなるのです。

　ビールをコップで2杯くらい飲むとそれが取締りの基準値に該当しますが、もう一つ問題なのは、アルコール濃度がピークに達するのは飲み終えてから30分か1時間後だという点です[8,9]。これより多く飲んだ場合は、ピークがもっと後ろにずれます。つまり、飲み終えた時点ではまだ基準値に達するほどではなく、酔っていないと思っても、運転しているうちに酔いがまわってくるのです。

(2) **酒に強い**

　社会では、酒に強いことは賞賛に値するようです。それに比べて、ビールをコップ1杯飲んだだけで顔が赤くなったり、頭が痛くなったり、眠気を感じたりする人（このような反応をフラッシング反応といいます）は、飲み会では肩身が狭いものです。酒に強い人が少量の飲酒ならふだんと変わらないと思いがちなのは、当人にとっては一理あるかもしれません。

　酒に強い人がいる一方で、一般的に日本人は、白人や黒人に比べて酒に弱いといわれます。アルコールが変化して生じるアセトアルデヒドという「悪酔いの原因物質」を分解する酵素の働きの弱い人が、日本人には多いためです。そのためか、世界各国の飲酒運転取締り基準と比較してみると、北欧諸国を除けば最も基準が厳しい国となっています。

それでは、酒に強い人の方が運転への影響が少ないかというと、そうでもないようです。血中のアルコール濃度が一定の場合には、酒に強い人でも弱い人でも同じように運転に悪影響を及ぼすことが実験で確かめられています[7,10]。酒に強い人は弱い人よりも酔っていないように見えても、心身機能に同じように影響しているのです。飲酒運転の実験では、アルコール濃度によって運転行動がどう変わるかを調べ、これくらいの濃度のときに運転行動のこんな側面に影響が出るといったことを調べます。また、各国の飲酒運転の基準値は、酒に強い人にも弱い人にも同じように適用されます。これは、運転に影響するのはアルコール濃度であるという事実に基づくものです。

(3) 少量しか飲んでいない

　アルコールは、たとえ少量でも運転に悪影響を与えます。何よりも、一滴でもお酒を飲んだら運転してはいけないのです。道路交通法第65条第1項には、「何人も、酒気を帯びて車両等を運転してはならない。」とあります。取締り基準の呼気中濃度0.15mg/ℓに達しなければ酒気帯び運転として検挙されないのは事実ですが、違反であることには変わりありません。

　外国の飲酒運転防止パンフレットを見ると、「平均的な男性なら1時間に2単位（1単位とは缶ビールなら1缶、ワインならグラス1杯）まで、女性なら1時間に1単位まで」といったように、運転前の飲酒のガイドラインが述べられているものがあります[11]。日本でも以前には、「まあ一杯くらいならいいでしょう」とドライバーに酒を勧めたり、自分でも「運転するので一杯だけ」と決めて飲む人が多くいました。しかし、「運転するなら一滴でも酒は飲まない（乗るなら飲むな）」というメッセージの方が、飲酒運転防止のためには適切だと思います。

◆ 飲酒の運転への影響

(1) 適量でも取締り基準

　厚生労働省が掲げる健康日本21によると、「節度ある適度な飲酒」とは、成人男性では1日のアルコール量が20g程度です[12]。この量は、ビールな

ら中瓶1本（500mℓ）、日本酒なら1合（180mℓ）です。ただし、女性や高齢者、その他酒に弱い人や飲酒経験のない人には、この量の飲酒を推奨するものではないと付け加えています。

この量のお酒を1単位といい、体重60キロの人が1単位のお酒を30分以内に飲んだ場合、アルコールは3～4時間体内にとどまるといいます。この1単位の酒が適量とされる理由は、気分がさわやかになったり、陽気になったり（爽快期）、人によってはほろ酔い気分になったりする（ほろ酔い期、1～2単位）からです[13]。

しかし、心理的にも健康にも良い1単位のお酒は、血中アルコール濃度でいうと0.02％から0.04％になって、取締り基準の0.03％とほぼ同じになってしまいます[13]。

(2) 少量でも運転に影響

気分が良く、陽気になるくらいの1単位のお酒では、まだほろ酔いには達していないので運転には差し支えないと愛飲家は考えます。これは、アルコールによって理性をつかさどる大脳皮質の活動が低下して、判断力が低下するためです。

運転は「認知、判断、操作」の連続だということを、自動車教習所で習ったと思います。事故統計ではこの3つのどの段階のエラーが事故の要因となったかを調べています。1単位のお酒を飲んだだけでも、こういったエラーをふだんより犯しやすくなるのです[10,14]。

認知（心理学の用語では知覚）の段階のエラーは、事故の最大の要因となっています。具体的にいうと、視機能や注意機能が低下して、衝突相手の車や歩行者を発見するのが遅れたというエラーです。少量のアルコールでも、ふだん以上に注意の一点集中が生じたり周辺視が効かなくなって、相手や信号などを見落としたり、発見するのが遅れたりします。

判断のエラーは、相手を発見したのに大丈夫だと思って注視を怠ったり、速度や距離などの運転感覚を誤ったり、道路や交通の環境を誤って判断することです。飲酒の影響を調べた実験では、運転のメリハリがなくなったり、逆に急加速したり急減速したりするといった速度調節の不調が指摘されていますが、これは判断の誤りを反映したものと考えられます。また、

飲酒の悪影響が実際はあったのに、大部分のドライバーはうまく運転できたと自分の運転を実験後に自己評価するようです。このように、自分が危険な運転をしていることを認識できなくなるというのも飲酒の悪い影響です。

操作のエラーは、不適切なハンドルやブレーキ操作のことを意味します。飲酒をすると運転操作が雑になり、カーブを滑らかに曲がれなくなったり、ブレーキを踏むのが遅れたり、道路をまっすぐ走れなくなったり、前車の後ろをスムーズに追従できなくなります。

◆ 飲酒運転事故の特徴

(1) 飲酒運転事故の危険性

飲酒運転事故の危険性は、少量から多量まで飲酒した時の事故率が、しらふの時の事故率に比べて各々何倍多いかによって計算されます。例えば、アメリカのデータによると、図3のようになります[15]。

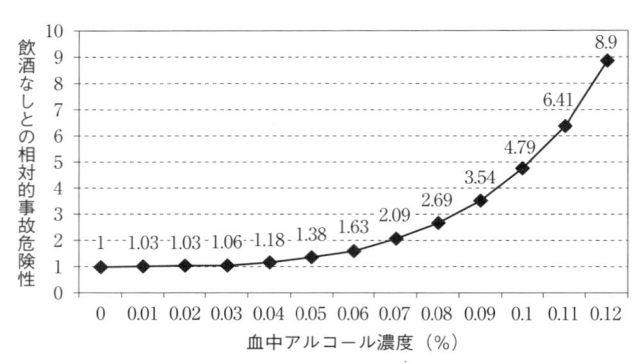

注　日本の取締り基準値は0.03%。事故には、物損も含まれます。
　　事故危険性は、他の要因を考慮した後の値です。

図3　飲酒の程度（血中アルコール濃度）別にみた事故の相対的危険性[15]

この図から、血中アルコール濃度が低くても事故の危険性が増加すること、濃度が高くなればなるほど急に（指数関数的に）危険性が高まることが分かります。日本とアメリカでは住民の人種も交通環境も異なるので、これと同じグラフが得られるとは限りませんが、仮に同じグラフが得られ

るとしたら、日本の取締り基準（血中アルコール濃度に換算すると0.03％）の飲酒では、事故の危険性がしらふの場合の1.06倍となります。

日本のデータは運転者の年齢・性別やひき逃げ事故などの要因を考慮してはいませんが、取締り基準かそれよりやや高いアルコール濃度では、相対的危険性は人身事故の場合に1.44倍、死亡事故では1.66倍になるといいます[10]。

(2) 飲酒の影響による事故

飲酒運転事故には、アルコールの影響で発生したという側面の他に、飲酒したにもかかわらず運転したという側面があります。例えば、どのような事故が発生したかは、アルコールの影響を強く受けるでしょう。他方で、どのような人が飲酒運転事故を起こしやすいかは、飲酒後なのに運転するような人はどのような人かという側面により多く関係するでしょう。ただし、ある飲酒運転事故の特徴が2つの側面のどちらの影響によるものかは、正確に区別できるものではありません。

まず、飲酒の影響による事故の特徴をみてみましょう。事故原因の代表である運転者要因を、飲酒事故と人身事故全体で比較すると、飲酒事故では発見の遅れに含まれる前方不注意の漫然運転、前方不注意の脇見および操作上の誤りの割合が、人身事故全体よりも多いという結果でした（図4）[6]。アルコールの影響にはいろいろありますが、その中で眠気が漫然運転を起こし、注意の一点集中や不適切な配分が脇見を呼び、粗雑な運転操作が操作上の誤りを引き起こしたと考えられます。

事故類型を比較すると、飲酒事故では正面衝突、車両単独および追突事故の割合が飲酒なしの事故よりも多いのが特徴です（図5）。この結果は、昼の事故でも夜の事故でも同じでした[6]。アルコールの影響で、カーブや対向車といった危険物への発見が遅れたり、速度の調整ができなくなってスピードを出しすぎたり、車線をはみ出して運転したりすると、正面衝突や車両単独事故を起こしやすくなると考えられます。また、前の車に追従して走っているときに、アルコールの影響から脇見をしたり、眠気を催したり、スピードを出しすぎたりすると、追突事故が起きやすくなるのです。

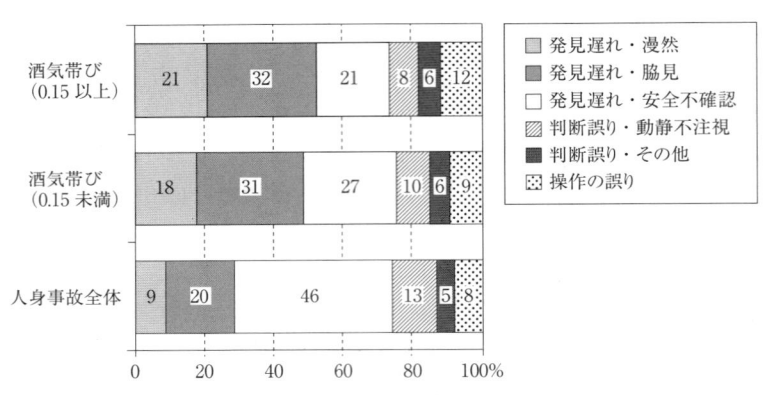

図4 飲酒運転事故時の運転者要因（2004年中）[6]

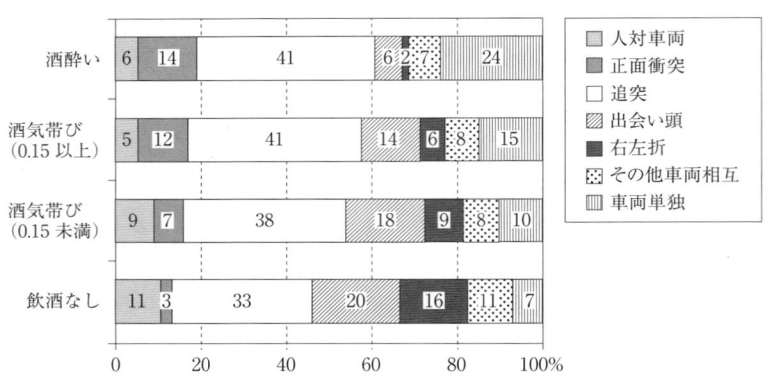

注 ひき逃げ等で要因が不明なものは除きました。「0.15」は、呼気中アルコール濃度0.15 mg/ℓを意味します。

図5 飲酒運転事故時の事故類型（2004年中、夜間、１当、原付以上）[6]

注 件数は、酒酔い549件、酒気帯び0.15以上7,427件、酒気帯び0.15未満2,088件、飲酒なし241,545件です。「0.15」は、呼気中アルコール濃度0.15mg/ℓを意味します。

(3) 飲酒後なのに運転したことによる事故

　事故の中でも飲酒事故を起こしやすい人は、男性、中年、事故や違反歴が多い人、飲酒運転常習者です[6,16]。こうした人たちは、ふだんの飲酒量が多い人たちでもあります。また、こうした人たちは、女性、事故や違反

歴が少ない人，飲酒運転をしたことのない人に比べると，飲酒後なのに車の運転をするというリスクをとりやすい人たちといえます。

　飲酒運転事故に特徴的な事故時の状況は，乗用車運転中，私用中，夜間，土日です。これも，飲酒の影響がこうした状況下で生じやすいというよりも，こうした状況下で酒を飲みやすかったり，飲酒後に運転しやすかったりするということです。

Answer Q1の答え	②	酒気帯び運転の基準と同じくらいの値
Q2の答え	②	前方不注意（外在的：脇見）

文　献

1) 坂倉英一（2011）．飲酒運転の現状と根絶に向けた取組みについて．人と車, *47(10)*, 4-10.
2) 警察庁交通局（2013）．平成24年中の交通死亡事故の特徴及び道路交通法違反取り締まり状況について．
http://www.e-stat.go.jp/SG 1 /estat/List.do?lid=000001106841
3) 交通事故総合分析センター（2011-2013）．交通統計　平成22年〜24年版．
4) 内閣府（2003）．交通安全に関する世論調査（平成15年5月調査）．
http://www8.cao.go.jp/survey/h15/h15-koutu/index.html
5) 松浦常夫（1983）．運転者の記述に基づく交通違反理由の分析．科学警察研究所報告交通編, *24(1)*, 97-101.
6) 交通事故総合分析センター（2006）．アルコールが運転に与える影響の調査研究．
http://www.npa.go.jp/koutsuu/kikaku/insyuunten/koutsuuziko-kenkyu.pdf
7) 藤田悟郎・佐藤かおり・西田泰（2005）．アルコール代謝の個人差と低濃度アルコールの影響．日本交通心理学会第70回大会発表論文集, 23-24.
8) アルコール健康医学協会（2012）．お酒と健康　飲酒運転防止．
http://www.arukenkyo.or.jp/health/prevention/index.html
9) 交通事故総合分析センター（2008）．ちょっとのお酒なら大丈夫なの？　イタルダ・インフォメーション No.72.
10) 樋口進（2011）．アルコールの運転におよぼす影響．日本アルコール・薬物医学会雑誌, *46(1)*. 127-139. http://www.j-arukanren.com/file/12.pdf
11) Australian Transport Safety Bureau (2012). *Do you know when to stop? A driver's guide to staying under the 0.05 BAC.*
http://www.police.wa.gov.au/Traffic/Drinkdriving/tabid/987/Default.aspx

12) 厚生労働省（2012）. 健康日本21（アルコール）.
   http://www1.mhlw.go.jp/topics/kenko21_11/b5f.html
13) アルコール健康医学協会（2012）. お酒と健康　飲酒の基礎知識.
   http://www.arukenkyo.or.jp/health/base/index.html
14) Moskowitz, H. & Fiorentino, D. (2000). *A Review of the literature on the effects of low doses of alcohol on driving-related skills*. NHTSA Report DOT HS 809 028. Washington DC: U.S. Department of Transportation.
   http://www.nhtsa.gov/people/injury/research/pub/hs809028/DocPage.htm
15) Blomberg, R.D., Peck, R.C., Moskowitz, H., Burns, M.,& Fiorentino,D. (2005). *Crash risk of alcohol involved driving: a case-control study*. Stamford, Connecticut, USA: Dunlap and Associates, Inc.
   http://www.dunlapandassociatesinc.com/crashriskofalcoholinvolveddriving.pdf
16) 交通事故総合分析センター（2000）. 飲酒と交通事故. イタルダ・インフォメーション No.28.

4-5　運転中の発作・急病
どのような発作・急病が発生するか

　中高年にとっての主要な関心事は健康です。別に運転中でなくても急病は御免こうむりたいものですが、運転中に発症すると病気自体の問題の他に、交通事故という問題が発生します。運転中に発症しやすく、それが交通事故になってしまうような病気にはどのようなものがあるのでしょうか。運転中に意識がなくなったり、運動麻痺を起こしたり、視力障害を起こしたりすると、事故になりやすいはずです。

　ここでは、そういった運転中の発作や急病について、その種類と事故への影響を考えてみましょう。

Q1　てんかん、心臓マヒ、脳血管障害の中で、それに起因する事故の件数が最も多いものはどれでしょうか。
①　てんかん
②　心臓マヒ
③　脳血管障害

Q2　四輪車運転中の発作・急病の事故で、追突と並んで最も多い事故類型はどれでしょうか。
①　正面衝突
②　出会い頭
③　車両単独

▶答えは192ページ

◆　**運転中の発作・急病による事故**

　車を運転するためには、ある程度健康であることが必要です。歩けないような重病人は運転しようとしませんから、交通事故の問題は生じません。

問題となるのは、ふだんは症状が出ないから、軽いから、といって運転をしている人で、時として運転に支障が生じるほどの症状が出る人です。そういった病気にはどのようなものがあり、どのくらいの事故が発生しているのでしょうか。

事故統計では、運転者や歩行者の発作・急病が原因となった事故があったかどうかを、特殊事故の「発作・急病」という調査項目で調べています。発作・急病といっても多いのは「てんかん」、「心臓マヒ」、「脳血管障害」であることから、この3つと「その他」を項目に挙げて調べています。

発作・急病による死亡事故は非常に少なく、平均して年間に13件しかありませんでした。負傷事故を加えた人身事故全体でも、年間で300件に満たない件数でした。事故の内訳をみると、てんかん、脳血管障害、心臓マヒの順に多いことが分かりました（図1）。

「その他」の発作・急病は、具体的には不明ですが、アメリカの事故原因調査によれば、糖尿病による失神（低血糖発作など）とその他の不整脈や自律神経の乱れなどによる失神が、脳血管障害や心臓マヒより多いようです。

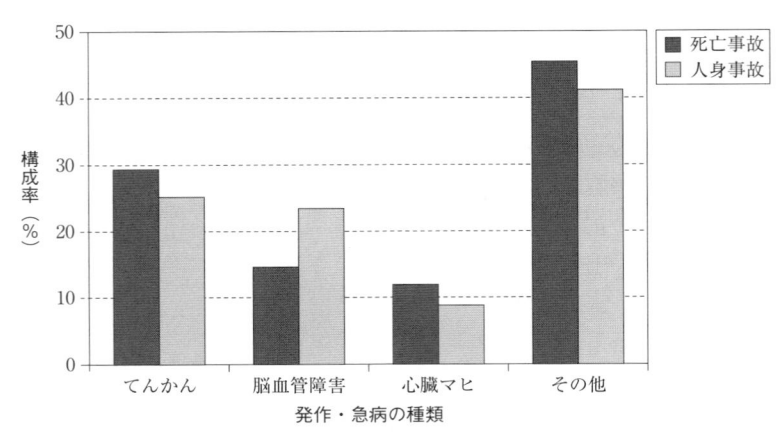

注　死亡事故件数は2004年～2011年の8年間で106件（第1当事者、死亡事故全体の0.2%）、人身事故件数は2008年～2011年の4年間で1,103件（人身事故全体の0.03%）であった。

図1　発作・急病事故の内訳[1]

◆ 発作・急病事故の事故類型

運転中の発作・急病が原因で発生する事故のタイプを調べると、図2に示すように、車両単独事故と正面衝突事故が一般の人身事故に比べて非常に多いことが分かります。発作や急病で車のコントロールが効かなくなると、路側の工作物に衝突したり、路外に逸脱しやすくなり、また、対向車線を越えた場合には対向車線から来た車と正面衝突しやすくなるのです。この点は、過労運転や居眠り運転による事故とよく似ています。

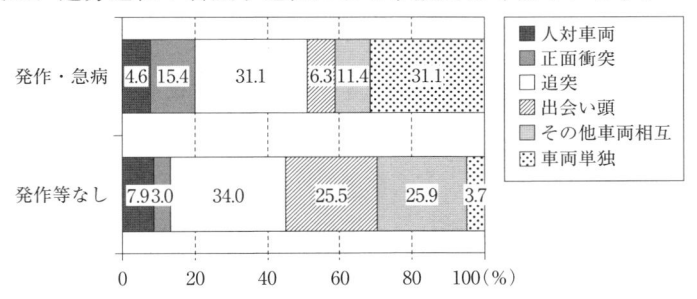

	人対車両	正面衝突	追突	出会い頭	その他車両相互	車両単独
発作・急病	4.6	15.4	31.1	6.3	11.4	31.1
発作等なし	7.9	3.0	34.0	25.5	25.9	3.7

注　対象は2001年〜2006年の6年間の四輪運転者の人身事故（1当）。発作・急病事故件数は1,600件、非発作・急病事故件数は4,946,764件。

図2　発作・急病事故と一般の事故の事故類型[2]

◆ 病気別にみた運転中の発作・急病

(1) てんかん

道路交通法（第90条第1項第1号）では、「発作により意識障害又は運動障害をもたらす病気であって政令で定めるもの」には免許が与えられません。その政令（道路交通法施行令第33条の2の3）で定めるものの1つがてんかんです。ただし、「発作が再発するおそれがないもの、発作が再発しても意識障害及び運動障害がもたらされないもの並びに発作が睡眠中に限り再発するもの」は例外とされ、免許取得が可能となっています。そのためか、小学生6人が死亡した栃木県鹿沼市のクレーン車事故（2011年）

など、運転者が持病のてんかんを免許更新時に申告しないで起こすような事故が、時々発生しています。

そのため、平成25 (2013) 年公布の道路交通法の改正で、公安委員会は、免許の取得・免許証の更新をしようとする人に対して、病気の症状に関する質問ができるようになり、虚偽の記載・報告をした場合には1年以下の懲役又は30万円以下の罰金が科せられることになりました。また、医師との連携策として、医師は、一定の病気等に該当する人を診察し、その人が運転免許を持っていると知ったときは、その診察結果を、任意ではありますが公安委員会に届け出るという制度ができました。

さて、てんかん発作とはどういうものでしょうか。日本てんかん学会のホームページ[3]によると、「てんかん発作には様々な形があります。最もよくみられるものは全般性けいれん発作（正式には全般性強直・間代発作と呼びます）で昔、大発作と呼ばれていたもので、その他にも欠神発作のように10〜30秒程度ぼーっとした状態（欠神状態）のみで終始するものもあります。また部分発作と呼ばれる脳の一部分のみが異常興奮する場合には、体の一部分のみに運動、感覚異常が見られます。」とあります。こういった発作が運転中に生じると、確かに車のコントロールが失われ事故となるでしょう。

注意すべき点は、てんかん発作自体が死因となることはまれだということです。つまり、車を運転していて、てんかん発作で死亡するのではなく、コントロールを失った結果として事故（衝突）が発生して、死亡するのです。

また、心臓マヒや脳血管障害と比べると、既往歴があって運転中に発作を起こした人の割合が多いこともてんかん事故の特徴です。運転中の意識障害発作例を検討した結果によると、事故時の発作が初発性（初めての発作）であったものが15例に対して、過去にもてんかんの発作を起こしたことがあった人は32例ありました[4]。こうした人は適切な服薬管理と体調管理を怠ったのでしょう。

【てんかんによる事故例】
　40歳の男性Aさんは、昼過ぎに片側3車線の道路をふだんと同じよ

うに運転していたところ、急に目の前が暗くなって意識を失い、前方に信号待ちで停車していた車に追突した。Aさんによると、今までにてんかんの発作が起きることは何度か経験しているが、運転中は初めてであった。また、Aさんは治療のために定期的に通院していた。

(2) 心臓マヒ

　心筋梗塞等の心臓病（心疾患）による発作を起こしたことによって事故が発生した場合には、この項目がチェックされます。心臓の不具合が原因で突然死亡したりすることを、しばしば心臓マヒといいますが、心臓マヒという医学用語はないそうです。心筋梗塞の他には、狭心症や不整脈といった疾患が心臓マヒの原因になります。心筋梗塞や狭心症は、心臓の筋肉に血液を供給している血管（冠動脈）が動脈硬化によって狭くなって、心筋に十分な血液が送られなくなるために起こります[5]。特に、血液が届かず細胞が壊死してしまう心筋梗塞の発作の場合には、激しい胸痛が起こり、すぐに救急車を呼ぶ必要があるといいます。

　平成24（2012）年の人口動態統計の死因簡単分類によると、心疾患（高血圧性を除く）による死者は20万人で、36万人のガンに次いで2位でした[6]。しかも、病気の症状が生じてから、その後、短い間に死亡する突然死に限ると、その3分の2は心疾患ということです[7]。

　突然死の直前に何をしていたかというと、就寝中、入浴中、作業労働中、歩行中が多いということですから、死を招くような心疾患は時間や場所を選ばずに発症するといえます[7]。したがって、運転中に発症することも十分あるのです。

　厚生労働省の調査によると、心筋梗塞や狭心症（虚血性心疾患）の継続的な治療を受けていると推測される患者数（総患者数）は161万人で、てんかんの22万人よりもずっと多いということです[8]。不思議な点は、これほどポピュラーな病気であるのに、事故統計では一番ではなく3番目に多い発作・急病である点です（図1）。てんかんの発症者より心臓病の発症者の方が高齢者の割合が高く、自動車を運転する機会がより少ないためかもしれません。

【心臓マヒによる事故例】
　43歳の男性Bさんは、冬の夕方5時頃、トラックを運転していて交差点にさしかかった時、突然、心肺停止して運転不能となり、対向車線から来た乗用車と正面衝突した。

(3) 脳血管障害

　脳血管障害は年間の死者が12万人で、死因としてはガン、心臓病、肺炎に次いで多い病気です[6]。内訳としては、脳梗塞、脳内出血、くも膜下出血などがあります。

　脳梗塞の発作が起きると、手足のしびれや麻痺、ろれつが回らないといった症状が現れ、時間とともにひどくなっていきます。また、脳出血が起きると、急に頭痛や吐き気・嘔吐、左右片側の手足の麻痺などが現れます。麻痺は次第に進行し、それとともに意識が低下して昏睡に至ることもあります[5]。こうした急病が運転中に起きれば、車のコントロールを失って事故を起こす確率が高くなるでしょう。

　高血圧は、脳梗塞と脳出血に共通の最大の危険因子であるといいます。特に、脳出血の場合は、血圧が短時間で急に高くなったときに発作が起きやすくなります[5]。入浴やトイレでのいきみ、飲酒、喫煙などが発作の引き金となるそうですが、運転中の血圧上昇もその引き金になる可能性があります。運転中は怒りやイライラといった感情が生じやすいので、そのストレスが血圧の上昇を招いて、脳内に血液があふれてしまうのです。

　脳血管障害については、前の2つの発作・急病とは異なって、運転中の発作の他に、衝突による外傷やショックで脳内出血や脳梗塞になる場合が比較的多いといわれます。これは、高次脳機能障害という後遺障害につながりかねないものです。患者数は123万人といわれ、てんかんより数倍多いのに[8]、脳血管障害による事故件数がてんかんより少ないのは、病気による脳血管障害を外傷によるものと誤りやすいためかもしれません。

【脳血管障害による事故例】
　56歳男性のCさんは、高血圧による脳内出血が発生した状態で、マンション建設現場から運転を開始したが、そこを出て右折して間もな

4-5　運転中の発作・急病　　　　　　　　　　　　　　　　　　　　　　191

く、右側のブロック塀に衝突した。その後、意識がもうろうとした状態で300メートル程度走行した地点で停止し、車内に倒れていたところを通行人に発見された。衝突によるけがはなかった。

◆ 発作・急病事故はもっと多く発生している

　先に発作・急病による事故は少なく、年間で300件に満たない件数といいましたが、実際に発作・急病によって起きた事故はもっと多いようです。内外の医学的研究によると、事故全体の0.4パーセントから3.4パーセントが病気や発作によって引き起こされたものでした[9]。警察の交通事故統計による年間300件の発作・急病事故は、事故全体を70万件とすると0.04パーセントに相当しますから、実際にはその10倍から100倍も発作・急病による事故があるようです。

　なぜ、交通事故統計では、発作・急病による事故が過少に報告されるのでしょうか。その理由を一言でいえば、発作・急病による事故であると判断するのが難しく、実際はそうであってもそれが見逃されやすいということです。

　この理由を負傷事故と死亡事故に分けてもう少し考えてみましょう。負傷事故の場合には、ケガがひどくて警察官に事情を話せなかったり、話せる場合でも発作や急病の事実を話したがらないことが考えられます。交通事故患者を診察する医師にもそういった話をしない可能性があり、医師にそれを見抜く診察能力や時間がない場合もあるでしょう[9]。

　死亡事故の場合には、事故状況や外表検査（外見の観察や触診による検査、検案ともいう）や限られた臨床検査だけから死因を決めるのは難しいようです[9,10]。死因を確かめるには、法医解剖や解剖の補助手段としての死後画像診断（オートプシーイメージング）が必要です[10]（図3、4）。

　法医解剖では、損傷や疾病の存在、損傷と死因との因果関係などが医学的面から検討されますが、交通事故死のうち法医解剖されるのはわずか5～6パーセントといわれています[10]。法医解剖の実施が少ないのは、法医の数が少ないためであり、現状ではそれを補う死後画像診断の導入が注目されています。ＣＴ（コンピューター断層撮影法、図3）やＭＲＩ（磁

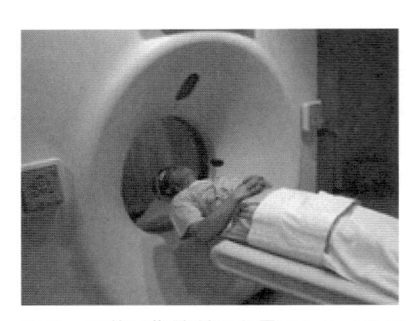

図3 死後画像診断にも用いられるCT装置[11]

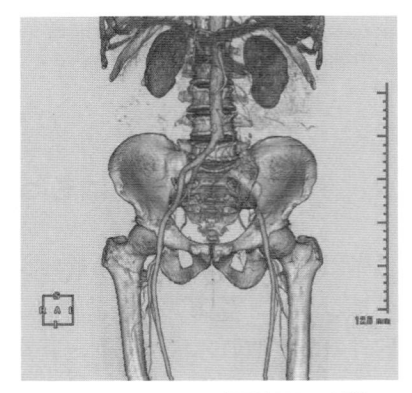

図4 CTによる撮影結果の例[11]

気共鳴画像法）を用いる死後画像診断では、衝突による骨格系の損傷状態などが平面画像や3D画像として表現でき、脳出血や大動脈瘤破裂等の出血性病変や骨折等が明らかにされます[10]（図4）。

今後も高齢化は進み、ここに挙げた病気以外に、睡眠障害、認知症、精神障害、アルコール依存症などといった病気に起因する事故も増えるでしょう。こういった人々に対して、安全運転を啓発したり、運転を制限したりする場合には、交通警察と専門の医師との一層の連携が不可欠でしょう。

> Answer
> Q1の答え　①　てんかん
> Q2の答え　③　車両単独

文　献

1）交通事故総合分析センター（2005〜2012）．交通事故統計年報　平成16〜23年版．
2）交通事故総合分析センター（2011）．四輪運転者の発作と急病による交通事故の発生状況の研究．
3）日本てんかん学会（2014）．てんかんの資料とQ＆A．

http://square.umin.ac.jp/jes/9aa.html
4）篠原一彰・松本昭憲（2007）．車両運転中の意識障害発作例の検討．日本交通科学協議会誌, *7(1)*, 8-11.
5）日本生活習慣病予防協会（2013）．http://www.seikatsusyukanbyo.com/
6）厚生労働省（2013）．平成24年（2012）人口動態統計（確定数）の概況．
http://www.mhlw.go.jp/toukei/saikin/hw/jinkou/kakutei12/
7）徳留省吾ほか（1998）．突然死の実態とその病態生理．突然死と death on arrival（DOA）．日本内科学会雑誌, *87(1)*, 83-90.
8）厚生労働省（2013）．平成23年患者調査（傷病分類編）．
http://www.mhlw.go.jp/toukei/saikin/hw/kanja/10syoubyo/
9）田熊清継ほか（2006）．内因性疾患による交通外傷の検討．日本救急医学会雑誌, *17*, 177-182.
10）藤田眞幸（2009）．交通事故における法医解剖．日本交通科学協議会誌, *9(1)*, 3-9.
11）兵庫県放射線技師会（2013）．検査の上手な受け方・ＣＴ検査．
http://www.hyogo-rt.org/kensa/ct.html

第5章

どんな事故が起きるか

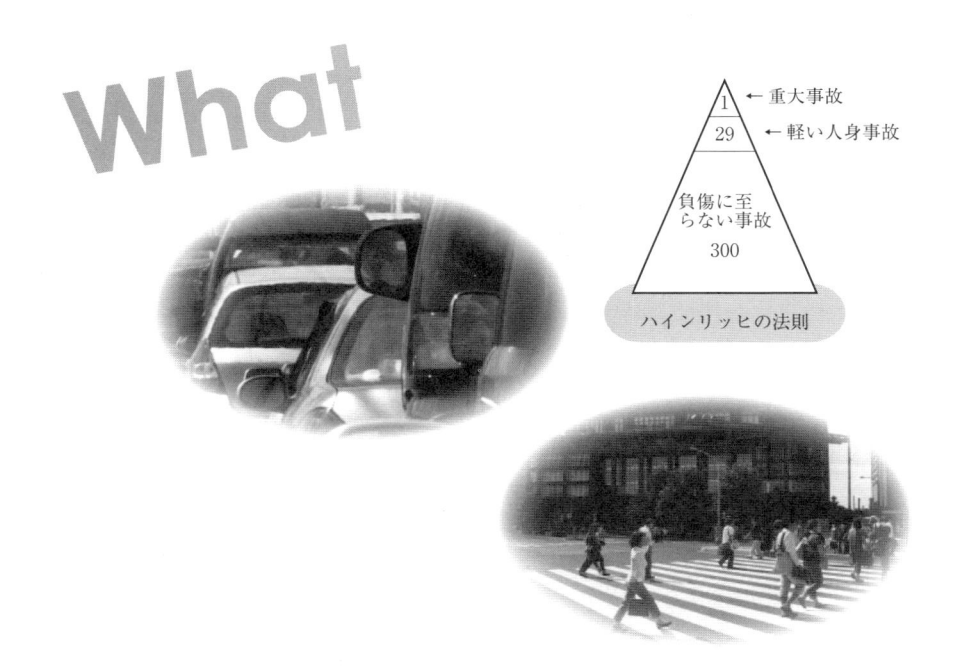

←重大事故 1
←軽い人身事故 29
負傷に至らない事故 300

ハインリッヒの法則

5-1 追突事故
追突はどのようにして起きるか

　車や歩行者の動きから交通事故を分類したものが事故類型です。日本では、車が歩行者と衝突する事故（歩行者事故）、車が他の車の前面に衝突する事故（正面衝突事故）、側面に衝突する事故（出会い頭事故）、後部に衝突する事故（追突事故）、右左折した時の事故（右折事故、左折事故）、その他の車両相互事故、1台の車だけが関与する事故（車両単独事故）のように分けています。この中で最も多いタイプの事故が追突事故です。

　ここでは、追突事故はどこで起きるのか、2台の車がどういう動きをしている時に起きるのか、事故の原因は何かなどについて解説します。

Q1 追突事故はどこで最も多く発生しているでしょうか。
① 交差点
② 交差点付近
③ 単路

Q2 時速40キロで追従している時に必要とされる車間距離は何メートルでしょうか。
① 15メートル
② 25メートル
③ 35メートル

▶答えは202ページ

◆ 追突事故の割合

　追突事故は人身事故で最も多い事故の類型（タイプ）で、事故全体の3分の1を占めています（図1）。ところが死亡事故に限れば、6パーセント（256件）にすぎません。興味深いことに、欧米でも死亡事故や人身事

5-1　追突事故

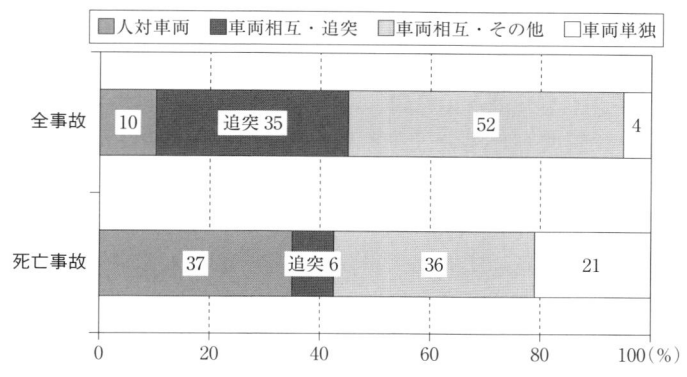

区分	人対車両	車両相互・追突	車両相互・その他	車両単独
全事故	10	追突 35	52	4
死亡事故	37	追突 6	36	21

図1　事故に占める追突事故の割合（交通統計24年版）[1]

故に占める追突事故の割合は、日本とそれほど変わりがありません。

◆　**乗員の傷害**

　人身事故に比べて死亡事故が少ないのは、事故で負傷しても死亡する運転者や同乗者が他の事故より少ない（致死率が低い）ことを意味します。

　この理由としては、追突事故では正面や側面からではなく、後ろから衝突されることによります。つまり、追突のエネルギーは先行車の後部と追突車の前部との衝突によって変形することでその多くが消費され、さらに追突された車が前方に押し出され移動した時や、防護柵等に前面から衝突した際にも費やされるために、人体に及ぶ衝撃は少なくなるのです。このため、追突されたドライバーはほとんどの場合、軽傷で済むのです。

　「追突事故」といえば「むち打ち症」が有名なように、傷害のほとんどは頸部への傷害です[2]。これを防止するために、最近では各社の車にアクティブヘッドレストが装備されるようになってきました（図2）。これは、後方から追突された際、乗員の腰がシートバックを押すことで内蔵されたシステムが作

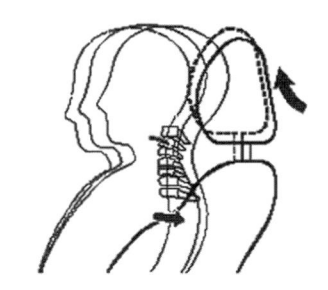

図2　アクティブヘッドレストの作動イメージ[3]

動し、ヘッドレストが斜め上方に移動して頭部をヘッドレストで素早く受け止め、頸部への衝撃を緩和し、むち打ち傷害軽減に寄与するものです[3]。

追突側のドライバーはといえば、ほとんどの場合、無傷です。ただし、大型トラックに追突した場合は、傷害の程度が重くなります[2,4]。これは、大型トラックの車高（バンパー位置）が高く、重量が重いことによります。

追突事故が軽傷で済むもう一つの理由は、追突時の2台の速度差が他の事故に比べて低いことです。追突事故の危険を認知した時の速度（危険認知速度）を全国データでみると、メディアン（50%タイル値、つまり全データの真ん中の速度）は時速20〜30キロでした[4]。この速度は、全事故についてみた危険認知速度のメディアンである時速10〜20キロに比べてかえって高いのですが[1]、追突事故では同じ方向に進んでいる車に衝突するので、衝突したときの速度差は他の事故より低くなるのです。

◆ 追突事故が起きる場所

追突事故の多くは、単路と交差点付近で起きています（図3）。交差点での追突事故の3分の2が信号機のある場所で起きていることから[5]、信号で前の車が停止したり減速したりすることが、交差点やその付近での追突を引き起こす元になっていることが分かります。

単路での追突事故は、ほとんどが信号機のない場所で発生しています。中央分離帯の開放部分や沿道施設の出入り口などで、右左折するために減速・停止した車に衝突したり、渋滞末尾の車に衝突したり、工事や事故で車線が変更された時に発生しています[4]。信号機のない単路では、先行車の右左折や減速などを考えずに追従しがちですが、時々の道路交通の環境によって前の車が急に減速したりすることがあるのです。

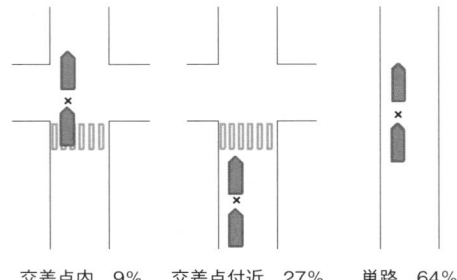

交差点内　9%　　交差点付近　27%　　単路　64%

図3　追突事故の発生場所（交通統計24年版）[1]

◆ 追突車と被追突車の運転挙動

表1は、追突車のドライバーが危険を感じた時と衝突した時に、追突車と被追突車はそれぞれどのような運転挙動をとっていたかを、追突事故357件を対象に調べた結果です[6]。まず、危険認知をした時の車の動きについてみると、追突した側の車の80パーセントは、加減速なく普通に運転していたことが分かります。その時に追突された側の車(被追突車)は、半数近くが停車していて、半数が減速をしていました。次に、衝突した時の車の動きについてみると、追突した側の車の3分の2は減速をして衝突しましたが、3分の1は減速する余裕もなく衝突していました。追突された側の車は、ほとんどが停車中(80％)でした。

こういった傾向は、発生場所が交差点でも交差点付近でも単路でも同様にみられました。まとめると、追突事故では、停車しているあるいは減速している先行車に気がついて減速をするものの、停止できずに追突してしまうケースが多いのです。また、事故の3分の1のケースでは、減速する余裕もなく追突してしまうのです。特に、例は少ないのですが、追突の危険を感じた時に発進あるいは加速中であった場合は、その状態のまま追突してしまいます。

表1 追突事故時の追突車と被追突車の運転挙動

(％)

運転挙動	危険認知時 追突側	危険認知時 被追突側	衝突時 追突側	衝突時 被追突側
停車	0	41	0	80
減速	8	52	62	13
等速	80	4	25	4
発進・加速	8	2	7	2
その他・不明	4	1	6	1
計	100	100	100	100

(N =357件、文献6を改変)

◆ 追突事故の原因

　追突事故の事例を調べると、危険を認知した時には既に減速などの回避動作が間に合わなくて、前の車に追突してしまうケースがあることが分かりましたが、なぜ危険認知が遅れたのでしょうか。152件の追突事故を分析した別の調査結果によると、「他の物に注意、脇見」（89件）、「眠気、飲酒、急病」（39件）、「ボンヤリ、考えごと」（24件）などによって前の車への注意が一瞬の間とぎれて、追突が避けられなかったといいます[4]。

　追突事故の原因は全国統計でも調べられています。表2に示すように、脇見が40パーセントを占め、一番多い原因でした[7]。脇見による前方不注意というのは、脇見をしている間に危険な出来事が生じて、目を前車に戻した時には既に危険回避ができなかったということです。

　次いで多かったのは、回避操作が必要であったにもかかわらず、危険ではないと誤って判断して前車への注意を怠った事故（動静不注視）で、24パーセントありました。ドライバーは車間距離を一定に保つのは比較的得意ですが、前の車の速度を推定したり、自分の車と前車との速度差を推定したりするのは苦手といわれます[8]。そのため、減速した前車を見たのに、それを減速と認知しなかったり、危険と思わなかったりすることがあるのです。こういったケースで、危険を感じた時にはもう追突回避ができなくなったというのが、動静不注視です。

　ところで、「まさか前の車が急停止すると思わなかったので車間をつめて運転していましたが、前の車が急に減速したので、ブレーキを踏むとすぐに当たってしまいました」と弁解するドライバーが多いのですが、こういった例は、平成12（2000）年以前の事故統計では「判断の誤り」や「運転者自身の運転能力・適格の欠如等」の中の項目に分類されていました。現在ではそういった分類項目がないので、漫然か動静不注視に振り分けられているようです。

表2　追突事故の人的要因（第1当事者の運転者、$N=229,692$件）[7]

発見の遅れ（63%）			
前方不注意			
内在的（漫然）	考えごと、ボンヤリなど		17%
外在的（脇見）	物を落とした、物を取ろうとした		6%
	風景、地形等に脇見		9%
	他の車、歩行者に脇見		6%
	その他		18%
安全不確認			7%
判断の誤り（26%）			
動静不注視	特に具体的な危険性がないとして注視を怠った		24%
その他			2%
操作上の誤り（12%）			
操作不適	ブレーキとアクセルの踏み違い		2%
	ブレーキの踏みが弱い、踏み遅れ		7%
	その他		3%

◆ 前方不注意と短い車間距離

　私たちは、長い間注意し続けることはできません。運転中も前方の車やバックミラーなどを、いつも見て注意しているわけではありません[9]。危険がない交通状況下で脇見などをしてリラックスすることは、かえってその後の安全運転につながるのです。前の車に同じ速度で同じ車間距離で追従して運転している時に、前の車は急に止まることはないだろうと予想して脇見をすることはよくあります。もちろん、何度も脇見をしたり、長い間前方から目を離したりするのはさすがに危険です。普通は脇見をしても事故にならないのですが、長い脇見の間に前車が停止したり、減速したりすると想定外の事故を招くのです。

　前方不注意と前車の急減速に加えて、短い車間距離が加わると、追突事故になる可能性は更に上がります。それでも、短い車間距離で走行しているドライバーは多いようです[10,11]。

車間距離が短いかどうかは走行速度によって異なります。例えば、時速36キロで追従している時には20メートルの車間距離が必要ですが、速度が2倍の時速72キロになると車間距離もその2倍の40メートルが必要になります。車間距離の代わりにこれを車間時間で表現すると、前記の例では共に2秒という値になります。車間時間というのは、前車がある地点を通過してから後車がその地点を通過するまでの時間のことです。例えば、時速36キロ（＝秒速10m）で車間距離を20メートル取って追従していると、2秒間に車は20メートル進みますから、2秒後に前車が通過した地点にやって来ます。この時の車間時間が2秒です。なぜ少なくとも2秒の車間時間が必要かというと、それは運転者が危険を感じてからブレーキを踏み、ブレーキが効き始めるまでの時間（反応時間）が普通1秒から2秒を要するからです。反応時間を2秒とすると、2秒以上の車間で追従していれば前車がある地点で急減速しても、その地点より前に前車と同じように急減速できて、前車が停止した時に追突せずにすむからです。

　それでも安全な車間距離を保って運転することができない場合があります。これを補助するものとして、車側の予防安全（事故の危険を予知し、その危険を回避して事故の発生を未然に防ぐ）技術があります。例えば、定速走行・車間距離制御装置（ACC）は、レーダーなどで前方を監視しながら速度を一定に保ち、先行車がいる場合には一定の車間距離を保つシステムですし、被害軽減ブレーキ（プリクラッシュブレーキ、追従軽減ブレーキなど）は、追突のおそれがあるとコンピューターが判断した場合には警報を発し、さらに危険度に応じてブレーキとシートベルトを制御するシステムです。

> Answer
> Q1の答え　　③　単路
> Q2の答え　　②　25メートル

文　献

1）交通事故総合分析センター（2013）．交通統計 平成24年版．
2）渡辺洋一（2006）．車両属性・人的属性が追突事故頸部傷害へ及ぼす影響．第9回

交通事故調査・分析研究発表会, 26-35.
3) トヨタ自動車（2007）. トヨタ自動車ニュースリリース　アクティブヘッドレスト.
http://www.toyota.co.jp/jp/news/07/Jul/nt07_034.html
4) 交通事故総合分析センター（2003）. 追突事故はどうして起きるのか. イタルダ・インフォメーション, 43.
http://www.itarda.or.jp/itardainformation/info43.pdf
5) 交通事故総合分析センター（2013）. 交通事故統計年報 平成24年版.
6) 交通事故総合分析センター（2010）. 追突事故における追突車両／被追突車両の関係の分析. 交通事故例調査・分析報告書（平成21年度報告書）.
7) 交通事故総合分析センター（2013）. 交通事故統計表データ（24-31DZ101）.
8) Dewar, R., Olson, P. & Alexander, G. (2007). Perception and information processing. In R. Dewar and P. Olson (Eds.), *Human Factors in Traffic Safety*. Tucson, USA: Lawyers & Judges Publishing Company.
9) Stutts, J.J., et al. (2005). Driver's exposure to distractions in their natural driving environment. *Accident Analysis & Prevention, 37,* 1093-1101.
10) 毛利正光・田中聖人（1986）. 高速道路における接近および追従走行行動の危険性. 交通科学, *16,* 7-15.
11) 中島源雄（1987）. 交通安全の研究. 九州大学出版会.

5-2 出会い頭事故
出会い頭事故の原因と発生パターンとは

　出会い頭事故というのは、2台の車が交差点などで出くわして衝突する事故です。道路と道路が平面で交差する限り、このタイプの事故は必ず生じます。追突事故と並んで出会い頭事故は最もポピュラーな事故のタイプなのです。
　ここでは、出会い頭事故の特徴と原因について解説します。出会い頭事故は追突事故よりもっと複雑ですから、信号機のない交差点と信号交差点に分けて、その事故発生パターンについても説明します。

Q1 出会い頭事故はどこで最も多く発生しているでしょうか。
　① 信号交差点
　② 信号機のない交差点
　③ 単路

Q2 出会い頭事故を起こした車種の組合せで最も多いのは四輪車と四輪車です。2番目に多い組合せはどれでしょうか。
　① 四輪車と自動二輪車
　② 四輪車と原付
　③ 四輪車と自転車

▶答えは210ページ

◆ 出会い頭事故の割合

　出会い頭事故は、人身事故では追突に次いで多い事故の類型(タイプ)で、事故全体の4分の1を占めています(図1)。出会い頭事故は、現在では追突事故より少ないものの、昭和54(1979)年から平成7(1995)年にかけては、最も多いタイプの事故でした。この時期は道路の舗装化が進む一

5-2 出会い頭事故

図1　出会い頭事故の割合[1]

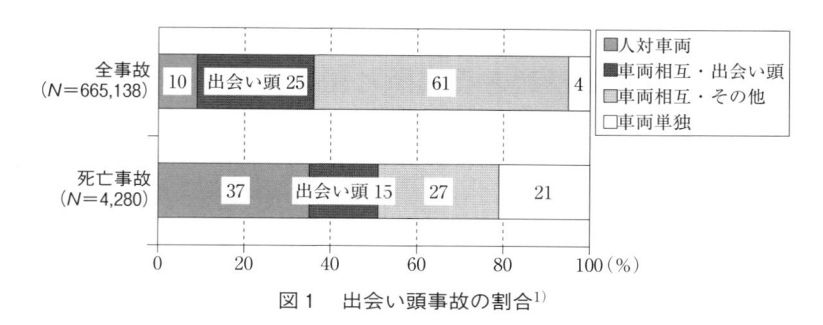

全事故 (N=665,138): 人対車両 10、出会い頭 25、車両相互・その他 61、車両単独 4

死亡事故 (N=4,280): 37、出会い頭 15、27、21

方で、交差点での信号機設置が追いつかなかった時期と考えられます。死亡事故の場合は、昔から車両相互事故の中では最も多い事故のタイプでした。

出会い頭事故のパターン

出会い頭事故の大多数は交差点内で発生しています。事故に関与した車の進路から事故をパターン分類すると、図2のようになります。交差する道路を直進しようとした車同士の事故パターンが2つ示されていますが、こういった典型的な出会い頭事故は半数しかありませんでした。交差点に限っても出会い頭事故には様々なパターンがあるようです。図の下の2つのパターンは、右左折事故と似ていますが、右折したり左折したりする間もなく衝突した場合には出会い頭事故となります。

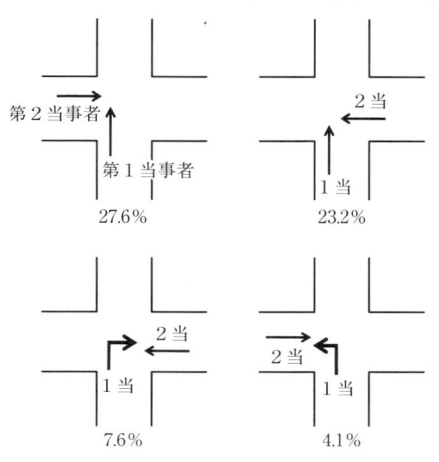

図2　交差点内の出会い頭事故の代表的パターン（2006年中、N=201,047件）[2]

27.6%、23.2%、7.6%、4.1%

◆ 出会い頭事故が起きる場所と関与する車 ◆

　出会い頭事故が起きた道路形状を調べると、先に述べたようにほとんど交差点で発生していますが、中でも信号機のない交差点が大部分を占めます（図3）[3]。

　単路で発生する出会い頭事故というのは、駐車場などから右左折して道路に進入する際に、道路上の車や歩道上の自転車などと衝突するものです。

　出会い頭事故は2台の車同士あるいは車と二輪車や自転車が衝突する事故です。その組合せをみると、表1に示すように四輪車同士の衝突が一番多く、次いで四輪車と自転車の衝突が多くなっています[4]。四輪車と自転車の衝突で注目されるのは、四輪車が第1当事者となるケースが圧倒的に多いことです（30％対4％）。しかし、これは自転車の方が四輪車より信号や一時停止標識をきちんと守っているからではありません。一時停止順守率を観察してみると、自転車の順守率は低いことが分かります。一時停止標識のある交差点での事故事例をみても、自転車の方が自動車より一時停止を無視する率が高いのです[5]。これより、自転車が非優先道路を走行していて出会い頭衝突したケースが多いこと、その場合でも車の方が第1当事者とされやすいことが予想されます。

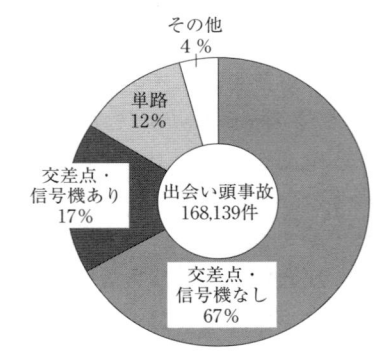

図3　出会い頭事故の道路形状別事故件数[3]

（出会い頭事故 168,139件／交差点・信号機なし 67％／交差点・信号機あり 17％／単路 12％／その他 4％）

表1　出会い頭事故の当事車種の組合せ（2005年中）[4]

(％)

第1当事者	第2当事者		
	四輪車	二輪車	自転車
四輪車	42	14	30
二輪車	3	1	2
自転車	4	1	1

◆ 出会い頭事故の原因
（信号機のない交差点での事故）

　信号機が設置されていない交差点で発生した出会い頭事故で、自動車運転者が第1当事者であった場合の法令違反別人身事故件数をみると、安全不確認が43パーセントで最も多く、次いで指定場所一時不停止等（22%）、交差点安全進行義務違反（18%）の順でした[6]。この結果からみると、一時停止をしなかった運転者の事故が意外に少ないようですが、違反名が「指定場所一時不停止」ではなかっただけで、実際には一時停止しなかったことが事故の原因だったのかもしれません。例えば、出会い頭事故が発生した無信号交差点の半数には一時停止規制がなかったといわれますから[4]、その交差点で非優先側の運転者が一時停止をしなくても違反名としては安全不確認や交差点安全進行義務違反になり、一時停止違反にはなりません。

　事故事例調査によれば[7]、一時停止標識のある交差点で直進しようと交差点に進入して事故を起こした162人のうち、一時停止標識を見落としてそのまま交差点に進入して事故に遭ったのは60人で、一時停止標識を認知しながら停止しなかった人は59人でした。つまり、162人中の119人（73%）は一時停止をしないで事故を起こしたのです。

　なぜ一時停止標識を見落としたのでしょうか。60人が述べた理由のなかで最も多かったのは、「集中度低下」（49%）でした。ボンヤリしていたり、考え事をしていて標識を見落としたのです。中には、標識だけでなく交差点であることにも気がつかなかった人もいました。次に多かったのは「他に注意・脇見」（26%）でした。樹木や看板などに標識が隠れて見えにくかったケースも10パーセントありました。

　一時停止標識を認知したのに停止しなかった人は59人いましたが、なぜ停止しなかったのでしょうか。しかも、そのうちの半数（33人）は停止どころか減速さえしませんでした。停止しなかった理由として多く挙げられたのは、「交差車両が見えなかった」です。しかし、実際は交差車両があってそれと衝突したのですから、左右を見たはずなのに車両は見えなかったということです。この種の事故は欧米でも「looked but failed to see」事故として有名です[8]。「いつも運転していて交差車両はいないので今回

もいないだろう」、「交通量が少なく、交差車両はいないようだ」と誤った判断をして一時停止しなかった人も多くいました。急いでいたり、ボンヤリしていたりすると、以上のような誤った認知や判断が一層されやすいようです[7]。

◆ 出会い頭事故の発生パターン
（信号機のない交差点での事故）

　信号機のない交差点での出会い頭事故を、一時停止や安全確認が必要とされる非優先側運転者121人の認知と判断の誤りに基づいて、いくつかのパターンに分類すると図4のようになりました[9]。「交差点見落とし型」というのは、交差点であることを認知しないまま交差点に進入して事故に遭ったというパターンで、全体の13パーセントが該当しました。「一時停止見落とし型」というのは、交差点は認知したものの一時停止標識があることや非優先道路であることを見落としたというパターンです。

　「安全不確認・見越し運転型」は、前方に交差点があり、自分が非優先側の運転者であることを知りつつも、交通が閑散としていたとか、いつも左右から来る車はいないといった理由から、交差車両はいないと見越して左右の安全確認をしないまま交差点に進入したパターンです。

　「衝突車見落とし型」というのは、交差点で自分が非優先側の運転者であると認めて、左右の安全も確認したつもりであったのに、確認が不十分であったり、他の方に注意が向いていて衝突車両を発見できないまま衝突したり、発見した時には既に回避不能であったという事故で最も多いパターンでした。

　最後に「距離速度誤判断型」は、相手車両を発見したのですが、先に通過できると誤って判断したものです。

5-2　出会い頭事故

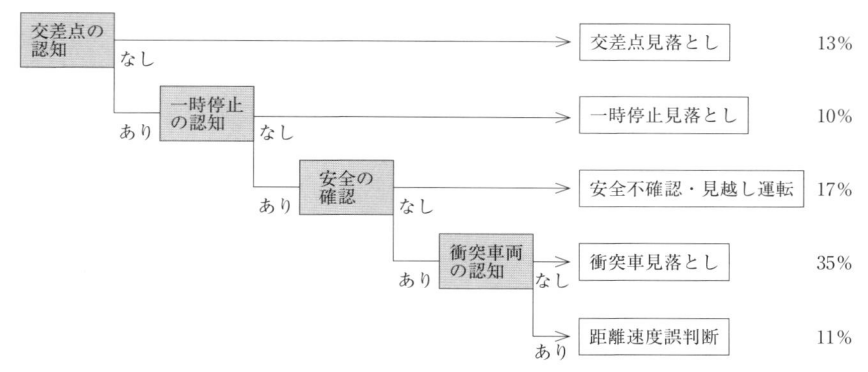

```
交差点の
認知 ──────なし──────────────────→ 交差点見落とし    13%
  │あり
  └─ 一時停止 ──なし────────────────→ 一時停止見落とし  10%
     の認知
      │あり
      └─ 安全の ──なし─────────────→ 安全不確認・見越し運転 17%
         確認
          │あり
          └─ 衝突車両 ──なし──────→ 衝突車両見落とし  35%
             の認知
              │あり
              └──────────────────→ 距離速度誤判断   11%
```

図4　無信号交差点での非優先運転者の認知・判断からみた出会い頭事故発生の
　　　パターン（N ＝121件、神田・石田[9]）を改変）

◆ 出会い頭事故の発生パターン
（信号交差点での事故）

　信号交差点での出会い頭事故の割合はそれほど多くはないのですが（図3）、それでも年間に3万件も発生しています。その原因や事故パターンは、信号交差点のない交差点での出会い頭事故と少し異なります。

　信号交差点で発生した出会い頭事故137件を、交差点を進入してきた第1、第2当事者の信号現示と現示のどの時間帯で進入してきたかを基準にパターン分類した結果によると[10]、主な事故パターンは、

① 一方が赤信号無視、もう一方が青信号で交差点に進入（61件）
② 一方が信号の切替わり時（黄、全赤、全赤直後）に、それを認識した上で交差点に進入。もう一方は、青現示開始直後や見切り発進により交差点に進入（18件）
③ 一方が信号の切替わり時（黄、全赤、全赤直後）に、それを認識しないで交差点に進入。もう一方は、信号待ちの先頭車両等で青現示開始直後に交差点に進入（42件）

でした。信号切替わり時に相当する時間的な割合は多くて20パーセントですが、その時間帯に発生した出会い頭事故は50パーセント近くを占めていることから、信号が切り替わる時は出会い頭事故が発生しやすい時間帯と

いえます。

> **Answer**
> Q1の答え　②　信号機のない交差点
> Q2の答え　③　四輪車と自転車

文　献

1) 交通事故総合分析センター（2013）．交通統計 平成24年版．
2) 交通事故総合分析センター（2008）．ビジュアルデーター 平成18年交通事故統計—．大成出版社．
3) 交通事故総合分析センター（2013）．交通事故統計年報 平成24年版．
4) 交通事故総合分析センター（2006）．出会い頭事故における人的原因分析．交通事故例調査・分析報告書（平成18年度報告書）．
5) 交通事故総合分析センター（2009）．その自転車の乗り方では事故になります。イタルダ・インフォメーション, *78*.
6) 交通事故総合分析センター（2013）．交通事故集計ツールによる集計（平成24年中データ）．
7) 吉田伸一（2006）．交差点見通しの良否が運転行動に与える影響の検討．第9回交通事故調査・分析研究発表会, 46-53.
8) Koustanaï, A., Boloixa, E., Van Elslande, P., & Bastiena, C（2008）．Statistical analysis of "looked-but-failed-to-see" accidents: Highlighting the involvement of two distinct mechanisms. *Accident Analysis and Prevention, 40*, 461-469.
9) 神田直弥・石田敏郎（2001）．出合頭事故における非優先側運転者の交差点進入行動の検討．日本交通科学協議会誌, *1*（*1*）, 11-21.
10) 交通事故総合分析センター（2003）．出会い頭事故と信号現示について．交通事故例調査・分析報告書（平成14年度報告書）．

5-3　車両単独事故
単独事故は、いつ、どこで、誰が起こしているか

　単独事故は、他の走行車両、停車車両又は歩行者と衝突するのではなく、物や駐車車両と衝突したり、衝突せずに自らの車両が転倒したり、道路の外に出てしまう事故をいいます。したがって、原因の大半は単独事故を起こした運転者にあり、防げた事故といえます。その原因を考えると、スピードの出し過ぎや漫然運転が浮かびます。他にも原因はあるでしょう。

　ここでは、そういった原因と共に、単独事故はいつどこで起こるか、どういった人や車が起こしやすいかといった点について考えてみます。

Q1 単独事故は、交差点よりも単路で起きやすいといわれています。それでは単独事故は、単路のどの区間で多く発生しているでしょうか。
　　① 　カーブ・屈折部分
　　② 　直線部分
　　③ 　直線部分とカーブ・屈折部分では同じくらい

Q2 自動車運転者が、単独事故を起こした時の最も多い危険認知速度はどのくらいでしょうか。
　　① 　時速20キロ台
　　② 　時速30キロ台
　　③ 　時速40キロ台

▶答えは218ページ

◆　単独事故の種類

　単独事故は、人身事故の4パーセント、死亡事故の21パーセントを占めます[1]。図1は、単独事故をさらに分類してその種類ごとに事故件数を割

合で示したものです[1]。どの種類の単独事故になるかは、道路構造や路外の環境によります。人身事故では物と衝突したり、転倒したりする事故が多いのに対し、死亡事故では物と衝突する事故に加えて、道路外に飛び出して（路外逸脱）下に転落したりする事故が多くなります。転倒というのは、路面に凹凸があったり、急ブレーキや急ハンドルをしたりしてバランスを崩し転倒・転覆する事故で、自動二輪や原付の単独事故では全体の3分の2を占めます[1]。

人身事故に占める死亡事故の割合のことを死亡事故率といいます。事故全体の死亡事故率が0.6パーセントなのに対して、単独事故ではそれが3.4パーセントであって、単独事故は死亡事故率が高いタイプの事故といえます。図1に示すように、電柱や防護柵などの工作物と衝突したり、路外逸脱して転落する事故は中でも死亡事故になりやすい事故です。

工作物衝突の単独事故では、平成24（2012）年の関越自動車での高速ツアーバス事故が記憶に新しいところです。この事故では居眠り運転のバスが金属製の防音壁に突き刺さったような形で衝突し、7人が死亡するという大事故になりました。

転落事故で話題になるのは、大型バスが川や湖などに転落する事故です。古くは、飛騨川観光バス転落事故（昭和43年、104人死亡）、青木湖スキーバス転落事故（昭和50年、24人死亡）、笹平ダムスキーバス転落事故（昭

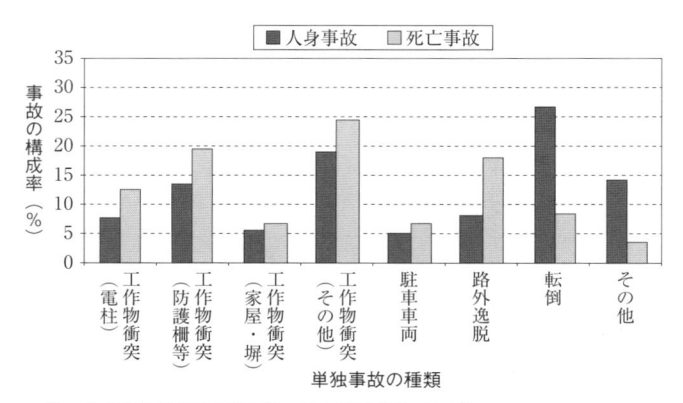

注　人身事故件数は25,884件、死亡事故件数は878件

図1　単独事故の種類別にみた事故件数の割合（交通統計24年版）[1]

5-3　車両単独事故

和60年、25人死亡）が有名です。最近では、冬の八甲田山系の雪道をタイヤチェーンを装着せずに運行した観光バスが、下りカーブを曲がりきれずに崖下に転落した事故がありました（平成20年、1人死亡）。

◆ **単独事故はどこでいつ起きる？**

　交通事故の半数以上は、交差点とその付近で発生します。しかし、単独事故の場合は、単路のカーブで発生するというイメージがあります。それを調べると（図2）、他の事故と比べ、単路で、特にそのカーブ地点で事故が多く発生していました[1]。

　右カーブと左カーブのどちらで事故が多く起きているかをみると、事故全体では差がみられないのですが、単独事故では右カーブの方が少し多いようです（交差点やその付近を含めて、右カーブ14％、左カーブ10％）[2]。右カーブでは遠心力によって車が外側に膨らみやすくなって、左側の防護柵などに衝突したり路外に逸脱しやすくなったりするためと考えられます。それに対して左カーブでは、車は対向車線側に引っ張られやすいのですが、そうなって対向車線にはみ出しても、車が来ていない場合には態勢を立て直して自分の車線に戻れますし、態勢を立て直す余裕がない場合にも、対向車線の先の防護柵などと衝突する前に、対向車線から来た車と正面衝突することがあります。そのため単独事故の割合が少なくなるのです。

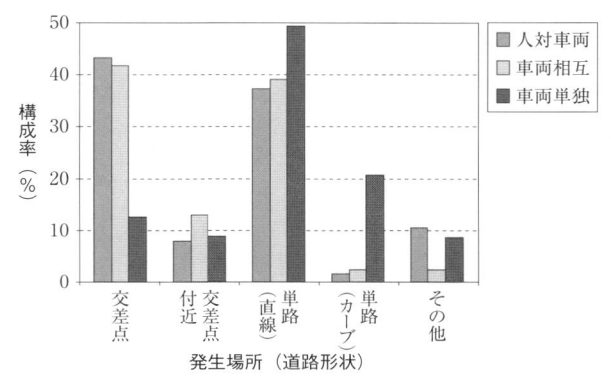

図2　単独事故等の発生場所別事故件数割合（交通統計24年版）[1]

事故の発生場所を示すときに、市街地で起きたか非市街地で起きたかを区別します。事故全体では4分の3は市街地で起きるのですが、単独事故の場合は非市街地でも市街地と同じくらいの事故が起きています[3]。単独事故にはスピード運転による事故とボンヤリ運転による事故があるようですが、非市街地ではスピードを出して運転しやすく、また、他の交通量や沿道の刺激が少ないためにボンヤリ運転が多くなって、それらが単独事故を起こす要因となっているのかもしれません。

　単独事故が発生している時間帯を調べたところ、人身事故全体では27パーセントが夜間に発生しているのに対して、単独事故では34パーセントが夜間に発生していました[1]。単独事故は夜間に発生しやすい事故といえるでしょう。

◆ 単独事故は誰が起こしやすい？

　図3は、代表的な事故類型について、第1当事者となった運転者の年齢分布を示したものです[4]。若者（16～24歳）と高齢者（65歳以上）が単独死亡事故を起こしやすく、両者で半数近くを占めています。高齢運転者は、出会い頭事故と右折事故を起こしやすいとよくいわれますが、単独事故も起こしやすいのです。図3のような単独事故の年齢分布ではなく、各年齢層の事故に占める単独事故の割合を比較しても、その割合は30代が一番低く、それより運転者の年齢が若いほど、また高齢であるほど単独事故の割合は高いという結果でした[5]。

　男女別にみると、単独事故は男性の方が起こしやすいのでしょうか。図4にその結果を示します[5]。人身事故全体では、男性が第1当事者の68パーセントを占めますが、単独事故の場合には男性の比率は71パーセン

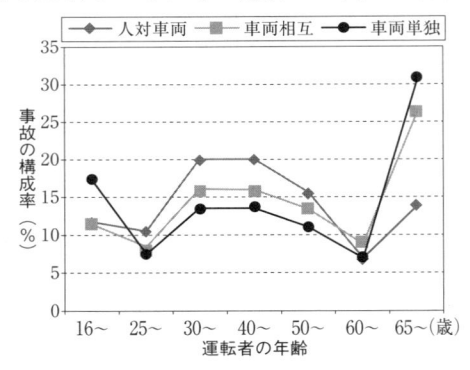

図3　原付以上運転者の事故類型別・年齢層別死亡事故件数の割合[4]

5-3 車両単独事故

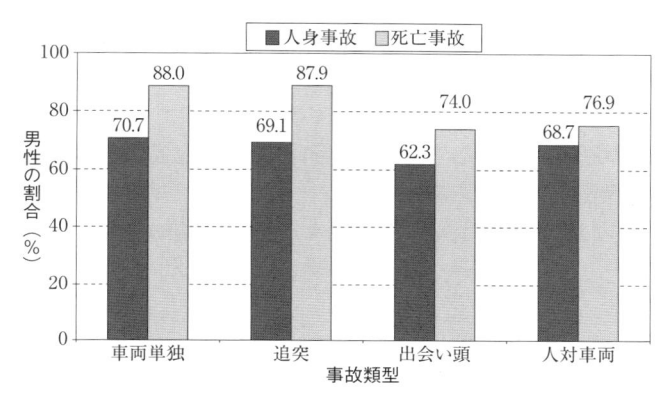

図4 事故類型別にみた第1当事者の男性割合[5]

トで、他の事故類型の事故より少し多い程度でした。しかし、死亡事故に限ると、男性が第1当事者の単独事故は、事故全体の80パーセントと比べて88パーセントと多く、単独事故は男性の方が起こしやすいといえます。

車種別にみると、自動車よりも二輪車の方が単独事故を起こしやすいでしょうか。自動車（四輪車）、自動二輪車、原付、自転車ごとに人身事故全体に占める単独事故の割合をみると、それぞれ2.6パーセント、28.8パーセント、18.3パーセント、13.5パーセントでした[1]。これより二輪車や自転車の方が自動車より単独事故を起こしやすいことが明らかです。その理由としては、二輪車や自転車の方が運転中にバランスを取りにくいことが考えられます。それが転倒といった単独事故につながるのです。

ところで、二輪車や自転車が関与した事故、特にその単独事故では、警察に事故が申告されないことも多いといわれています（事故の過少申告）[6]。この点を考えると、二輪車や自転車の単独事故はもっと多いと推測されます。

まとめると、他の事故と比べて単独事故は、若者と高齢者、男性、二輪車や自転車運転中に多い事故といえます。

◆ 単独事故の法令違反

単独事故の原因の一つと考えられる車両等の法令違反をみると、図5のように運転操作不適が最も多く、43パーセントを占めています[7]。運転操作不適というのは、ハンドルやブレーキの操作が適切でなかったために事故を起こしたという意味で、単独事故では特にハンドル操作が問題となります[3]。

事故事例を詳細に分析した結果でも、単独事故123件の中で、「脇見・居眠り・漫然運転等により、意識しないで車道をはみ出すハンドル操作」のあった事例が一番多く、48件（39％）ありました。次いで多かったのは、「回避のためのハンドルの急操作」で、18件（15％）でした[8]。

漫然運転も単独事故に多い違反です。漫然運転は事故の人的要因でいえば居眠りや考え事といった内在的前方不注意に相当するものです。単独事故で特徴的な違反には、その他に最高速度違反と安全速度違反があります。全事故ではそれぞれ1パーセント以下にすぎませんが、単独事故では3パーセントと6パーセントを占めています。速度を出しすぎると、回避操作が間に合わなくなって、工作物に衝突したりする単独事故となるのです。

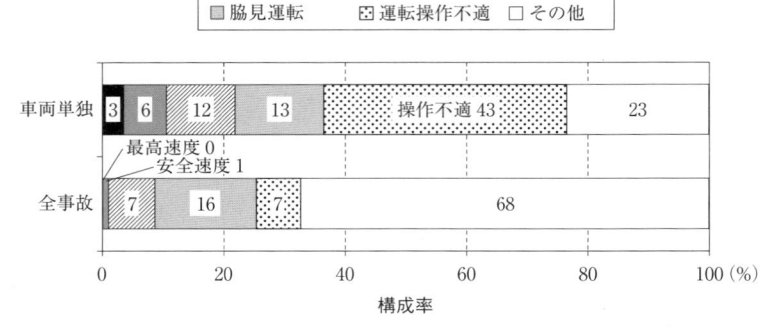

図5　車両単独事故と全事故の法令違反別事故件数の割合[7]

◆ 飲酒と過労の影響

通常とは異なる心身状態の時に運転すると事故の危険性は増しますが、特に単独事故となりやすいようです。例えば、酒酔い運転違反による事故の20パーセントは単独事故でしたし、過労運転違反による事故の24パーセントは単独事故の中の工作物衝突でした[7]。酒酔い運転違反（事故全体で184人）や過労運転違反（455人）は件数が少ないため図5ではその他に分類されていましたが、これらの数少ない重大な違反が、他の事故類型に比べて単独事故で多くみられるのです。

◆ スピードの出しすぎの影響

図6は、代表的な事故について、第1当事者となった自動車運転者の危険認知速度を示したものです[9]。危険認知速度というのは、運転者が相手車両や歩行者や物件（電柱、防護柵等）と衝突する危険を感じた時の速度のことです。出会い頭事故や歩行者事故（人対車両事故）では、危険を認知した時の速度は意外に低く、発進時や減速時、徐行運転中に多くの事故

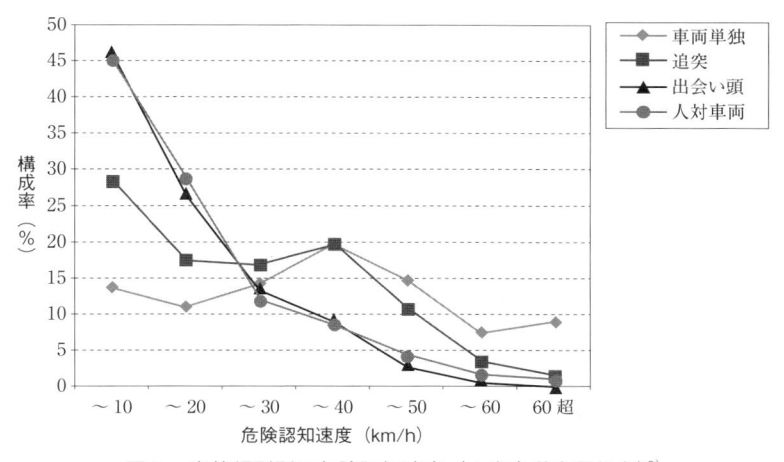

図6　事故類型別の危険認知速度（1当自動車運転者）[9]

が発生しているようです。それに対して車両単独事故は時速30キロから50キロで最も多く発生し、時速60キロ以上で運転している時にも比較的多く発生しています。つまり、単独事故はスピードを出して運転している時に発生しやすいのです。

　危険認知速度ごとに事故事例をみてみましょう。

【高いスピードでの事故例】
　　23歳の女性Aさんは、夜の12時頃、疲れにより漫然と時速80キロで運転していたために、前方の右カーブに気づくのが遅れ、左側の建物に衝突しそうになり、右に急ハンドルを切って回避しようとしたところ、車両がスピンしそうになったので慌てて今度は左にハンドルを切ったところ、ハンドルを切りすぎて横滑り状態になって、道路左側の駐車場内の車と衝突した。

【比較的低いスピードでの事故例】
　　75歳の男性Bさんは、友人宅を訪問してお酒を飲んだ後、夏のうす暗くなった夕方に原付を運転して家に帰る途中、幅員3.8メートルの道路の左カーブ手前の水たまりに突っ込み、ハンドルをとられて転倒し、肋骨を骨折する大けがをした。
　　22歳の男性Cさんは、職場の人間関係について考え事をしながら運転していて交差点にさしかかり、赤信号で停止し、青信号になったので左折して、チェンジレバーを1速から2速にして加速した直後に、路肩の植え込みに乗り上げてしまい、回避する間もなく目の前の電柱と衝突した。

Answer　Q1の答え　　②　直線部分
　　　　Q2の答え　　②　時速30キロ台

文　献

1) 交通事故総合分析センター (2013). 交通統計 平成24年版.
2) 交通事故総合分析センター (2013). 交通事故統計表データ (24-13BC102)
3) 勝岡秀明 (2008). 自動車の車両単独事故における発生状況の分析. 第11回交通事故調査・分析研究発表会, 27-42.
4) 警察庁交通局 (2013). 平成24年中の交通死亡事故の特徴及び道路交通法違反取り締まり状況について. http://www.e-stat.go.jp/SG1/estat/List.do?lid=000001106841
5) 交通事故総合分析センター (2013). 交通事故統計表データ (24-13NM102)
6) European Road Safety Observatory (2008). *The extent of underreporting in EU-countries.*
http://erso.swov.nl/data/content/the_extent_of_underreporting_in_eu_countries.htm
7) 交通事故総合分析センター (2013). 交通事故統計表データ (24-14HZ101)
8) 交通事故総合分析センター (2009). 死亡事故率の高い自動車単独事故～危険なハンドルの無意識操作とは～. イタルダ・インフォメーション, *80*.
9) 交通事故総合分析センター (2013). 交通事故集計ツールによる分析 (自動車が第1当事者となった人身事故について、事故類型と危険認知速度のクロス集計).

5-4　歩行者事故
人と車の両方から原因を探ると

　歩行者事故は、車が歩行者と衝突する事故で、交通統計では人対車両事故と呼ばれています。日本は先進諸国の中では事故に占める歩行者事故の割合が最も大きい国ですが、欧米でも都市部では歩行者事故が多発しています。ドライバーや同乗者の事故時の安全性は技術の進展によって向上している一方で、生身の歩行者の衝突時の被害軽減はそれほど進んでいません。

　ここでは、歩行者事故の特徴と原因を歩行者と運転者の両方の視点から考えていきます。

Q1 信号交差点とその付近を横断しようとする歩行者は、どんな車と最も多く事故を起こすでしょうか。
　　① 交差点を直進してくる車
　　② 交差点を右折してくる車
　　③ 交差点を左折してくる車

Q2 歩行中の死者が最も多い年齢層はどれでしょうか。
　　① 子供
　　② 若者から中年世代
　　③ 高齢者

▶答えは229ページ

◆　歩行者は道路のどこを歩いていて事故に遭うか　◆

　歩行者事故は、人身事故の10パーセント、死亡事故の37パーセントを占めます。歩行者が道路上のどこを歩いていて事故に遭ったのかを調べると、最も多いのは道路を横断中で、人身事故でも死亡事故でも半数以上を占め

ています（図1）[1]。

　交通ルールで「人は右、車は左」といわれるように、人が右側通行をして左側通行の車と対面して歩くのが対面通行です。車も人も左側通行して、人の背後から車が通過するものが背面通行です。交通量が少ない道路では、自分がどちら側を歩いているかどうかを気にしていないと思います。しかし、事故件数をみると、交通ルールに反して背面通行をしている場合の方が事故は多いのです。

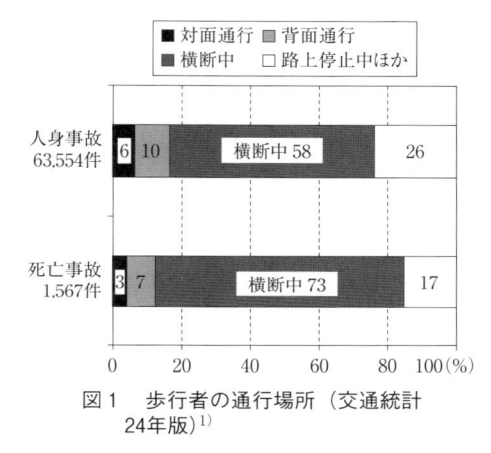

図1　歩行者の通行場所（交通統計24年版）[1]

◆　人と車の動きからみた歩行者事故のパターン　◆

　事故発生場所を交差点とその付近か単路か、そこに信号機があったか無かったかに分け、また、歩行者と衝突した車の動きを直進、右折、その他に分けて事故件数を調べたところ、図2のようになりました[2]。

　一番多いのは、「単路を横断しようとした歩行者が直進車と衝突」するパターンで、歩行者事故全体の3分の1を占めます（図2の左）。この図では、歩行者は左から右へ横断していますが、昼間にはこういった「飛び出し」型の事故が多く、夜間には右から左への横断中の事故が多くなります[3]。右から左への事故が夜間に多いのは、車のライトの照射が右側から横断しようとする歩行者を捉えにくいためと考えられます。

　「信号機の設置されていない交差点を横断しようとした歩行者が交差道路から進行してきた直進車と衝突」する事故も似たパターンの事故です（図2の真ん中）。左のパターンと異なるのは、それが交差点で発生したという点です。運転者は、交差点を通過するときには、交差する道路の交通に注意するはずですが、特に自分が優先道路の場合には、横断歩行者に注意を払わなかったり、横断歩行者を確認してもそのまま進行する車が多いと

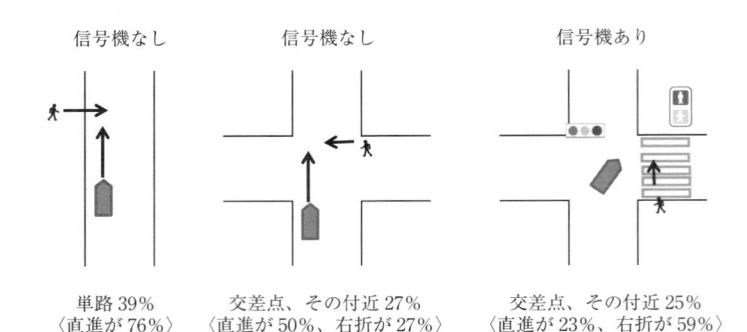

信号機なし　　　　　信号機なし　　　　　信号機あり

単路 39%　　　　交差点、その付近 27%　　交差点、その付近 25%
〈直進が76%〉　　〈直進が50%、右折が27%〉　〈直進が23%、右折が59%〉

図2　事故発生場所と人と車の動きからみた歩行者事故のパターン
（人身事故、66,477件、2005年中）[2]

考えられます。

　信号交差点では、横断歩行者と直進車のどちらかが信号無視をしたときの事故も発生していますが、それより多いのは「信号交差点の横断歩道を渡っている歩行者が右折してきた車と衝突」する事故です（図2の右）。こういった事故は、歩行者側の信号と右折車側の信号が青のときに発生します。右折車のドライバーは対向直進車と横断する歩行者・自転車の両方に注意を払う必要があるので、横断歩行者を見逃すことがあるのです。特に、右側から横断してくる歩行者は、ドライバーから見えにくく、歩行者からも左後方から曲がってくる車は見えにくいのです。

◆ 歩行者事故は子供と高齢者に多い ◆

　歩行者事故は、子供と高齢者に多いといわれます。図3をみると、負傷者数では確かに小学生以下（12歳以下）の歩行中負傷者が多く、その後は60歳までほぼ横ばいで、高齢になると再び多くなります[1]。しかし、死者数でみると子供の死者は少なく、中高年、特に高齢になるほど死者が多くなります。

　事故に遭った人のうち、それが原因で死亡した人の割合を致死率といいます。つまり、事故に遭うとどのくらい死に至るかを示す指標が致死率です。図3の歩行者事故の場合では、負傷者数と死者数を合計した人数に占める死者数の割合が致死率です。子供や青年・中年は負傷者に比べて死者

5-4 歩行者事故

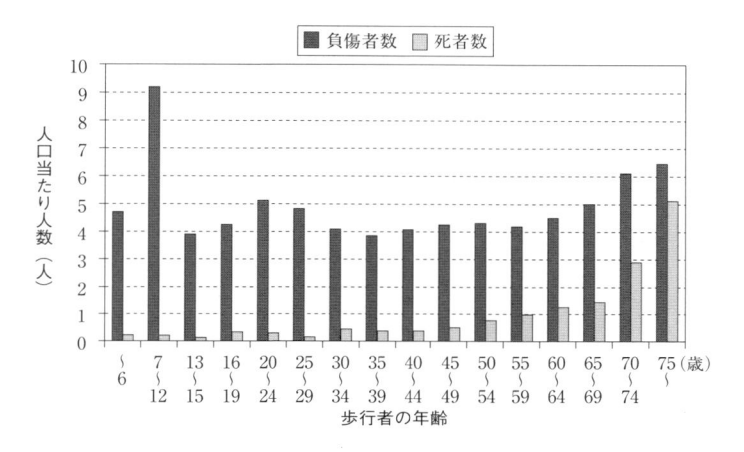

図3 歩行者の年齢層別にみた人口1万人当たり負傷者数と人口10万人当たり死者数（交通統計24年版）[1]

が少ないので、致死率が低いといえます。しかし、高齢者の場合は、負傷者も多いのですが、それ以上に死者が多くて、致死率が高いのが特徴です。簡単にいえば、高齢者は歩行者事故に遭いやすく、しかも、いったん事故に遭うと死に至りやすいのです。

死に至りやすい理由は、体が弱いためです。車と衝突して若い人と同じ衝撃を受けても、体が弱くなっているために重症化しやすいのです[4]。

◆ 歩行者の事故時の違反

2013年に全国で発生した歩行者事故は、約6万件でした。このうち、歩行者が第1当事者（より過失が重いか、過失が同程度の場合はケガが軽い者）となった事故は、2千件ちょっとであり、ほとんどの歩行者は第2当事者となっていました。歩行者事故では、運転者の方が歩行者より過失が大きいということになりますが、交通弱者である歩行者保護の観点から、運転者が第1当事者になりやすいという側面があります。実際、車より歩行者側に原因がある事故の方が多いという研究結果もあります[5]。

図4は、歩行者事故に遭った人の中で、何らかの違反があった人の違反の種類とその人数を示しています[6]。第1当事者になると必ず違反名がつ

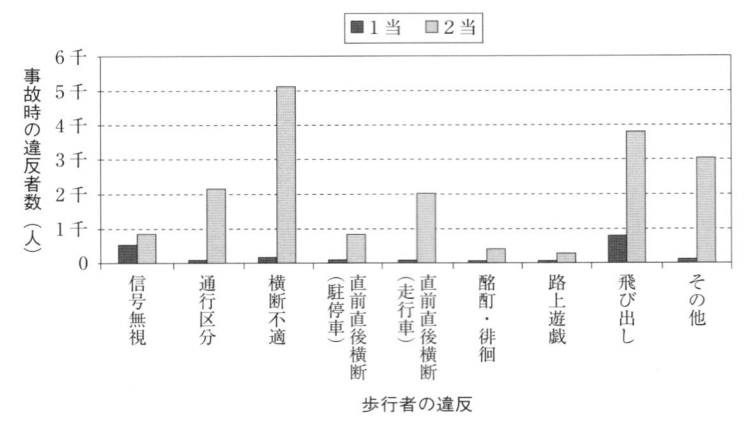

図4　歩行者の違反別人数（1当2,061人、2当18,765人）[6]

表1　歩行者の年齢層別にみた法令違反別死傷者数の割合（％）[7]

違反名	幼児・小学生 （～12歳）	中学生以上 （13～64歳）	高齢者 （65歳～）	計
信号無視	4	8	7	7
通行区分	1	16	11	11
横断歩道外横断・斜め横断	11	25	38	25
直前直後横断（駐停車）	5	5	3	4
直前直後横断（走行車）	7	9	15	10
路上遊戯	5	0	0	2
飛び出し	55	10	4	21
その他	11	26	21	21
計（％）	100	100	100	100
人数	5,693人	9,131人	5,133人	19,957人

きますが、第2当事者の場合は違反がないことが多く、図4に示された違反の合計件数は6万件よりずっと少ない2万件程度でした。図4によると、横断不適と飛び出しの違反が多いようです。横断不適というのは、横断歩道が近くにあるのにそれを利用しなかったり（横断歩道外横断）、斜め横断をしたりすることです。

表1は、歩行者事故で歩行中に死傷した人の法令違反を年齢層別に示したものです[7]。当事者を問わずに集計したものですが、ほとんどは第2当

事者です。図4と同様に、全年齢でみた死傷者が多い違反は、横断歩道外横断や斜め横断といった横断不適（25％）と飛び出し（21％）でした。

年齢層別に歩行者を分けてみると、幼児や小学生では飛び出しが半数を占め、他の年代とは大きく異なっています。中学生以上中年までの年齢層と高齢者とでは、それほど大きな違いはみられません。少し異なるのは、高齢者では横断歩道外横断・斜め横断や走行車両の直前直後横断が多く、飛び出しが少ないという点です。

◆ 歩行者側の事故要因

法令違反は事故原因の一端を示していますが、交通統計では事故要因も別に調べています。表2をみると、相手車両に対する「発見の遅れ」が6割を占め、中でも「安全確認をしなかった」り、「安全確認が不十分」であっ

表2 歩行者の事故要因（1当、2当計）[8]

	歩行者の人的要因	人数（人）	構成率（％）
保護者等の不注意			
	手をつないでいない	612	2.8
	一人で外出させた	160	0.7
	その他	312	1.4
	小計	1,084	5.0
発見の遅れ			
	前方不注意（遊びに夢中）	925	4.2
	その他前方不注意	1,398	6.4
	安全確認なし	6,090	27.9
	安全確認不十分	5,002	22.9
	小計	13,415	61.5
判断の誤り			
	相手の速度感覚を誤った	415	1.9
	相手がルールを守る	666	3.1
	相手が譲ってくれる	3,654	16.7
	その他	2,026	9.3
	小計	6,761	31.0
健康不良（飲酒など）		566	2.6
合計		21,826	100

たケースが多くなっています[8]。次いで多かったのは、「判断の誤り」の中の「相手が譲ってくれる」でした。

　運転者の人的要因と異なって、歩行者の人的要因の分類には「保護者等の不注意」と「健康不良」が含まれています。「保護者の不注意」は、保護者や同伴者は、幼児の交通安全に注意する必要があるのに、それを怠った場合の事故要因です。最近では、認知症の高齢者が歩行者事故に遭うケースが増えてきたので、そういった高齢者に対する注意も家族には必要になってきます。

　「健康不良」は、過労、睡眠不足、飲酒の影響等によって事故が発生した場合につけられる事故要因で、ほとんどは飲酒の影響でした。今後は、高齢歩行者が増えてくるので、視覚機能低下や歩行困難などが事故要因となる例が増えてくるでしょう[9]。

◆ 運転者側の事故要因

　運転者の違反を調べると、安全不確認と前方不注意と動静不注視が3分の2を占めます[2]。安全不確認というのは、前方や左右に対する安全確認を怠ったという違反で、前方不注意は、脇見や考え事をして前方の注意がおろそかになった運転のことです。動静不注視というのは、いったん歩行者を発見しておきながらその動静を注視しないで他に注意をはらった結果、もう一度歩行者に気がついた時には事故が回避できなかったというものです。

　事故の運転者要因を調べると（表3）、やはり安全不確認が一番多く半数以上を占め、次いで前方不注意（脇見と考えごと）が多く、80パーセントは歩行者の発見の遅れに起因するものでした[10]。このことから、歩行者事故では多くの場合、運転者が歩行者を発見した時には、既に事故を避けられない状態であったことが分かります。他の事故と比較すると、歩行者事故では前方不注意が少なく安全不確認が多いようです。ボンヤリしていたり、脇見をしていたわけではないのに、歩行者がいるかもしれないという危険予測が不十分であったために発見が遅れたということです。

5-4 歩行者事故

表3　全事故と歩行者事故の人的要因（第1当事者の運転者（％））[10]

事故の運転者要因			全事故類型 630,749人	歩行者事故 56,259人
発見の遅れ				
前方不注意				
内在的（漫然）	考えごと、ボンヤリなど		9.8	6.8
外在的（脇見）	景色に見とれるなど		19.1	14.3
安全不確認			46.4	62.4
判断の誤り				
動静不注視	具体的な危険性がない		12.9	9.5
予測不適	運転感覚の誤りなど		2.2	3.6
交通環境	道路環境、交通規制など		1.7	1.0
操作上の誤り				
操作不適	ブレーキの踏みが弱いなど		7.8	2.3

◆ **歩行者の見え方**

　ドライバーが歩行者を発見できずに事故を起こした理由の一つは、歩行者がよく見えなかったことです。特に、他の事故より発生割合が多い夜間は、道路照明やヘッドライトの光に頼らなければ歩行者の姿を遠くから捉えることができません。その場合にポイントとなるのは、歩行者に照射された明るさ（照度：単位はルクス）と歩行者がどれだけ明るく見えるか、どれだけの光が反射されてドライバーに届いているか（輝度：単位は面積当たりカンデラ）です。

(1) ヘッドライト

　歩行者への照度の面からは、車のヘッドライトの照射距離が問題になります。車両の保安基準では、上向きヘッドライトは前方100メートルの距離を、下向きヘッドライトは前方40メートルの距離を見通せることになっています。したがって、夜間に下向きライトで走行している場合には、40メートルより先にいる歩行者は発見しにくいことになります。

　例えば、夜間にライトを下向きにして時速50キロで走行していた時に、

道路を横断しようとしている歩行者を40メートル手前で発見したとします。この時に歩行者の手前で停止するために必要な距離は、反応時間とペダル踏み換え時間があるために生じる空走距離が25メートルで、ブレーキが効いてから止まるまでの制動距離が25メートルですから[11]、40メートルより10メートル先にならないと車は停止できません。つまり、歩行者を発見した時には、既に事故を回避できない距離に車は来ていたわけです。

したがって、夜間では上向きヘッドライトを基本として、対向車とすれちがう時にだけ下向きにするのが良いのです。しかし、事故事例を調べてみると、歩行者事故を起こした運転者の過半数は下向きライトで運転していました[9]。

(2) 明るい服装や反射材

歩行者がどれだけ明るく見えるかは、照度のほかに歩行者の衣服の色の明るさ、それがどう反射するかによります。白や黄色などの明るい服装をしていれば、歩行者は夜間でも比較的見えやすいのですが、黒や紺などの暗い色の服装をした歩行者は見えにくいのです。第1章で秋から冬にかけて歩行者事故が増えることを述べましたが、この理由には早く日が暮れるというほかに、服装が夏の明るい色から暗い色に変わっている点も関係しているかもしれません。

服の色のほかに歩行者事故防止に欠かせないものとして、図5に示すような反射材があります[12]。これを身に付けると、ヘッドライトから出る光が当たると明るく光って見え（再帰性反射）、運転者は反射材を身に付けた人を遠くからでも見つけることができます。通常時と事故時の反射材の着用率を比較した研究によると、夜間に反射材を着用している歩行者（通常時）

図5　反射材の種類[12]

は5パーセントであるのに対して、事故に遭った歩行者（事故時）では、着用者はわずか2パーセントでした[13]。これは、反射材を身に付けていると、事故の確率が60パーセント減少する（10人が事故に遭ってもおかしくないのに、6人が助かる）ことを意味しています。

> **Answer**
> Q1の答え　②　交差点を右折してくる車
> Q2の答え　③　高齢者

文　献

1) 交通事故総合分析センター（2013）．交通統計 平成24年版．
2) 交通事故総合分析センター（2007）．予防安全デバイス開発のための歩行者事故発生条件の明確化．交通事故例調査・分析報告書（平成18年度報告書）．
3) 石川敏弘（2010）．歩行者事故の特徴分析．第13回交通事故調査・分析研究発表会．http://www.itarda.or.jp/ws/pdf/h22/13_01hokousyaziko.pdf
4) Evans, L. (2001). Age and fatality risk from similar severity impacts. *Journal of Traffic Medicine 29*, 10-19.
5) Hunter, W.W., Stutts, J.C., Pein, W.E., & Cox, C.L. (1995). *Pedestrian and bicycle crash types of the early 1990's*. Federal Highway Administration Report FHWA-RD-95-193. Washington, DC: U.S Department of Transportation.
6) 交通事故総合分析センター（2013）．交通事故統計表データ（24-41GH201）．
7) 交通事故総合分析センター（2013）．交通事故統計年報 平成24年版．
8) 交通事故総合分析センター（2013）．交通事故統計表データ（24-31DZ104,105）．
9) 松浦常夫（2013）．横断歩道外横断の歩行者事故の事例分析：高齢歩行者の心身機能低下と運転者の速度．日本交通心理学会第78回大会発表論文集，79-80．
10) 交通事故総合分析センター（2013）．交通事故統計表データ（24-31DZ101）．
11) 交通事故総合分析センター（2010）．自動車と歩行者の事故．危ない！右から歩行者が横断．イタルダ・インフォメーション，*83*．
12) 内閣府（共生社会政策担当）（2013）．反射材について．http://www8.cao.go.jp/koutu/keihatsu/hansyazai/hansya.html
13) 三井達郎・森　健二・浪川和大，（2007）．歩行者用反射材が夜間の歩行者の認知と歩行者事故に及ぼす効果．国際交通安全学会誌，*33(1)*，88-97．http://iatss.or.jp/review/33-1/pdf/33-1-16.pdf

5-5 死亡事故と負傷事故
事故は被害程度ごとに違う

　交通事故は、人体への被害程度から死亡事故、重傷事故、軽傷事故、物損事故に分けられます。この中で、交通事故として警察で統計用に集計されているのは、軽傷事故以上（これを「人身事故」といいます。）です。

　ここでは、どういった被害の基準で事故が分類されるのか、日本の事故の分類は欧米諸国と異なっているのか、各々の事故の発生割合はどのくらいか、死亡事故と負傷事故にはどういった違いがみられるかなどについて調べてみましょう。

> **Q1** 年間の30日以内死者数は一般の死者数（24時間死者）の何倍でしょうか。
> ① 1.1倍
> ② 1.2倍
> ③ 1.3倍

> **Q2** 死亡事故1件に対し負傷事故（重傷と軽傷）は何件あるでしょうか。
> ① 50件
> ② 100件
> ③ 150件

▶答えは237ページ

◆ 死亡事故

　死亡事故は、運転者や歩行者などの関係者（これを「当事者」といいます。）が死亡した事故のことをいいますが、集計されるのは事故後24時間以内に死亡した人です。こう定義すれば、交通事故の発生日と死亡日が最

5-5 死亡事故と負傷事故

大でも1日しかずれず速報性があることから、現在もこの定義が踏襲されています。

実は、事故発生後のどの時点までに死亡した人を死者としてカウントするかによって、死者数は変わってきます。これを調べたものが図1です。死亡診断書から作成される死因統計（人口動態統計）による事故後1年までの交通事故死者数を100パーセントとすると、多くが24時間以内に死亡していて（全体の70％）、これを30日（1か月）まで延ばしても死者はそれほどは増えません（83％）。24時間以内の死者数と比べると、30日以内死者数はその1.2倍で、1年以内の死者数は1.4倍となるのです。

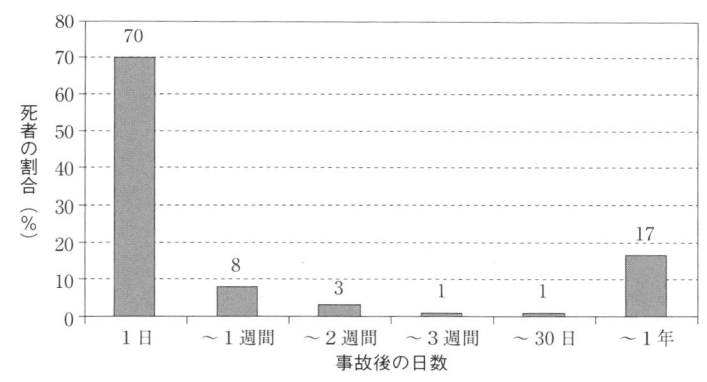

注　30日以内は、交通統計による2012年データ（5,237人）[1]、1年以内は人口動態統計の2012年データ（6,277人）[2]を使用。

図1　交通事故死者の死亡時点

◆ **各国の死亡事故の定義**

OECD（国際経済協力機構）加盟国の間で交通事故の国別比較をする場合に、事故後何日までに死亡したら死亡事故と定めるかが大きな問題になっていました。一般的に、ヨーロッパでもラテン系の国は期間が短く、ポルトガルは即死又は直後に死亡した場合を死亡事故とし、その隣国のスペインは日本と同じ24時間で、フランスは6日、イタリアは7日でした[3]。

しかし、アメリカやドイツなど多くの国が、30日以内で死者が出た事

を死亡事故としていたことから、現在では30日以内死者が国際比較をする場合の死亡事故のスタンダードとなっています。日本でも、24時間以内の国内向けの死者数の他に、30日以内死者も1993年から調べるようにして、OECDのIRTAD（国際道路交通事故データベース）委員会に報告しています。一方、フランスやイタリアなどの国は、国内でも30日以内死者を交通事故死者と定義するようになりました[4]。

◆ 重傷事故

重傷事故か軽傷事故の違いは、1か月（30日）以上の治療を要するかそれ未満の治療で済むかです。この区別は定義上は明快ですが、個別の事故ではどちらにするか判断が難しいようです。全く同じケガでもある場合は重傷とされ、ある場合は軽傷とされることがあります。しかし、重傷事故と軽傷事故を区別する意味はあります。言うまでもなく、事故の被害者にとっては、ケガが軽いか重いかは非常に大きな問題です。特に、重傷事故ともなれば後遺障害が残る可能性が高くなります。加害者にとっても、相手の被害が大きいほど精神的・金銭的負担も大きくなります。点数制度上も事故を起こしたことによる付加点数は、治療期間が長くなるほど高くなります（2点から20点）。

警察にとっても、軽傷事故より重傷事故は重く受け止められ、対策を講じる必要性が増します。多くの警察署管内では、年に何人も交通事故の死者が出ることはありません。10人以上の死者が出るのは、よほど大きな警察署に限られます。すると、事故の重大性を表したり、詳しい分析をしたりする場合には、死亡事故や死者数だけでは不十分で、重傷事故や重傷者数を示した統計が必要となります。

◆ 国によって異なる重傷事故の定義

主要国の事故データが集められているIRTAD（国際道路交通事故データベース）委員会でも、現在のところ重傷事故の定義は国によって異なっています[5]。一番多い重傷者の定義は、負傷して24時間以上入院した者で、

ドイツ、フランス、カナダなどが採用しています。次いで多いのは、入院か骨折などの特定の負傷を要件とするもので、イギリスやデンマークなどで採用されています。日本のように治療期間（回復までの日数）を基準としている国には、ハンガリー（8日以上）があります。

国によって定義が異なるのは、国際比較をする場合に支障が出るので、IRTADでは負傷の医学的診断分類であるMAISで3以上の負傷程度の人を重傷者と定義するよう勧めています[5]。

◆ 物損事故

交通事故には、死亡、重傷、軽傷のほかに人への被害はなかったが車や塀などの物に被害が生じた事故も含まれます。こうした事故は「物損事故」あるいは「物件事故」と呼ばれます。道路交通法では「物の損壊」（道路交通法第72条）という表現を用いて、物損事故も交通事故であることを示しています。しかし、交通統計では物損事故は交通事故として調べられていません。それでは、物損事故がどのくらい発生しているか全く不明かといえばそうでもありません。

警察署では物損事故の件数を把握し、それを都道府県警察に報告し、それが警察庁の交通指導課に報告されています。人身事故ですと、交通課か地域課の警察官が事故現場に行き事故を調べますが、物損事故の場合はそういった現場臨場や実況見分を省略することが多く、事故の概要のみが記録されています。その報告によれば、物損事故の件数は人身事故の4倍でした[6]。ただし、事故の被害が小さいほど事故は警察に届けられなくなりますので、実際の物損事故はもっと多いと考えられます[7]。

保険会社でも「物損事故」を調べていますが、自分の車が被害を受けた時などに支払われる車両保険や他人の所有物に損害を与えた時に支払われる対物賠償保険は、物損事故だけでなく人身事故でも生じます。したがって、この2つを集計した「物損事故」件数（損害物数）は実際より多くなります[8]。

◆ 重大な事故は少ない

　死亡事故、重傷事故、軽傷事故、物損事故の割合は、死亡事故を1とすれば、重傷事故は10、軽傷事故は140、物損事故は600となります[6,9]。こういった数字からいえることは、事故は重大なものほど少ないということです。例えば、家族のどなたかが交通事故にあったという電話を受けると、皆さんはさぞ驚かれるでしょう。しかし、その事故が死亡や重傷になるほどの事故である割合は2パーセントにも満たないのです。もちろん、事故の報告を受けた家族の方にとっては、2パーセントといってもなぐさみにはなりません。「無事ですか。どの程度のケガですか。」との質問に、「大したケガではない。」という返事を期待するでしょう。それでも家族や関係者以外の立場からみると、人身被害程度からみた重大な事故はそれほど多くはないのです。

◆ 重大な事故の背後には多数の小さな事故がある

　事故防止の観点からは、「重大な事故はそれほど多くない」と言うより、「重大な事故1件の背後には、軽い事故やもう少しで事故になりそうになった出来事が数多くある」と言った方がインパクトがあります。この点を最初に述べたのが、ハインリッヒです。彼は1920年代のアメリカで発生した多くの労働災害事故を調べ、あるところで重大な人身事故が1件あれば、そこには他に29件の軽い人身事故と300件のケガに至らなかった事故があることを明らかにしました[10]。また、彼は全ての事故には人間の不安全な行動や機械などの作業環境といった共通の原因があるので、ケガに至らなかった事故への対策が人身事故対策にもなり得ると言っています。まれにしか起きない大きな事故ばかりに注意しないで、小さな事故にも目を向けることの重要性を述べたのです。これを交通事故防止対策に置き換えると、小さな事故はよく起きるが、重大な事故はほとんど起きていないから安全対策は不要だと考えるのは間違いだということです。小さな事故への防止対策を地道に行っていくことで、大きな事故が起こることを未然に防ごう

という教訓です。

◆ ハインリッヒの法則と安全ピラミッド

　この1：29：300の比率は「ハインリッヒの法則」と呼ばれ、労働安全の分野で有名になっています。しかし、この比率自体は絶対的なものではありません。国や時代、業種や会社が異なれば、当然異なってきます。例えば、アメリカのバードは、1969年に多業種の多くの会社を対象にして同様な調査をした結果、重大な死亡・人身事故1件に対して、軽い人身事故が10件、物損事故が30件、ニアミスが600件あると言っています[11]。日本の交通事故とハインリッヒの法則とバードの法則を比べたものが図2です。この図は、ピラミッドの形に似ていることから安全ピラミッドと呼ばれています。興味深いことに、日本の交通事故はバードが示した比率によく似ています。

```
     日本の交通事故              ハインリッヒの法則           バードの法則
         1 ←死亡事故               1 ←重大事故               1 ←重大事故
        10 ←重傷事故              29 ←軽い人身事故          10 ←軽い人身事故
       140 ←軽傷事故                                         30 ←物損事故
      物損事故                  負傷に至らない事故          ニアミス
       600                          300                       600
```

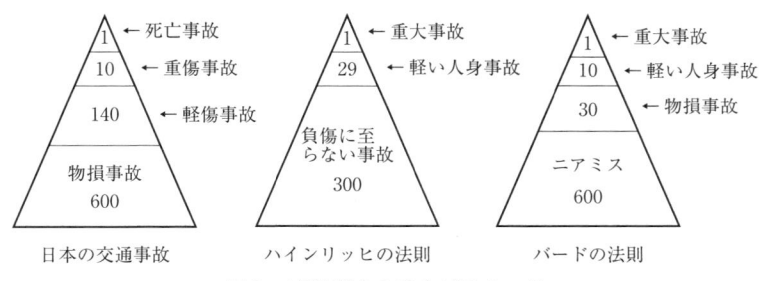

図2　事故割合の安全ピラミッド

◆ 負傷事故と死亡事故の違い

　どんな事故にも、人間の不安全行動や不適切な環境という共通した原因があることは確かです。しかし、実際に起こった交通事故をみてみると、死亡事故と負傷事故（あるいは数の少ない死亡事故を含めた人身事故、これは「全事故」とも呼ばれます）では、異なる特徴を持っていることが多いことも事実です（表）。
　例えば、いつ事故が発生しているかをみると、人身事故は昼間の方が夜

表 負傷事故と死亡事故の特徴（交通統計24年版[1])

	負傷事故	死亡事故
時間帯	昼間に多い	昼と夜で半々
場 所	市街地で多い	市街地と非市街地で半々
被害者	若者〜中年にかけてが多い	高齢者が半数
事故類型	車両相互事故がほとんど	車両相互事故の他に歩行者事故も多い
事故直前速度	低い	比較的高い

間より2倍から3倍多く発生しますが、死亡事故は夜間と昼間で同じくらいです。どんな場所で発生するかをみると、人身事故はその4分の3が市街地で発生していますが、死亡事故は市街地と非市街地ではそれほど変わりません。非市街地でも単路のカーブ地点が危険で、死亡事故全体の12パーセントを占めています。誰が事故にあってケガをしたり亡くなったりするかでは、負傷者では10代後半から30代が多く、高齢者は14パーセントと少ないのですが、死者では高齢者が半数を占めます。また、どんな事故かをみると、人身事故では追突や出会い頭などの車両同士の事故（これを「車両相互事故」といいます）が大部分を占めますが、死亡事故になると歩行者事故や車両単独事故が増えてきます。ただし、正面衝突事故だけは、車両相互事故ですが死亡事故になりやすい事故です。衝突時のスピードが高いほど死亡事故になりやすいこともよく知られています。このほか、人身事故と死亡事故には異なる点が様々あります。共通した点をまとめると、死亡事故は負傷事故と比べ、衝突時のエネルギーが大きく、その衝撃に耐えられる力が弱い人が事故にあった場合に生じやすいといえます。

　このように、負傷事故（人身事故）と死亡事故とは異なる姿をしていることから、それぞれの事故に対しては、異なった事故防止対策を取った方が効果的だといえます。つまり、小さな事故への対処だけでは大きな事故を必ずしも防げるとは限らないのです。これは、一見するとハインリッヒの主張に反するようですが、小さな事故への対策もおろそかにしないというハインリッヒの視点も、小さな事故と大きな事故とでは事故対策を別個に考えるという視点も、共に大切でしょう。

　死亡事故と負傷事故とは異なるという事実から、もう一つ注意する点が

あります。それは、皆さんが事故についてお話をする場合には、どちらの事故について述べているかを明確にするという点です。聞く立場に立ったときも、これは死亡事故について述べていることなのか、事故全体（人身事故）について述べていることなのかを区別して聞くことが重要なのです。本書では、人身事故の統計を基本とし、死亡事故の場合にはそれを明記しています。

> Answer Q1の答え　②　1.2倍
> 　　　　Q2の答え　③　150件

文　献

1) 交通事故総合分析センター（2013）．交通統計 平成24年版．
2) 厚生労働省（2013）．人口動態統計
   http://www.e-stat.go.jp/SG1/estat/List.do?lid=000001114058
3) 松浦常夫（1992）．交通事故死者の集計対象期間．月刊交通, *23(5)*, 101.
4) DaCoTA（2013）. Road safety knowledge system.
   http://safetyknowsys.swov.nl/Countries/Forecasts.html
5) IRTAD（2011）. Reporting on serious road traffic casualties.
   http://www.internationaltransportforum.org/irtadpublic/pdf/Road-Casualties-Web.pdf
6) 警察庁交通局（1993）．交通指導課資料．
7) Amoros, E., Martin, J.L., & Laumon, B.（2006）. Under-reporting of road crash casualties in France. *Accident Analysis & Prevention, 38*, 627-635.
8) 日本損害保険協会（2011）．自動車保険データにみる交通事故の実態．
9) 交通事故総合分析センター（2013）．交通事故統計年報 平成24年版．
10) Heinrich, H.W（1931）. *Industrial accident prevention: a scientific approach*. New York: McGraw-Hill.
11) Bird, F.E.Jr.（1986）. *Practical loss control leadership*. Georgia, USA: International Loss Control Institute.

第6章

事故統計とは何か

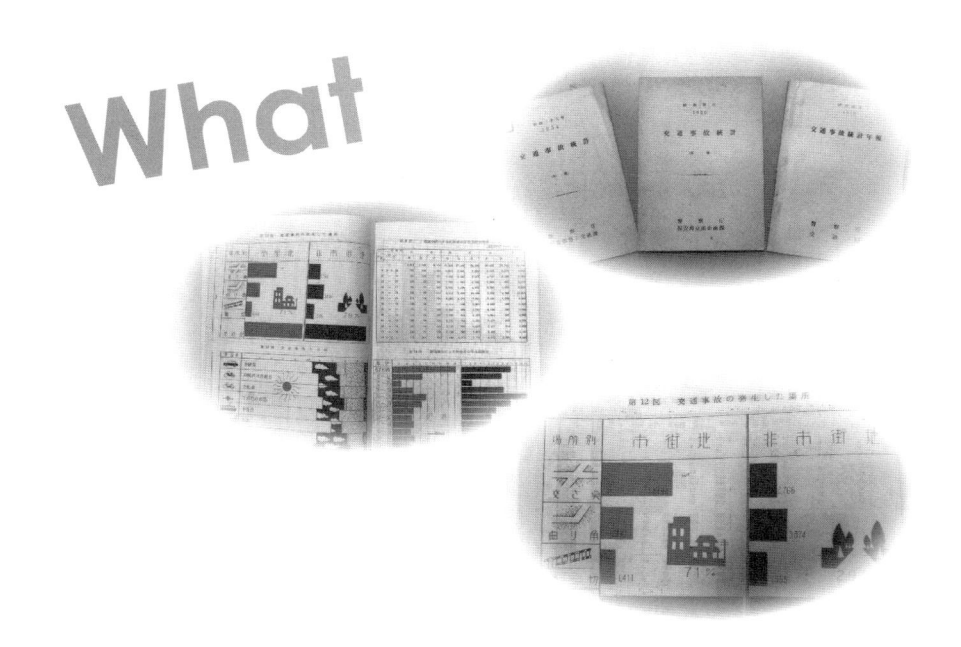

6-1　交通事故統計の成り立ちと調査項目

　我が国の交通事故統計の代表的なものに、「交通統計」と「交通事故統計年報」があります。共に、主として警察庁交通局から交通事故や関連するデータの提供を受けて、公益財団法人交通事故総合分析センターが作成し、統計書として発行・販売しているものです。交通事故統計は事故を分析するための重要な資料となるものであり、交通警察官のみならず交通安全に携わる多くの人々が「交通統計」や「交通事故統計年報」を活用しています。

　ここでは、交通事故統計の成り立ちと調査項目について解説します。

Q1 現在のような交通事故統計原票が使用されるようになったのはいつからでしょうか。
　① 昭和29（1954）年
　② 昭和41（1966）年
　③ 昭和45（1970）年

Q2 初期から今日の交通事故統計原票に至るまで継続して調査されている項目はいくつあるでしょうか。
　① 15項目
　② 25項目
　③ 35項目

▶答えは251ページ

◆ 戦後～昭和29年

(1) 犯罪統計の中の交通事故統計

　戦後から2年たった昭和22（1947）年に、旧警察法が制定され、警察は

国家地方警察と市町村自治体警察に分かれました。旧警察法が施行された翌年には犯罪統計の制度が確立され、昭和23年以降、毎年、警察庁から「犯罪統計書」（昭和39年以降は、書名を「昭和（平成）○○年の犯罪」と改称）が刊行されています。交通事故統計はその犯罪統計の中に含まれていて、

1　交通事故原因調（車馬、人、物件その他）
2　交通事故損害調（当事者相関別の死傷者数、物的損害額）
3　交通事故件数調（当事者相関別の事故件数）
4　車馬、電車の交通事故発生時の状況調（時間、昼夜、天候、場所、路面の状況）
5　交通取締処分調（違反処分、運転免許の行政処分）

が調査されることになりました[1]。

　この結果は、翌24年から「交通事故統計（年報）」として発行されるようになり、内容を変えながらも現在に至っています。例えば、昭和28年には犯罪統計規程の改正があり、

6　交通事故による死傷者の年齢別、性別調
7　交通事故を起こした運転者の年齢および運転経験調

が加わりました。

　昭和28年は、日本がサンフランシスコ講和条約によって連合国（アメリカ）の占領下から解放された翌年で、まだ戦後復興の混沌期でした。交通事故死者はこの年に5千人を超え、自動車台数も100万台を突破しました。現在の自動車台数は8,000万台ですから、自動車が少ない割に交通事故死者がいかに多かったかが分かります[2]。

　昭和29年には、現行の警察法（新警察法）が制定・施行され、全国を統括する警察庁の下に警視庁と道府県警察が設置されました。

(2) 調査項目

　「5W1H」という言葉があります。これは文章を書くときや人に何かを言葉で説明するときに、5つのW（When：いつ、Where：どこで、Who：だれが、What：なにを、Why：なぜ）と1つのH（How：どのように、どうして）を漏れなく含んで述べると、相手に出来事などが正確に分かりやすく伝わるという工夫です。交通事故という現象を把握する場合

にも、この５Ｗ１Ｈが含まれると分かりやすいでしょう。表１は、そういった観点から犯罪統計規程の中の交通事故統計項目を整理したものです。初期の交通事故統計の調査項目は少なかったものの、基本的な項目を調査していたことが分かります。

表１　５Ｗ１Ｈから分類した犯罪統計規程の中の交通事故統計項目

５Ｗ１Ｈ	統計調査項目
When いつ	4　車馬、電車の交通事故発生時の状況調（時間、昼夜）
Where どこで	4　車馬、電車の交通事故発生時の状況調（場所）
Who だれが	3　交通事故件数調（当事者相関別の事故件数） 6　交通事故による死傷者の年齢別、性別調 7　交通事故を起こした運転者の年齢および運転経験調
What なにを	2　交通事故損害調（当事者相関別の死傷者数、物的損害額）
Why なぜ	1　交通事故原因調（車馬、人、物件その他）
How どのように	1　交通事故原因調（車馬、人、物件その他）

注　統計調査項目内の数字は、前述(1)の１～７に対応

(3) 交通事故原因

表１では、Ｗｈｙ と Ｈｏｗ の統計調査項目は同じです。それは２つの言葉の意味には重なる部分が多いからです。Ｗｈｙ（なぜ、理由）は様々な観点から記述することができ、そのいくつかの観点は Ｈｏｗ（どのように、どういった手段で、どういった心や健康の状態で）で述べることもできます。例えば、歩行者が横断禁止場所を横断して事故に遭ったとすれば、事故の原因は横断禁止場所を横断したから（Why）と考えられますし、横断禁止場所を横断して（How）事故に遭ったともいえます。

表２は、昭和28年中の事故の原因を調べた結果です[3]。現在の事故統計では、事故の要因を"運転者や歩行者などの人的要因"と"車両の整備不良や状態不良等の車両的要因"と"道路や交通の環境的要因"の３つに分けて調べていますが、それと昭和28年統計とは大枠で似ている点に驚かされます。ただし、運転者の行為が主として法令違反で説明されていて、現在のような認知ミスを代表とするヒューマンエラーで説明されていない点は大きく異なっています。

表2　交通事故原因の分類とその結果（昭和28年交通事故統計[3]）

交通事故原因	意　　　味	件数（％）
(A)　車両等	1　車両等の操縦者の交通法令違反その他の行為	55,409（69）
	2　操縦者の身体的状況	11,007（14）
	3　車両等の状況	5,174（6）
(B)　人	歩行者、乗客その他の人の違反	7,951（10）
(C)　物件その他	道路その他の欠陥	506（1）

◆ **昭和30〜39年**

　昭和30年には、内閣に交通事故防止対策本部（昭和35年からは交通対策本部）が設置され、交通事故防止対策要綱が制定されました。これは、終戦以来、占領軍下にあった道路交通に関わる行政が各省庁に分割されていたものを、政府全体の重要課題として取り上げたものです[4]。

　この背景には、「日本の道路は信じがたいほどに悪い。工業国にして、これほど完全にその道路網を無視してきた国は日本の他にはない。」とワトキンス報告（昭和31年）で指摘されたほどの、劣悪な道路状況があります。また、自動車保有台数は、昭和23年に戦前の台数を回復して20万台を超え、5年後にはその5倍の100万台を突破し、自動車が急増しました。自動車といっても現在のように乗用車が主体ではなく、貨物車が主体で、また、四輪自動車よりも三輪や二輪の方が多かったのです[5]。道路を通行するのは自動車だけではありません。それと同じくらいの自転車が走っていましたし、原付自転車や荷馬車や荷車（リヤカー）も通行していましたし、もちろんそれらを上回る数の歩行者もいました。

　昭和35年には、それまでの道路交通取締法に代わる道路交通法が制定・施行されました。これは、交通事故防止対策要綱に対する警察庁の対応であって、これを機に交通警察に関わる法令の全てにわたって見直しが行われました。交通事故統計業務にも、この時期から変化がみられます。

　現在の交通事故統計の枠組みが定められた昭和41年までの数年間は、そのための準備期間でした。昭和37年には、幼児・児童の曜日別、時間別、

相手方別の各事故発生状況や幼児・児童の交通事故原因といった幼児・児童に関する5つの統計、死亡事故を起こした自動車等の用途別調といった死亡事故関連の3つの統計、および踏切事故発生状況の計9つの統計が、既存の犯罪統計規則に基づくものとは別個の統計として調査されることになりました[6]。幼児・児童に対する統計が追加されたのは、戦後のベビーブームで生まれた子供たちの交通事故が多発していたためです。例えば、昭和31年の交通事故の年齢別死者数をみると、15歳以下の死者数は1,782人で全体の26パーセントを占めていました。この割合は、ベビーブーム世代が中学生に移行していった昭和37年には17パーセント（1,938人）に減少しましたが、現在の2パーセント（92人）と比べると桁違いに子供の交通事故死者が多かったのです。

　昭和38年には、死亡事故と重傷事故を対象とした「死亡重傷交通事故統計」が追加されました。この統計は、事故類型、路線、道路幅員、危険の認識状況、事故を回避できなかった理由、行動類型、速度、教習歴など、従来の統計より項目が増えた点に特徴があります。更に画期的な点は、パンチカードやテレタイプ（タイプライター式電信機）でデータを入力し、それをコンピュータに記録・保存するという電子計算機システムが導入された点です[6]。

◆ 昭和40〜63年

(1) 交通事故分析要綱

　昭和37年に総理大臣（池田勇人）は「交通基本問題調査会」に対して、「わが国の陸上交通に関する総合的施策について貴調査会の意見を求める」という諮問を発しました。それに対する答申（昭和39年）の中に、交通事故防止に関する科学的研究の推進があり、「最近、欧米諸国においては、交通事故発生に関する統計的研究、運転者の適性、運転時における状況、交通事故被害者の療養等に関する医学的又は心理学的研究、道路、車両、鉄道等および交通規制に関する工学的研究等が行われている。……政府は上述のような研究の強力な推進を図り、その成果を積極的に利用しなければならない。」と指摘されています[4]。これに呼応して、昭和40年に警察

6-1　交通事故統計の成り立ちと調査項目

庁交通局長から「交通事故分析要綱の制定について」という通達が都道府県警察に出され、翌年に施行されました。

この要綱の目的は、「効果的な事故防止対策をたてるために必要な科学的かつ実証的な交通事故分析に関する基準を定めること」であり、交通事故分析の方法を統計的分析と事例的分析に分けて示しています。統計的分析は、路線別分析と車種別分析と組織的分析に分けられています。路線別分析は、道路環境、交通環境および交通取締りの面からみた事故防止を策定するために、区間若しくは地点の事故率を算出するものです。車種別分析は、一般分析と高速自動車国道上の分析があり、一般分析では車種別の走行キロ数に対応した事故率を算出するものです。組織的分析は、自動車を使用する事業者や使用の本拠を対象として、運行管理の面からみた事故防止対策を立てるために、1億走行キロ当たりの事故率および事故発生時の状況を明らかにしたり、指定自動車教習所に対して、教習方法の面からみた事故防止対策を立てるために、卒業生の事故の発生率および事故発生時の状況を明らかにするものでした[7]。

(2)　**交通事故統計事務取扱要綱**

昭和41年1月には、交通事故分析要綱と共に、交通事故統計事務取扱要綱が施行されています。これは、交通事故分析要綱の基本となる統計的分析を推進するために、交通事故統計事務の合理化と効率化を図ったもので、これに基づいて交通事故統計の実務が遂行されます。この要綱の解説が記された「交通事故統計作成の手引き」[8]によれば、これは交通警察運営上の真の資料を得るために、従来から行われてきた統計事務取扱方法を改正したもので、趣旨は次のようなものでした。

① 犯罪統計規則および同細則から分離するとともに、死亡重傷事故統計を包含する。
② これまで都道府県警察において個々に行われてきた統計様式を統一する。
③ 死亡、重傷又は軽傷を伴う事故について、電子計算機により記録する。
④ その記録を基礎にして、事故を分析、検討し、事故防止対策に資す

る。

　交通事故分析要綱では、統計的分析として路線別分析と車種別分析と組織的分析が挙げられていましたが、この他に当事者分析、違反種別および心理的・身体的状況の分析、被害状況の分析等が可能となるように、多くの調査項目が含まれるようになりました。

(3) 交通事故統計原票

　事故発生後に署に戻った警察官が交通事故統計用に作成する交通事故統計の調査票を「交通事故統計原票」といいます。この原票のデータから「交通統計」や「交通事故統計年報」などの交通統計が作られます。昭和41年の交通事故統計原票は現在の交通事故統計原票のひな型で、当時から本票と補充票が区別されていました。

　本票は、交通事故1件につき1枚（1組）作成されるもので、事故内容（資料区分）、事故類型、事故の発生日時、道路形状、天候などといった事故の種類や事故時の状況や環境に関わる項目、性別、年齢、当事者区分（普通自動車、歩行者といった移動手段）、法令違反（違反種別）などの第1当事者と第2当事者に関わる項目が調査項目として記載されています。補充票は、本票に記載されなかった当事者がいた場合（第3当事者以下）に、1人につき1枚作成されます。調査項目をみると、乗車別（同乗者区分、運転者か歩行者か同乗者か）以外は、本票の項目に含まれているものですが、調査項目全体の数は本票の3分の1から半数と少なくなっています。

(4) 交通事故統計原票の改正

　数年に1度、交通事故統計事務取扱要綱と共に原票は改正されます。数年たつと、交通情勢が変わったり、道路交通法の改正があるためです。交通情勢の変化に応じて調査項目が新設・廃止された例には、オートマチック車（昭和61～平成12年）、エアバッグの装備（平成7年～）などがありますが、特に大きな変化は、昭和55年から本票と補充票に加えて高速道路で発生した事故に限って調査する「高速道路追加調査項目票」が作成されたことです。この調査票では、道路区分（本線、登坂車線、ランプウェイ、サービスエリアなど）や当事車両台数や高速道路走行距離など、高速道路

6-1　交通事故統計の成り立ちと調査項目

に特有な交通を反映した項目が調査されています。この調査票が新設されたのは、高速道路がこの頃から次第に増えてきた（昭和48年に道路延長が1,000kmを超え、昭和51年には2,000kmを超えた）からです。

　道路交通法の改正があると調査項目が新設されるのは、同法によって規則を定めた結果、それに関連する事故が減少したかを事故統計によって調べるためです。正確に法律の効果を測定するためには、法律の施行前と施行後の関連事故件数を比較します。そのためには、改正概要が発表されたり、公布されてから施行されるまでのデータ（事前データ）を取っておく必要があります。この方法は事前事後分析といって、効果測定の基本となるものです。同法改正後の調査項目新設の例には、暴走行為（昭和55～平成元年）、優良・非優良運転者（平成7～12年）、携帯電話等の使用状況（平成13年～）およびライト点灯状況（平成19年～）などがあります。

(5)　**調査項目の取捨選択**

　原票の改正作業は、都道府県警察の担当者や警察庁交通局内の意見を聞いて交通企画課で実施されます。その時に配慮するのは、
　①　統計の継続性（調査項目の継続）
　② 　新規調査項目の選定
　③ 　廃止項目や統合項目の選定
　④ 　調査項目数を増やさない
です。先に述べたように、交通情勢が変わったり、道路交通法の改正があると、②のような新規調査項目が加わって調査項目数が増えがちです。そうすると統計作成事務の負担が増えてしまいます。そこで、③の廃止項目や統合項目の選定をします。①のような昭和41年以来ずっと継続して調査してきた項目は削除できませんから、残りの項目の中で不要となったり、他の項目で代用できる項目を探すのです。

　例えば、昭和61年の5回目の改正では、踏切（国鉄、私鉄、該当なし）を廃止しましたが、その代わりに特殊事故のカテゴリーの中にそれを含めています。しかし、次の平成2年の改正では特殊事故の中から踏切はなくなっています。ただし、踏切での事故かどうかの調査ができなくなったかというとそうではありません。今でも道路形状のカテゴリーに踏切があり

表3 昭和41年以来継続して調査されている事故統計項目とそのカテゴリー

調査内容	調査項目	主要カテゴリー	昭和28年
票の管理			
	資料区分	様式1から6　本票は1、補充票は3	
	都道府県警察署等	コード番号	
	本票番号	警察署ごとの年間の原票作成順番号	
事故の大きさ・内容			
	死者数・重傷者数・軽傷者数	人数を記入	○
	事故類型	大分類（人対車両、車両相互、車両単独、列車）	
事故時の状況・環境			
	発生日時	年、月、日、時、分を記入	○
	昼夜	昼、夜	○
	曜日	年と月と日から算出	
	天候	晴、曇、雨、霧、雪	○
	路線コード	主道路または第1当事者の走行道路のコード番号	
	地形	市街地（人口集中、その他）、非市街地	○
	道路形状	大分類（交差点、単路、踏切、一般交通の場所）	○
	車道幅員	3.5m未満、3.5m以上、5.5m以上、9.0m以上…	
	歩車道区分	区分あり（防護柵等、縁石・ブロック等、路側帯）、なし	
	路面状態	舗装（乾燥、湿潤、凍結、積雪）、非舗装	
	信号機	点灯、点滅、消灯、故障、施設なし	
事故関与者の属性・行動・被害			
	性別	男、女、不明、単独事故	○
	年齢	年齢を記入	○
	運転経験年数	1年未満、…、5年未満、10年未満、10年以上、無免許等、…	○
	職業（産業）	コード番号	
	運転資格	有資格、無免許等、調査不能、対象外当事者免許、当事者不明、単独事故	
	行動類型	発進、直進、追越（追抜）、進路変更、左折、右折、…	
	法令違反	コード番号	○
	事故要因	人的要因、車両的要因、環境的要因の各コード番号	△
	人身損傷程度	死亡、重傷、軽傷、損傷なし、対象外当事者	○
	人身損傷主部位	全損、頭部、顔部、頸部、胸部、腹部、背部、腰部、…	
車両の種類			
	当事者種別	大分類（乗用車、貨物車、特殊車、二輪車、路面電車、列車、軽車両、歩行者、物件等、相手なし、当事者不明）	○
	用途別	大分類（事業用、自家用、対象外当事者・当事者不明）	

ますし、事故類型の中にも列車（列車が当事者となった踏切事故）があります。

交通事故統計でも、同じ調査項目を継続的に採用するという統計の継続性は大切です。そのことによって経年変化を調べることができるからです。昭和41年の本票に記載された調査項目数は47項目ありましたが、そのうち平成24年改正原票まで継続して調べられている項目は25項目あります（表3）。そのうちの半数の13項目は、昭和28年以来の調査項目です。

(6) 交通戦争

交通事故死者のピークは昭和45年で、その年の死者は1万6,765人でした。この「第一次交通戦争」といわれた危機的な状況の中、交通安全に関する施策を総合的・計画的に推進するための交通安全対策基本法が制定されました。以後、この法律によって国の交通安全基本計画が定められることになり、昭和46年の第1次交通安全基本計画から現在の第9次交通安全基本計画（計画期間：平成23〜27年度）に引き継がれています。この法律の下に、第1次交通安全施設整備五箇年計画などが推進され、信号機や標識・標示が整備され、全国に交通管制センターが設置されるようになりました。

こうした国を挙げての対策が功を奏して、昭和54年には交通事故死者はピーク時の半分になりました（8,466人）。しかし、その年以降再び死者は増加に転じ、バブル景気や第2次ベビーブームの世代が若者世代となったこともあって、昭和63年には再び1万人を超え、「第二次交通戦争」といわれる状況となりました。

◆ 平成以降

(1) 交通事故総合分析センター

こうした中、警察ではシートベルト着用の義務化（昭和60〜平成4年）とその取締りの強化を始めとする様々な対策を講じました。交通事故統計の分野でのこの時期のトピックスは、平成4年に財団法人交通事故総合分析センターが設立されたことです。このセンターは、交通事故と人、道路

と交通の環境、車に関する総合的な調査研究を実施して、交通事故の防止と被害の軽減を図ることを目的として設立された、警察庁、運輸省（現国土交通省）、建設省（同）の3省庁が共管する機関です。主な業務は、交通事故統合データベース（マクロシステム）の構築・管理、交通事故事例調査の実施とデータベース（ミクロシステム）の構築・管理、およびこの2つのデータベースを用いての調査研究、「交通統計」や「交通事故統計年報」などの統計書や統計表の発行・販売、広報誌「イタルダ・インフォメーション」の発行・無料配布、研究発表会の開催、企業や省庁・自治体からの統計分析の受託などです[9]。

「交通事故統合データベース」というのは、警察庁から提供された交通事故統計データを核として、同じく警察庁から提供された運転者データ（免許や違反・事故歴や講習歴等）、運輸省からの車両データ（車両の種類や大きさなどの諸元、初年度登録年等）、および建設省からの道路データ（道路の種類、平面線形などの幾何構造、道路附属施設等）を統合しようというものです[10]。交通事故統計データに前記の3つのデータを統合する作業は膨大なもので、現在もその構築過程にあります。

「交通事故事例調査データベース」は、交通事故総合分析センターのつくば交通事故調査事務所の専門の調査員が、つくばとその周辺地区で発生した交通事故を対象として、事故事例を詳細に調査した結果をデータベース化したものです。平成5年から23年までに5千件の事故事例調査が実施されています[11]。このデータを有効活用するために、当初から学識経験者や交通安全関係の研究機関等の研究者や技術者で構成される「総合的調査に関する調査分析検討会」が設置され、その下に設置された「人分科会」、「車両分科会」、「道路環境分科会」および「人体傷害に関する分科会」で事故分析が行われて、「交通事故例調査・分析報告書」が毎年発行されてきました。筆者も人分科会（途中から「予防安全分科会」に統合）で委員や分科会長を長い間務めさせていただきましたが、残念ながら平成24年度にこの検討会は、いったん廃止されました。

(2) 交通事故データの利用

センターが設立されて、「交通統計」や「交通事故統計年報」以外の交

通事故データも、警察庁以外の省庁やさらに企業や一般市民にまでも提供されるようになりました[12]。現在は、有償で一定の集計表や集計依頼による特注の集計表が入手できますが、加工される前の生データが利用できるようになる日が楽しみです。

> Answer
> Q1の答え　　② 昭和41 (1966) 年
> Q2の答え　　② 25項目

文　献

1) 国家地方警察本部 (1949). 犯罪統計作成要領.
2) 交通事故総合分析センター (2013). 交通事故統計年報 平成24年版.
3) 道路交通問題研究会 (2002). 道路交通政策史概観 資料編, p686. プロコムジャパン.
4) 道路交通問題研究会 (2002). 道路交通政策史概観 論述編, p152, 238. プロコムジャパン.
5) 警察庁保安局 (1961). 昭和35年交通事故統計 (年報).
6) 警察庁交通局交通企画課 (1993). 交通事故統計の沿革 (交通事故統計分析専科資料).
7) 警察庁交通局 (1965). 交通事故分析要綱の制定について.
8) 交通事故統計実務研究会 (1967). 交通事故統計作成の手引き. 東京法令出版.
9) 交通事故総合分析センター (2013). 平成25年度事業計画書.
   http://www.itarda.or.jp/outline/disclosure/25keikaku.pdf
10) 西田泰 (1993). ㈶交通事故総合分析センターの平成4年度マクロ分析事業について. 月刊交通, *24(8)*, 26-35.
11) 交通事故総合分析センター (2012). 交通事故例調査・分析報告書 (平成23年度).
12) 松浦常夫 (1993). 交通事故統計データの提供. 月刊交通, *24(8)*, 45-50.

6-2　交通事故統計表の種類と仕組み

　本書は、事故統計データを基に交通事故を学び、科学しようというものです。そこで、ここでは事故統計書としてよく使われている「交通統計」を題材として、統計表の種類や仕組みについて説明します。

　「交通統計」の統計表は、本書でも何度も出てきます。統計表の仕組みを理解すれば、本書でどのようにして統計表が活用され、図表化されていったかが明らかになると思います。また、読者の皆さんが、「交通統計」から事故の姿を読みとったり、自分の地域で発生した事故を統計表にまとめたりする時に役立つでしょう。

Q1　「交通統計」で最も多く使われている集計表はどれでしょうか。
　　①　単純集計表
　　②　クロス集計表
　　③　年推移（経年変化）表

Q2　「交通統計」の集計表に記載される度数には何があるでしょうか。
　　①　事故件数
　　②　死傷者数
　　③　①・②の両方

▶答えは264ページ

◆　事故統計では多数の事故を対象とする　◆

　個別の事故や少数の事故からではなく、多数の事故から事故の実態を知る方法が統計です。多くの交通事故を対象として、その事故全体に当ては

6-2 交通事故統計表の種類と仕組み

まる特徴を数値で明らかにします。少数の事故では偶然の結果が出てしまうことがあるので、多数の事故を対象とするのです。例えば、野球の3割バッターはシーズンの平均打率が3割ですが、1週間単位の少ない打撃回数でみると、1割しか打てないときや5割の高打率を誇るときもあります。選手の実力は、短い期間の打率だけでは分からないのです。同じように、交通事故も少数の事故からは、本当の事故の姿はみえてきません。

それでは何件くらいの事故だと、集計して意味のある正しい数値が得られるのでしょうか。ある都市の例をみてみましょう。

　　　高齢化が進んで、全国では65歳以上の高齢者による交通事故死者が全体の半数に達しています（平成24年中は、2,264人で全体の51％ですが[1]、ここでは50％とします）。この大きな都市でも、年間20人の交通事故死者のうち12人が高齢者でした。このとき、市長が、「我が市の高齢化率は全国平均ですが、年間の交通事故死者のうち実に6割が高齢者で占められています。全国の交通事故統計によれば死者の半数が高齢者ということですから、我が市は全国的にみて高齢者の死者が多い市といえます。」と述べたとします。この発言は正しいといえるでしょうか。

結論から言えば、この発言は「ほぼ」正しいといえます。「ほぼ」という断りを入れたのは、その市が交通事故死者の半数が高齢者である平均的な市であったとしても、確率からいうと12人以上（6割以上）が高齢者で占められることが4年に1度くらいはあるからです。つまり、たまたま6割以上となった可能性（25％）があるからです。

それでは「高齢者の交通事故死が全体の6割を占めるから、高齢者の死者は全国平均（5割）より多い。」と確信を持って言えるためには、どのくらいの年間死者数が必要でしょうか。

統計学では予測の誤りが5パーセント以下の場合に、統計的に正しい（5％水準で有意という表現をします）とみなします。今回のケースで言うと、高齢者の死者割合の平均が5割ということから、出現確率が0.5の2項分布を計算したところ、市の死者数が80人以上あれば死者の6割が高

齢者の場合に全国平均（5割）より多いとみなせるという結果でした。また、この問題は、高齢者と非高齢者の割合が1対1であるかの適合度検定をしてもよいかもしれません。そうすると、死者数は96人以上必要という結果でした。統計の計算は慣れないと難しいものですが、とにかく事故や死者が多い少ないと言うときには、ある程度の件数や人数がないと信頼できない発言となってしまうのです。

◆ 事故統計で用いられる統計表

　統計表は、大きく分けると2種類あります。1つ目は単純集計表で、調査項目（例えば性別）に関して度数（例えば、交通事故死者数）を数えたものです。2つ目はクロス集計表で、2つ以上の調査項目（例えば、性別と状態別）をクロスさせて度数を数えたものです。
　こうした統計表で示す集計と2項分布を用いた推計のような報告書や論文などでみられる統計分析とでは、どこに違いがあるのでしょうか。事故統計でよく使われる集計は、事故の結果を統計数字の形にまとめて整理するという統計で、記述統計と呼ばれます。一方、2項分布を用いた予測のような統計分析は、推測統計（あるいは統計的推論）と呼ばれます。記述統計の方が単純ですが、その単純集計やクロス集計は統計分析の基本なのです。本書で扱う統計分析のほとんども記述統計です。まとめると次のようになります。

```
                    ┌─ 記述統計 ─┬─ 単純集計
          統計 ─────┤            └─ クロス集計
                    └─ 推測統計
```

　ところで、単純集計やクロス集計をそのまま示すと複雑すぎて見にくかったり、表の意味が分かりにくかったりする場合があります。その場合には、表を単純化したり、数値を加工したり、別の項目を追加したりします。

6-2 交通事故統計表の種類と仕組み

◆ 単純集計表

(1) 単純集計表の構成

事故統計の単純集計表は、交通事故統計原票の調査項目について、それぞれの下位区分（カテゴリー）に何件（あるいは何人）が該当するかを集計したものです。

表1 単純集計表の例
表1 月別の事故件数

月	事故件数
1	52,536
2	53,346
3	54,537
⋮	
11	58,515
12	62,609
合計	665,138

表2 単純集計表の各部の名称

A表番号　B表題

C表側頭	E表頭
D表側	F表体（本欄）
	←セル（ます）

表1は、月別に事故件数を調べた単純集計表の例です[1]。「月」の下にある数字の「1」は1月を、「2」は2月を示します。その横の数字は、その月の事故件数です。単純集計表を形式面から見たものが表2です。

「A表番号」は、「表1」といったように表に番号をつけて表を特定するものです。いくつか表があるときに、どの表のことを示しているのかを特定するためです。「B表題」は、「月別の事故件数」のように表の内容を簡潔に示したものです。「月別事故件数」でも「事故発生月別の交通事故件数」でも構いません。

「C表側頭」（ひょうそくとう）は、「月」のように表側の調査項目名を示す部分です。「D表側」は、「1、2、…12」といったように調査項目である月のカテゴリー（1月、2月、…12月）を示す表の一番左の列です。このカテゴリーについて、事故件数などが集計されるのです。

「E表頭」（ひょうとう）は、単純集計表では表1の「事故件数」のよう

に表示された数値が意味するものを記します。「Ｆ表体」又は「本欄」は、52,536、53,346のように表側のカテゴリー（月）に該当する「事故件数」を集計した値（これを「度数」という）を記す部分です。このうち、個々の値が記載される部分は「セル」あるいは「ます」と呼ばれます。セルというのは、英語で小さな部屋という意味です。生物で習った細胞も部屋状になっていて、セルと呼ばれます。

(2) 度数として集計される事故件数と死傷者数

事故統計で集計されるのは、主として事故件数と死傷者数です。事故件数では、人身事故（死亡事故と負傷事故を合計したもので、交通事故あるいは全事故とも呼ばれる）と死亡事故の件数がよく用いられます。例えば、平成24年版「交通統計」の「第3編の第1部　概況及び交通事故発生状況(p.38-59)」で集計された事故件数は、全て人身事故件数です。また、「第3編の第2部　死亡事故発生状況（p.60-78)」で集計された事故件数は、全て死亡事故件数です。負傷事故件数が集計された統計表がないのは、死亡事故件数と人身事故件数が分かれば負傷事故件数も分かるからですし、「人身事故が〇〇件発生し、そのうち〇件は死亡事故でした」という方が分かりやすいからです。

死傷者数というのは、事故で死亡したり、負傷したりした人数で、死者数と負傷者数を合計したものですが、死者数や負傷者数もよく用いられます。例えば、「第3編の第3部　死者及び負傷者（p.79-93)」では、その3つが集計されています。ここで負傷者数が用いられているのは、先の理由とは反しますが、今までの集計を重んじたため（統計の継続性）かもしれません。

事故件数と死傷者数を比べると、事故件数の方が死傷者数よりも集計の対象となることが多いようです。その理由の1つは、事故を分析する場合には、いつ、どこで、誰によって事故が発生したか、事故の原因は何か、といった事故についての情報の方が、どういった事故で誰が死傷したかといった人身被害についての情報より一般的に重要であり、興味深いためです。また、人身事故1件当たりの死傷者数は1.25人で、死亡事故1件当たりの死者数は1.03人というように (p.11)[1)]、事故件数と死傷者数とはほぼ

一致しているため、普通は事故件数について集計すれば、死傷者数はそこから推定できるからです。

　もちろん、事故件数より事故に関与した者（当事者）の死傷者数を知りたい場合もあります。例えば、誰が死傷したのかは重要な情報で、「交通統計」では年齢層別死者数（p.17）や状態別死者数（p.16）が集計されています。また、ケガの程度に関係する情報も死傷者数で示されます。それは、シートベルト着用有無別の死者数（p.23）や損傷主部位別死傷者数（p.79）などです。

　「第3編第4部　子どもの事故」では、学齢別歩行者の通行目的別死傷者数をはじめとして、全て件数ではなく死傷者数が集計されています。子供は事故を起こした当事者というより被害者という観点から、その人身被害状況を示す目的で死傷者が用いられているのです。「第3編第6部　30日以内死者の状況」も全て死者数が集計されています。これも、24時間以内に死者が発生した一般的な死亡事故と30日以内に死者が発生した死亡事故とを比較するという観点より、24時間以内の死者と30日以内の死者とはどこが異なるのかという観点を重視しているためです（例えば、状態別・年齢層別30日以内死者数、p.126）。

　事故件数の方が死傷者数よりも集計の対象となりやすい理由には、次に述べるように、死傷者数の集計の方が事故件数の集計より複雑な点も関係しています。

(3)　事故件数と死傷者数の集計の実際

　交通事故統計原票から事故件数と死傷者数がどう集計されていくかみてみましょう。例えば、月別の人身事故件数と死傷者数を集計します。まず、事故件数についてみると、「月」は事故1件に1つ対応した値がある調査項目なので、カテゴリー（1月、2月、3月、…12月）に対応する値がそれぞれいくつあるかを、1月の事故は何件、2月の事故は何件というように集計して各月の度数を出せば、**表1**のような単純集計表ができます。

　月別の死傷者数は、**表3**に示すように、死者数と重傷者数と軽傷者数を合計することによって得られますから、その3つについて集計する必要があります。しかし、その集計は事故件数ほど単純ではありません。例えば、

死者数の集計についてみると、表4のようにクロス集計をしないと、月別の死者数の単純集計表が得られないのです。重傷者数と軽傷者数の単純集計表も同様に算出し、表3のような表ができるのです。これはクロス集計表となります。

　月別ではなく、例えば性別の人身事故件数と死傷者数を集計する場合は、もう少し複雑になります。「性別」は事故1件に1つ対応した値がある調査項目ではなく、当事者ごとに男性か女性かを調べる必要があるからです。

表3　月別の死傷者数

月（16）	死傷者数			
	死者数（6）	重傷者数（7）	軽傷者数（8）	計
1	324	3,691	61,752	65,767
2	322	3,399	61,950	65,671
3	341	3,598	64,417	68,356
⋮				
11	433	4,315	67,568	72,316
12	502	4,421	72,675	77,598
合計	4,411	46,665	778,731	829,807

注　カッコ内の数字は、交通事故統計原票（平成24年改正版）の本票の調査項目番号を示します。

表4　月別・死者数別のクロス集計に基づく月別死者数

月（16）	死者数（6）						死者計
	0	1	2	⋯	9	10	
1	a	b	c		i	j	324
2							322
3							341
⋮							
11							433
12							502
合計							4,411

注　死者計の計算：
　1月の例　$0 \times a + 1 \times b + 2 \times c + \cdots + 9 \times i + 10 \times j = 324$
　0、1、2…9、10は、事故1件当たりの死者数を示します。

6-2 交通事故統計表の種類と仕組み

例えば当事者が2人いれば、各々について事故件数や死傷者数を集計して、それを合計することになるのです。

(4) 推移を示す表

事故件数などの経年変化のことを推移といいます。「交通統計」の第1編と第2編は、この推移を示す表から構成されています。例えばp.1の交通関係指標の推移には、昭和41年から昨年までの交通事故死者数が記されていて、その間の変化を知ることができます。推移を示す単純集計表の場合には、表側は年で、表頭に事故件数や死傷者数などがきます。交通関係指標の推移のように表頭に交通事故死者数のほかに交通事故負傷者数や車両保有台数など複数の指標を置く場合には、一見するとクロス集計表のように見えます。しかし、本来のクロス集計表による推移の表では、表側は年で共通していますが、表頭には調査項目とそのカテゴリーがきます。

(5) 単純集計の目的

単純集計は、統計分析の基本中の基本です。一般のアンケート調査などでも、まず単純集計が行われます。事故統計での単純集計の目的は、交通事故統計原票の事故調査項目に関する事故の実態や推移を知ることです。さらに、そこから事故と結びつきやすい人や道路や環境の特徴を推測することもできます。

例えば、昼夜別の死亡事故件数を調べると（「交通統計」p.21）、昼は2,069件（48％）で夜は2,211件（52％）です。これより、死亡事故は夜の方が昼より少しだけ多いという事故の実態が分かります。また、昼と夜の長さは年間を通すとほぼ同じことから、時間当たりで考えても夜の方が昼より死亡事故件数が多いことが分かります。さらに、事故は交通量に大きく影響されます。国土交通省の「道路交通センサス」によれば、昼夜率は1.34（昼間の交通量を1とすると夜間の交通量は0.35、対象は都道府県道や国道）ですから[2]、交通量当たりで考えると、夜間は昼間より3倍多く死亡事故が発生しやすいといえます。

このように、交通量や人口や免許保有者数や自動車保有台数といった事故に関連した情報を加味すると、人、道路、車、環境のどういった要因が

事故に大きく影響しているかが分かるのです。

◆ クロス集計表

(1) クロス集計表の構成

　事故統計のクロス集計では、調査項目Aと調査項目Bとをクロスさせて集計する2次元のクロス集計表がよく作成されます。これは、調査項目Aのカテゴリーと調査項目Bのカテゴリーが交差するセルに、何件あるいは何人が該当するかを集計したものです。例えば、**表5**は当事者種別という項目と行動類型という項目とをクロスさせて死亡事故件数を集計したクロス集計表です。左上のセルの「84」という数値は、第1当事者となった自動車が発進中に起こした死亡事故の件数を示します。

　単純集計表（**表1**と**表2**）と異なるのは、表頭の部分です。**表5**では、行動類型とそのカテゴリー（発進、直進など）の部分が追加されています。単純集計表では、行動類型のカテゴリーはなく、計の部分だけが表頭でした。ところで、**表5**の表側頭は「当事者」となっていますが、この場所を斜線で二分し、左下半分に表側の調査項目名（当事者）を記し、右上半分に表頭の調査項目名（行動類型）を記す場合もあります。「交通統計」では、その方式がとられています。

　3次元以上のクロス集計表もたまに作成されます。例えば、「交通統計」のp.43には、地形別・道路形状別・昼夜別交通事故件数の3次元クロス集計表が記載されています。そこでは、表側部分に地形と道路形状がクロスされていて、表頭の昼夜と合わせると3つの調査項目がクロスされて集計されています。1つの3次元クロス表は、3つの2次元クロス集計表に分解することができますから、1つの2次元クロス表より多くの情報が含まれています。例えば、前記のクロス表から、地形別・道路形状別交通事故件数、地形別・昼夜別交通事故件数、道路形状別・昼夜別交通事故件数の3つのクロス集計表が得られるのです。3次元のクロス集計表を直接分析することも可能ですが、2次元を超えた解釈は難しいので、普通は2次元のクロス集計表が用いられます。

6-2 交通事故統計表の種類と仕組み

表5 クロス集計表の例（第1当事者別・行動類型別死亡事故件数（交通統計24年版）[1]）

当事者	行動類型				
	発進	直進	右左折	その他	計
自動車	84	2,554	511	246	3,395
自二	1	238	11	41	291
原付	4	173	33	13	223
自転車	5	135	12	50	202
計	94	3,100	567	350	4,111

注 その他の車両、歩行者、対象外当事者（ひき逃げなど）は含まない。

(2) クロス集計ではどの項目とどの項目をクロスさせるか

　何を調べたいかによって、クロス集計される2つの調査項目が決まります。闇雲に様々な調査項目をクロス集計するのは、予備的・探索的な段階ではあるかもしれませんが、ある目的で集計する場合には、関係がありそうなクロス集計項目をあらかじめ決めておきます。そうしてクロス集計をしてみると、クロス集計される2つの調査項目には、ある組合せがみられます。事故件数と死傷者数に分けて、そのパターンをみてみましょう。

　表6は、交通統計と交通事故統計年報に記載された事故件数のクロス集計表では、どういった調査項目がクロスして用いられているかを調べたものです。パターン化するに当たって、交通事故統計原票（平成24年用）に記載されている調査項目を事故項目と1当項目と2当項目に分けました。事故項目とは、原票本票の最初の調査項目である資料区分から31番目の特殊事故までの項目を指します。1当項目と2当項目は、本票の32番目の調査項目である性別から67番目の自宅からの距離までの項目で、1当と2当で共通です。第1当事者の情報を記載する項目が1当項目で、第2当事者の情報を記載する項目が2当項目です。

　表6から、事故項目と事故項目のクロス、1当項目と1当項目のクロス、および1当項目と事故項目のクロスが多いことが分かります。また、2当項目を用いたクロス表は少ないものの2当項目間のクロスは比較的多いことが読みとれます。

事故×事故パターンの集計では、道路環境、交通環境、一般的環境（天候、昼夜など）、事故形態、事故被害状況から構成された事故項目間の関係を調べます。環境が異なるとどういった形態の事故が起きやすいか、事故被害も異なるか、逆にあるタイプの事故はどんな環境で起きやすいかといった関係が調べられます。

表6 「交通統計」等のクロス集計に用いられている調査項目の9個のパターン分類
（事故件数を集計する場合）

表側	表頭		
	事故項目	1当項目	2当項目
事故項目	時間帯・曜日　40 道路幅員・昼夜　42 事故類型・昼夜　44 地形・道路形状・昼夜　43 地形・道路形状・天候　57	事故類型・当事者　46 都道府県・当事者　32報	都道府県・当事者　35報
1当項目	当事者・時間帯　162報 当事者・曜日　164報 当事者・昼夜・道路形状 168報	年齢層・当事者　48 通行目的・当事者　49 違反・年齢層　50-55 当事者・免許経過年数　56 行動類型・当事者　58	
2当項目		当事者相関　196-197報	(都道府県・) 年齢層・性別 　109-113報 当事者・通行目的　243-245報 当事者・行動類型　258-261報

注　調査項目の後に記された数字は、「交通統計」の記載ページを示します。「交通事故統計年報」記載のクロス表の場合は、記載ページの後に「報」と記されています[3]。

1当×1当パターンは、表5のような集計です。このタイプのクロス集計では、第1当事者の移動手段（乗用車、歩行者など）によってその当事者の属性や状態や行動が異なるか、第1当事者の属性（性別、年齢など）によってその当事者の状態や行動が異なるかなどの視点から調査項目が選ばれます。また、1当×事故のクロス集計では、第1当事者の移動手段や属性が異なると事故時の環境や事故形態も異なるか、あるいは逆に環境が異なるとそこで事故を起こす当事者の属性や状態や行動も異なるのかといった関係が調べられます。

死傷者数のクロス集計表では、どういった調査項目がクロスして用いら

6-2 交通事故統計表の種類と仕組み

れているかを調べると、事故件数の場合と異なり、状態別・年齢層別死者数（「交通統計」p.80-81）のような当事者項目間のクロス集計が多く用いられています。このとき、第3当事者以下も加えられますが、それは事故で死んだりケガをしたりするのは、第1当事者と第2当事者だけではなく、同乗者や事故に巻きこまれた第3の当事者もいるからです。

死傷者数のクロス集計表では、事故項目はあまり用いられません。単純集計の場合と同様に、「ある環境下ではこういった事故で死傷する人が多い」という結果に興味を持ったとしても、死傷者数と事故件数とはほぼ同じであるので、「ある環境下ではこういった事故の件数が多い」と言えば事足りるからです。

ただし、誰が死傷したかという単純集計で得られた分析を深めるために、誰がどういった事故状況の下で何人死傷しているかをクロス集計して調べることはあります（例えば、学齢別・時間帯別死傷者数、p.95）。また、例えば事故の形態によってシートベルト着用による被害軽減効果が異なるかを調べようとすれば、事故類型別・シートベルト着用有無別の死者数といったクロス集計をすることになります。

(3) **クロス集計の目的**

クロス集計をすると2つの点が明らかになります。1つは、2つの項目を使うことから単純集計より詳しい事故実態が得られます。もう1つは、クロス集計表の表側の調査項目と表頭の調査項目に関係があるかどうかを調べることができます。

2つの項目間の関係とは、**表5**でいえば当事者と行動類型に何か関係が見られるかどうかということです。統計学ではこんな時、推測統計でよく用いられるカイ2乗検定という統計分析によって、2つの項目（変数）の独立性を確かめます。しかし、そのようにしなくても**表5**を**表7**のように加工することによって、当事者と行動類型が関連しているかどうかは大体分かります。

表5で関係がみられるということは、行動類型の全体的なカテゴリー分布（一番下の行に示された発進時94件、直進時3,100件、右左折時567件、その他350件という単純集計の分布）とは異なる分布を、ある当事者は示

すということです。それは、**表5**を加工した**表7**の各当事者と計が示す行動類型の構成率の分布を比較すれば明らかになります。自動車は当事者となることが一番多いため、全体の分布とほぼ一致し直進時の事故が最も多いこと、自二は他の当事者と比べると、直進時やその他の運転中（詳しくみれば、追越し・追抜き時）に事故の割合が多く、発進時や右左折時の割合が少ないこと、原付は自動車と似た分布を示していること、自転車は他の当事者と比べると、その他の事故（詳しくみれば、横断時）の割合が多く、直進や右左折時の事故の割合が少ないことが、**表7**から読みとれます。

表7　第1当事者別にみた行動類型別死亡事故件数の構成率（%）

当事者	発進	直進	右左折	その他	計
自動車	2	75	15	7	100
自二	0	82	4	14	100
原付	2	78	15	6	100
自転車	2	67	6	25	100
計	2	75	14	9	100

> Answer
> Q1の答え　②　クロス集計表
> Q2の答え　③　①・②の両方

文　献

1）交通事故総合分析センター（2013）．交通統計　平成24年版．
2）国土交通省（2013）．平成22年度全国道路・街路交通情勢調査（道路交通センサス）一般交通量調査　集計表
　http://www.mlit.go.jp/road/census/h22-1/data/pdf/syuukei04.pdf
3）交通事故総合分析センター（2013）．交通事故統計年報　平成24年版．

6-3　事故統計分析の目的と方法

　事故の統計分析には、いくつかの目的があります。例えば、都道府県の事故分析担当者にとっては、日報や月報や年報の作成といった定型的な業務の他に、①事故の時間的・地域的動向を明らかにする、②全国や他県と比較する、③事故防止対策のターゲットとなる事故を詳細に分析する、④各種対策の効果測定をしたり、対策用の事故データを提供したりする、といった目的での事故統計分析が期待されます。
　ここでは、①〜③の目的とそれに合った分析の方法について解説します。④については、この本の最後の節（7-2）で取り上げます。

Q1　事故の経年変化（推移）の基本的な変化傾向を示すものはどれでしょうか。
　　①　長期変動
　　②　景気変動
　　③　季節変動

Q2　都道府県の交通事故危険性を比較するための指標として、最も適しているのはどれでしょうか。
　　①　交通事故死者数
　　②　人口当たりの交通事故死者数
　　③　車両保有台数当たりの交通事故死者数

▶答えは275ページ

◆ 事故の経年変化を明らかにする

(1) 経年変化の図の作成

　事故の経年変化を調べることは統計分析の第一歩で、「交通統計」[1]でも「第2編　交通事故の推移と現状」で事故件数や死者数の経年変化（推移）の統計表が掲載されています。それは事故が増えているか減っているかといった事故の傾向を調べるためです。事故の経年変化の様子を視覚的に分かりやすく表現するために、図1のような図がよく作成されます。こういった経年変化の図を作成するポイントを考えてみましょう。

　まず、横軸には事故発生年をとります。経年変化を調べる開始となる年を横軸の一番左の原点に相当するところに記し、直近の年を一番右に記します。

　問題は、最初の年をいつにするかです。「交通統計」の平成23年版[1]では、昭和21年（交通事故発生状況の推移、p.11）、昭和31年（状態別死者数の推移、p.16）、昭和41年（交通関係指標の推移、p.1）、昭和45年（警察統計と厚生統計の交通事故死者数の推移、p.27）、平成元年（昼夜別交通事故発生状況の推移、p.21）など様々な年が開始年となっています。

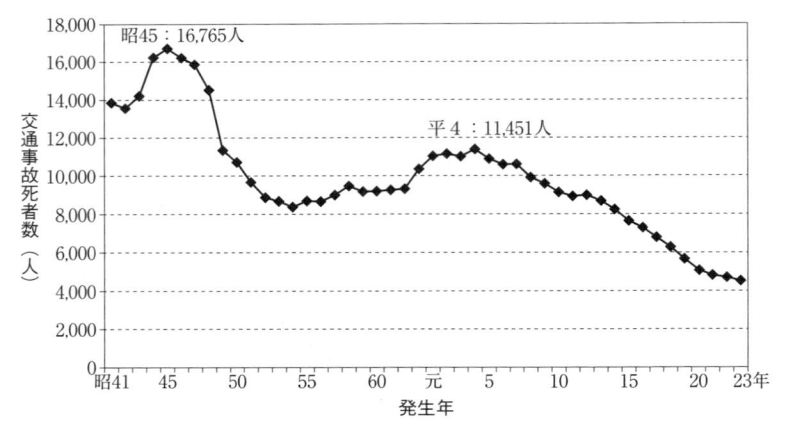

図1　代表的な経年変化のグラフ（交通事故死者数の年別推移）[1]

6-3　事故統計分析の目的と方法

　開始年が異なるのは、主として「交通統計」という本の大きさが影響しています。なるべく古い年を開始年として経年変化の期間を長くとるというのが基本ですが、そうすると統計数字が多くなり、1ページの中に収めるために字が小さくなってしまいます。そこで、読みやすい最小限の文字の大きさを考えて、開始年を決めるということになります。ただし、前記の例のように、開始年は、昭和21年、31年、41年、平成元年というように切りの良い数字にします。昭和45年は、全国の交通事故死者数が最も多い年であることから取り上げられています。都道府県によっては、必ずしも45年が最も多い年ではないかもしれません。その場合には、そのピークの年を開始年にすればよいでしょう。また、過去10年間の推移とか過去20年間の推移という図を描く場合もありますが、その場合には、開始年は年によって変わってきます。

　縦軸には、年間の死者数、負傷者数、死傷者数、死亡事故件数、事故件数などがきます。縦軸の一番下の原点は、普通はゼロ（0人や0件）をとります。グラフの上の方に折れ線が集中して値の変化が読みとりにくい場合には、ゼロより大きい切りの良い数字をとって、折れ線がグラフの中央付近にくるようにすることもあります。

(2) 経年変化にみられる長期変動

　図2は、ある県の飲酒死亡事故件数の過去5年間の推移を仮想した折れ線グラフです。ジグザグの変化を示しているのが実現値、つまり実際の死亡事故件数とします。直線的に減少傾向を示しているのが真の値、つまり本来の死亡事故件数とします。死亡事故件数に実際も本来もなく、実際の件数が本来の件数だと考えるかもしれませんが、統計学では、実際の件数は真の件数をよく反映した標本の値だと考え

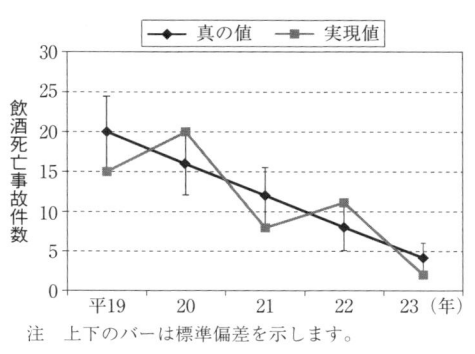

注　上下のバーは標準偏差を示します。
図2　飲酒死亡事故件数の過去5年間の推移（実現値）と真の値

ます。

　図2から言えることは、本来の事故件数が直線的に減少傾向を示していたり、あるいは増加傾向を示しているときでも、実際の発生件数の推移をみるとジグザグの形で変化することが多いということです。

　このことは、事故件数の動向を調べる場合には、長い期間の経年変化を調べる必要があることを示しています。前年と比べて事故が増えたとか減ったということは、それほど意味がないのです。例えば、図2では平成21年から22年にかけて本来は12件から8件に減少していても、実際に生じた死亡事故件数は8件から11件に増加するということがあり得るのです。

　図2のような時系列の変化には、一般的に長期変動、景気変動、季節変動、不規則変動という4つの変化要素があるといわれています。長期変動というのは、長期にわたる連続的で規則的な変化のことで、これが事故の基本的な変化傾向です。景気変動というのは、多くの社会指標は多かれ少なかれ景気変動の影響を受けることから、その周期的な変動のことを指します。交通事故も一般的に景気が良くなれば増加し、不景気になると減少します[2]。季節変動は交通事故にもありますが、経年変化の場合は1年を合算した事故件数などを扱うので考慮する必要はありません。不規則変動は、その他の要因が寄せ集まって生じる小規模な変動のことです。つまり、経年変化のグラフから事故の動向を見極めるためには、長期変動をつかむ必要があります。

(3) 長期変動の表現方法

　それでは、長期変動（傾向変動とも呼ばれます）を調べるにはどうしたらよいかというと、移動平均法という方法がよく使われます。それは、各年の事故件数の代わりに、その年と前後の年の事故件数を合わせた3つの事故件数の平均値を使うものです。例えば、図2の平成18年と平成24年の死亡事故件数がそれぞれ24件と2件と仮定して、5年間の移動平均を求めて、それを結ぶと図3のような事故件数の傾向線を描くことができます。この傾向線は、図2の真の値を結んだ線とよく似ているはずです。

6-3　事故統計分析の目的と方法

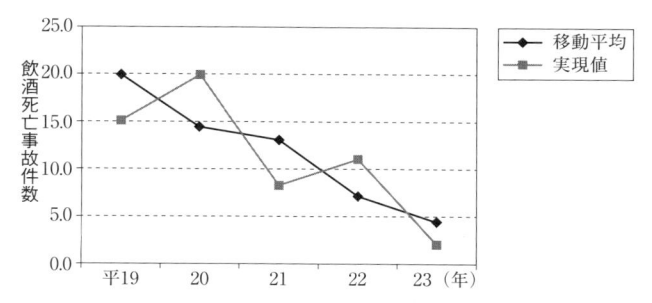

図3　飲酒死亡事故件数の過去5年間の推移と移動平均

全国や他県と比較する

(1) 比較の指標

　自分の県が他の県や全国と比べて全体的に事故が多いか、また、ある種の事故が多いかといった点を比較することは、事故傾向の把握と並んで重要な統計分析です。比較する指標としては、事故の危険性を的確に反映する交通事故死者数、死傷者数、発生件数がよく用いられます。例えば、ある県で発生した事故の事故類型を全国と比較する場合を考えてみましょう。これは、「交通事故統計年報」の「第1部　都道府県（方面）別交通事故発生状況　事故類型別発生件数（p.28-31）」に記載されています[3]。これをみると、全国的には追突が一番多い事故類型ですが、東京、埼玉、京都、大阪、愛媛に限っては、出会い頭が一番多いことが分かります。

〔人口当たりの死者・件数を指標にする〕
　事故の内容ではなく、事故危険性を比較することもあります。そのとき、自分の県の事故危険性は全国的にみてどのくらいかということを、単純に死者数などで比較することは正しいやり方ではありません。大きな県は、それだけ死者数なども多いからです。大きな県が多くの死者数をもたらす要因は何かというと、その一つは人口です。人口が多ければ、それだけ交通事故を起こす人も、交通事故で被害を受ける人も多くなるはずだというわけです。

図4 人口と交通事故死者数の相関関係（r=0.85）

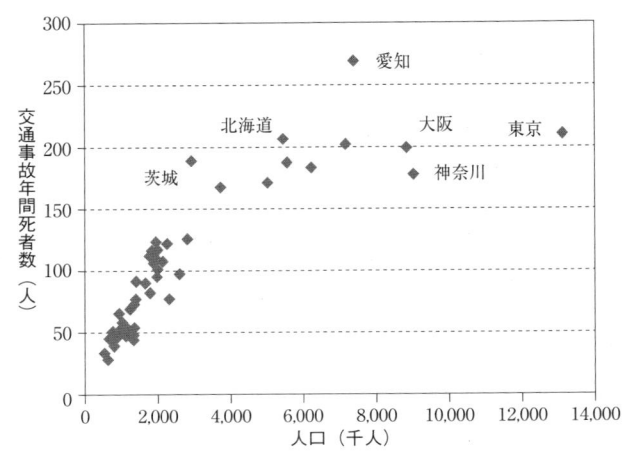

注　都道府県人口[4]は2010年10月1日、交通事故死者数[1]は2009年から2011年までの3年間平均を用いています。

　図4は、47都道府県の人口と交通事故死者数の関係を調べたグラフです。これをみると、確かに人口が多い県ほど交通事故死者も多い傾向が読みとれます。統計学では、こうした関係のことを相関関係といい、相関係数（r）で表します。人口が増えると必ず死者も多くなり、観測値が一直線上に並んでいるという関係がみられればその値は1となり、両者が無関係の場合には0となり、逆に人口が増えると必ず死者が減り、観測値が一直線上に並んでいるとその値はマイナス1となります。この場合の相関係数は0.85ですから、両者には高い正の相関関係がみられるといえます。
　したがって、都道府県の交通事故危険性を比較する場合には、人口規模を補正するために、人口当たりの交通事故死者数や発生件数等を用いるのが正しい方法です。「交通統計」[1]の「第2編交通事故の推移と現状　第2部地域別」のp.34からp.37では、人口10万人当たりの死者数と負傷者数で都道府県比較をしています。死者数でみると、一番事故の危険性が高い県は香川県で、一番安全なのは東京でした（2-1を参照）。

〔車両保有台数当たりの死者・件数を指標にする〕
　事故の危険性を反映する比較指標としては、他に、自動車や二輪車の保

有台数当たりの交通事故死者数等があります。車が多ければそれを運転する人も、事故を起こす人も多くなるはずだからです。図4と同じような方法で47都道府県の車両保有台数と交通事故死者数の関係を調べると、人口との相関係数より小さいものの $r=0.76$ と1に近い値が得られたことから、保有台数が多ければ交通事故死者も多いといえます。したがって、県ごとに交通事故危険性を比較する場合には、車両保有台数当たりの交通事故死者数等を用いるのも人口当たりに次いで適切な方法といえます。

〔走行距離、交通量当たりの死者・件数を指標にする〕

比較するために使われる指標にはもう一つあります。それは、車の走行距離を考慮したものです。確かに、人口や車の台数が多ければ、事故が発生しやすいはずですが、走行距離はもっと直接的に事故を予測する指標です。例えば、東京で暮らしていると電車や地下鉄の便が良く、バスやタクシーも使えるので、車の運転の必要性はそれほど感じません。東京は人口や車両保有台数も多いのですが、その割に交通量は多くないのです。ですから、東京の死者数や事故件数の場合は、人口や車両保有台数からそれらを予測すると多めの値が出てしまい、交通量から予測する方が正確になります。

交通量や走行距離を把握するのは難しいものですが、自動車走行距離データは、国土交通省の自動車燃料消費量調査[5]と道路交通センサス[6]で調査されています。自動車燃料消費量調査は、平成21年度までの自動車輸送統計調査に代わるもので、「交通統計」の「車種別自動車走行キロ（p.6）」にデータが記載されています[1]。この調査は毎月、営業用自動車については7日間、自家用自動車については21日間（一部7日間）実施され、無作為抽出で調査対象となった車に対して、調査開始時と終了時の距離メータの数字を記入することで走行距離を調べ、そこから全車両の車種別走行距離を推定しています。日本で最も信頼できる走行距離調査といえますが、難点は、北海道、東北、関東といった地方運輸局ごとに集計されたデータのみが公表されている点です。ただし、統計法にのっとって都道府県ごとに集計することも不可能ではありません。

もう一つの道路交通センサスは、道路の使われ方や整備の現状を全国規

模で調査するもので、その中に交通量調査があります。調査単位区間延長（km）にその区間を代表する交通量（台）を掛け算すると、走行台キロで示される交通量が得られます。「交通統計」では、「都道府県別自動車走行台キロ（p.7）」にその結果が記載されています[1]。しかし、この調査はおおむね5年に1度しか実施されていませんし、また、対象とする路線は原則として一般都道府県道以上の道路となっていることから、走行距離の全てを調べているわけではありません。

(2) 比較の方法

全国や他の県との比較は、交通事故だけに当てはまるものではありません。県の財政、所得、人口、教育、福祉、エネルギーなど、あらゆる方面で比較されています。その目的は、自分の県の位置づけを明らかにして、今後の施策に反映させるためです。前記の指標を用いて比較する方法には、全国平均との比較、類似県との比較、偏差値を出す、都道府県の中での順位を出すなどがあります。

〔全国平均との比較〕

全国平均との比較は、自分の県の事故統計のある調査項目のカテゴリー分布を全国データの分布と比較したり、人口当たり死者数といった指標について自分の県と全国平均を比較したりします。前者の例を示せば、「我が県は夜間死亡事故の割合が60パーセントを占め、全国平均の51パーセントより多い」といった比較です。

後者の例を示すと（**図5の全国との死者数比較**）、平成23年の人口10万人当たりの交通事故死者数は、全国では3.6人でした。この全国平均に最も近い県は、兵庫県（3.5人）、北海道（3.5人）、石川県（3.8人）、大分県（3.8人）でした[1]。この年だけをみれば、兵庫県や北海道の交通事故死者は、「全国平均とほぼ同じかわずかにそれを下回りました。」といえ、大分県と石川県の交通事故死者は、「全国平均とほぼ同じかわずかにそれを上回りました。」といえます。しかし、それ以前の4年間をみると、全国平均とほぼ同じといえるのは北海道だけです。大分県と石川県は全国平均より多いし、兵庫県は少ないのです。つまり、ある県の交通事故危険性を死者数で

6-3 事故統計分析の目的と方法

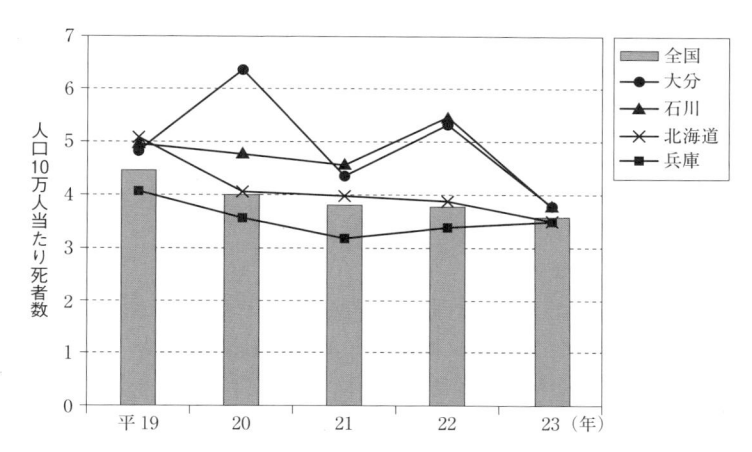

図5　全国と全国平均に近い4道県の人口10万人当たり交通事故死者数の推移（交通統計23年版）[1]

示す場合には、その年だけを全国と比較すると誤った認識となりやすいということです。その年を含む過去3年間くらいの値で比較するのがよいでしょう。このような考え方は、他の分野でもとられています。例えば、地方自治体の財源の余裕度を示す指標に財政力指数がありますが、これは基準財政収入額を基準財政需要額で割った値の過去3年間の平均値で表されています。

〔類似県との比較〕

　類似県との比較というのは、自然環境や県民性が似ていると考えられる近くの県や人口や経済力が似ている県などとの比較です。全国という抽象的な地域と比較するより、具体的な県と比較する方が、事故危険性の推移や現状を把握しやすいし、その県の具体的な事故防止対策を参考としやすいでしょう。会社や大学などでは、ライバル社やライバル校の売上高や偏差値などをいつも気にしていますが、それと同じです。

〔偏差値や順位を出す〕

　偏差値というのは高校入試や大学入試の話で、交通事故とは無関係と思われるかもしれません。学力偏差値の場合は、テストの科目や難しさとは

関係なく、受験生の平均が50、上から6分の1に入れば60以上、下から6分の1なら40以下という値で大体示されるので、偏差値の値で自分の学力を知ることができます。例えば、全国模試で偏差値が60だったら上位6分の1に入るので、地元の国立大学や東京のMARCH（明治、青学、立教、中央、法政）に合格できるなと予想が立てられるのです。これと全く同じ使い方が、都道府県別の事故偏差値にも適用できるのです。この場合、受験生に相当するのが都道府県です。

しかし、何と言っても都道府県の中の順位で比較する方法が、最も使いやすい方法です。順位は簡単に出ますし、都道府県の数はいつも47ですから、その中の何位かという情報で、全体に占める位置が把握できるからです。

◆ ターゲットとなる事故の詳細分析 ◆

例えば、夜間事故の経年変化を調べて、夜間事故が増加傾向にあることが分かったり、高齢者の歩行中の死傷者数の割合が全国平均よりもかなり多いことが分かったりしたとします。そうすると、夜間事故や高齢者の歩行中事故が、対策を立てるターゲットとなります。実際の対策は、関係部署が実施するのですが、事故統計担当者としてはこういった事故について詳細な分析をして、事故の背景や要因を明らかにする必要があります。

この時に心がけることは、闇雲にクロス集計などをせず、仮説を立ててそれが正しいかどうかを確かめるという方針です。例えば、夜間事故が発生する地点では、夜間の交通量が多い、夜間の走行速度が高い、現場の照明等の視環境が悪いといった特徴があると考えられます。それが正しいかどうかを統計的に分析するのです。

また、事故原因の詳細は、個別の事故についての事例分析によって明らかにされることが多いのですが、少数の事例分析の結果が全体にも当てはまるかを確かめるために、統計分析を利用します。例えば、夜間の歩行者事故の事例をいくつか読んで、事故を起こした運転者の多くがライトを下向きに点灯して運転していたことに気がついたとします。そうしたら、事故統計項目のライト点灯状況を用いたクロス集計などをして、ライト下向

き走行は特に歩行者事故に多いのか、車道幅員が広くなるとライト下向き走行の割合が高くなるのか等について調べるのです。詳しい説明は 7-1 をお読みください。

> Answer　Q1の答え　① 長期変動
> 　　　　　Q2の答え　② 人口当たりの交通事故死者数

文　献

1) 交通事故総合分析センター（2012）．交通統計 平成23年版．
2) 松浦常夫（1992）．景気と交通事故．月刊交通, $23(12)$, 101.
3) 交通事故総合分析センター（2012）．交通事故統計年報 平成23年版．
4) 統計センター（2013）．政府統計の総合窓口．
   http://www.e-stat.go.jp/SG１/estat/List.do?lid=000001084274
5) 国土交通省（2013）．自動車燃料消費量調査．
   http://www.mlit.go.jp/k-toukei/nenryou/nenryou.html
6) 国土交通省（2013）．道路交通センサス（全国道路・街路交通情勢調査）．
   http://www.mlit.go.jp/road/h22census/

第7章

事故統計をいかに活用するか

How

3E
Education
Engineering
Enforcement

7-1　事故統計から安全対策を導く

　事故統計分析では、事故の実態や原因を明らかにして、安全上の問題点を指摘します。その目的は2つあって、1つは事故の実態や問題点を人々に広報して交通安全意識を高めることです。もう1つは、交通安全担当部署に事故防止対策のための基礎となる事故分析結果を提供することです。

　問題となるのは、対策に役立つ事故統計分析とはどういったものかということです。交通事故統計原票の調査項目は、そもそも安全対策に役立つことを採用基準の一つとしてきましたから、事故の統計分析をすれば安全対策が見つかるはずですが、実際はそう簡単ではありません。

　ここでは、どのようにして個別の安全対策に結びつくような事故統計分析をするかについて解説します。

Q1 交通安全対策の3Eとは、教育（Education）と取締り（Enforcement）ともう1つはどれでしょうか。
　① 環境（Environment）
　② 工学（Engineering）
　③ 事例（Example）

Q2 高齢歩行者の安全対策が必要であることを示すためには、どういった事故統計分析をすべきでしょうか。
　① 歩行中の被害（死者数と負傷者数）を高齢者と他の年代とで比較する
　② 歩行者事故件数（第1当事者と第2当事者）を高齢者と他の年代とで比較する
　③ 両方の分析をする

▶答えは290ページ

◆ 安全対策を代表する3E

(1) ターゲットとしての人、モノ、制度

　交通安全対策あるいは事故防止対策には様々なものがあります。その対象あるいはターゲットの面からみると、人、モノ、制度に分けることができます。

　人への対策は、運転者や歩行者の交通安全に対する意識・態度を向上させたり、不安全行動を抑制し、安全行動を促したりする対策や事故後の救急医療対策などを指します。

　モノをターゲットとした対策とは、道路や安全施設や車といったハード対策のことです。

　制度というのは、交通安全を実現するための仕組み・ルールであって、その手段として交通法令を整備し、それに基づいて交通違反指導取締りといった執行や運転免許の効力の停止といった行政処分などをすることです。人やモノに対する対策も、その多くは制度の上に成り立っています。

(2) 3E

　3Eというのは、3つの代表的な交通安全対策の
　教育（Education）
　工学（Engineering）
　取締り（Enforcement）
の英語の頭文字がEで始まることから名付けられたものです。日本の交通関係者の間で古くから有名な言葉ですが、その始まりは1920年代のアメリカだといわれています[1]。もちろん交通安全対策にはこの3つの他にも、調査研究や救急医療や運転者管理や運転免許試験など様々なものがあり、決してこの3つに限定されるわけではありませんが、3Eは代表的な交通安全対策を簡潔に表現したものといえます。先ほどあげた「人、モノ、制度」は、それぞれ「教育、工学、取締り（あるいは法執行）」に対応します。

◆ 安全対策のアイディア

　交通安全に関わった人なら、誰しも有効な交通事故防止対策がなくて頭を抱えた経験があるでしょう。どうしたら安全対策を見つけることができるのでしょうか。そのためには、事故そのものの実態と原因を把握することがまず必要です。そのためのツールが事故統計分析と事故事例分析です。こういったデータの多くは警察が保有し利用していますが、保険会社や医療機関、国土交通省、一般の会社でも自前の事故データを使って分析をすることができます。

　事故の把握に加えて、事故の背景要因である交通や車、道路の状況を把握することも必要です。事故統計書の「交通統計」に車両保有台数や道路延長などのデータが記載されているのはそのためです。特に、地域のある箇所やある区域の安全対策を考える場合には、立地状況とそこの道路や交通、交通規制の実態を知ることが大切です。

　事故統計を分析したり、道路交通状況を見て考えたりする他に、他人の意見を聞くことも大事です。安全対策を考える上では、陳情や話し合いの場、世論調査のようなアンケート調査で、市民や県民の要望を聞き取ることが役立つでしょう。交通安全の専門家からの意見聴取も必要です。

　また、対策のアイディアは、街中を運転していたり歩いていたりする場面や、テレビを見たり、新聞・本・雑誌を読んだりといった日常場面にもそのヒントが隠れているものです。

◆ 事故統計調査項目とそれに対応した安全対策

　事故統計は安全対策を立てる上で基本となるツールです。ほとんどの事故統計調査項目は、事故防止対策に役立てることができるかという基準で選択されているからです。そこで、代表的な調査項目について、それがどんな対策と対応しているかを調べてみました。その結果が**表1**です。表側の調査項目は、事故の大きさ・内容、事故時の状況・環境など4つに分けました。また、表頭の対策は、先に述べた3E（教育、工学、取締り）を

7-1 事故統計から安全対策を導く

表1 事故統計調査項目とそれを用いた安全対策との対応

事故調査項目		対策 教育	対策 工学	対策 取締り
事故の大きさ・内容				
	死者数・重傷者数・軽傷者数	○	○	○
	事故類型	○	◎	◎
	特殊事故	○		○
事故時の状況・環境				
	発生日時	○	○	○
	昼夜	◎	◎	◎
	天候	◎	○	○
	路線コード		○	○
	地点コード		○	○
	交差点コード		○	○
	路面状態	○	◎	
	道路形状	◎	◎	
	信号機	○	◎	○
	車道幅員		◎	
	道路線形	○	◎	
	衝突地点	○	◎	○
	中央分離帯施設等		◎	
	歩車道区分	○	◎	○
事故関与者の属性・行動・被害				
	性別	○		
	年齢	◎		○
	職業コード	○		○
	免許証番号	○		○
	運転資格			◎
	運転経験年数	◎		○
	通行目的	○		
	危険認知速度	◎	○	◎
	飲酒状況	◎		◎
	カーナビの使用状況	◎	◎	
	法令違反	◎	○	◎
	事故要因	◎	○	◎
	行動類型	○		
	当事者の進行方向	○	○	
	人身損傷程度		◎	
	人身損傷主部位	○	◎	
	自体防護（ベルト等）	◎	○	○
車両の種類・装備				
	当事者種別	○	◎	○
	用途別	○	○	○
	車両形状		◎	
	車両の衝突部位		○	
	車両の損壊程度		○	
	人身加害部位		○	
	エアバッグの装備		◎	

注 ○は調査項目と対策とに対応関係がみられることを示し、◎は特にその関係が強いことを示します。

用いました。

　この表から、ほとんどの調査項目は何らかの対策と関係していること、1つの調査項目から導かれ得る対策は1種類の対策だけではないこと、調査項目と強く関係している対策（◎）とそれほどでもない対策（○）があることが明らかです。

　どういった調査項目がどういった対策と関係が深いかをみると、事故時の状況・環境に関わる項目は特に工学的対策と対応しています。例えば、「天候」項目によって雨の日に事故が多いことが分かれば、雨でも滑りにくい舗装や視界を良好に保つフロントガラスの開発といった工学的対策が要請されます。また、「地点コード」や「交差点コード」によって事故が多く発生する地点や交差点が特定されれば、そこの道路構造や安全施設を改良するといった具体的な工学的対策が立てられます。「地点コード」や「交差点コード」は、「路線コード」と並んで、事故発生場所を特定するものなので、取締り対策にも活用されます。

　事故関与者の属性・行動・被害に関わる項目は、教育的対策と最も関係しています。例えば、事故を起こしたドライバーの「年齢」から、若者が最も事故を起こしやすい年齢層だと特定されれば、若年ドライバー向けの教育や訓練が対策にあがってきます。また、「飲酒」項目によって、飲酒運転者や飲酒歩行者は事故で死亡しやすいことが分かれば、飲酒の危険性を訴える教育やキャンペーンの中でその事実と科学的根拠を知らせるといった対策につながります。このグループの項目の中でも、事故関与者の行動に関わる項目は、「法令違反」や「事故要因」にみられるように、取締りにも活用されます。また、被害に関わる項目は、車内の乗員や車外の歩行者、自転車乗員の被害軽減を目指した車両構造の改善といった工学的対策と関係しますし、救急医療対策にも活用されるでしょう。

　車両の種類・装備に関わる項目は、主として車両に関する工学的対策と関係します。例えば、車両形状によって自動車乗員や歩行者の人身被害状況が異なれば、それに対応した構造改善が必要となります。

◆ 具体的な対策へと絞り込んでいく統計分析 ◆

表1で示したように、統計調査項目を単純集計することで、教育が必要だとか安全施設を設置すべきだといった安全対策の方向性が明らかになります。しかし、具体的な対策を導くためには、もっと詳しい統計分析が必要です。問題点（ターゲット）を絞って、具体的な対策を探しやすくするのです。すなわち、「○○の事故が多いといった仮説を立てる→事故統計分析で検証する→更なる仮説を立てる→事故統計分析で検証する」といった作業を、事故統計では検証できないところまで進めます。事故統計で検証できる部分はそれほど多くはないので、それから後の検討は他の交通担当者に任せることになります。

高齢歩行者をターゲットとした事故防止対策を例に取って、それを目指した統計分析について考えてみましょう。

① 仮説1として「高齢歩行者の事故が多い」を立てる。
　これは高齢歩行者がターゲットであることを確認するための仮説です。
② 仮説1を事故統計分析によって確かめる。
　「事故が多い」を「事故の被害が多い」と考えて、歩行者の死者数と負傷者数を年齢層別に調べ、高齢者は他の年齢層に比べて歩行中の死者数や負傷者数が多いかどうかを調べます。そのために、歩行中の死傷者について年齢層×人身損傷程度（死亡、負傷）のクロス集計をします。集計した表を図示すると、図1のようになります。

図1から歩行中の死者は特に高齢者に多く、負傷者は子供と高齢者に多いことが分かり、「高齢歩行者は事故の被害が多い」という仮説1を支持する結果が得られました。

高齢歩行者の事故が多いということを示すためには、以上のように「被害（負傷者や死者）が多い」ことを示す他に、「事故を起こす（事故の第1当事者となる）ことが多い」ことを示す場合もあります。そのためには次のような分析が必要でしょう。

　第1当事者と第2当事者の歩行者の人数を年齢層別に調べて、高齢歩行

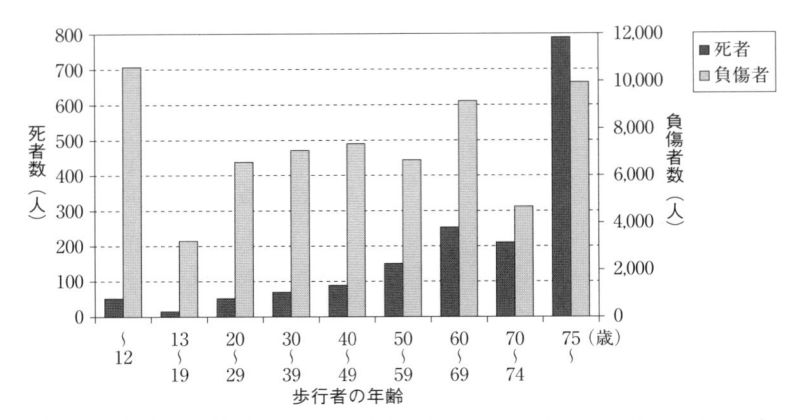

図1 歩行者の年齢層別にみた歩行中死者数と負傷者数（交通統計23年版）[2]

者は他の年齢層に比べて1当の人数が多いかどうかを調べます。また、2当より1当になりやすいかどうかについても調べます。そのために、年齢層×当事者（1当、2当）のクロス集計をします。

図2は歩行者が1当あるいは2当となって死亡した事故を対象として、前記のクロス集計をした結果です。まず、高齢歩行者は他の年齢層に比べて1当の人数が多く、「事故を起こすことが多い」ことが分かります。次いで、右の縦軸が示す2当の人数の方が1当の人数より多いことから、ど

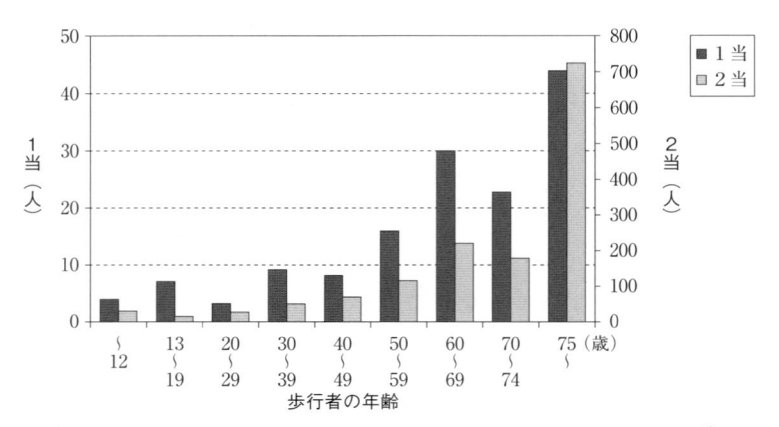

図2 歩行者死者の年齢層別にみた第1当事者と第2当事者の人数[3]

の年齢層でも歩行者事故では歩行者側が２当になりやすいといえます。高齢者と非高齢者を比較すると、高齢者の方が１当より２当となる割合が高いようです。

まとめると、高齢歩行者の事故が多いかどうかを、「被害（負傷者や死者）が多い」と「事故を起こす（事故の第１当事者となる）ことが多い」の両面で調べたところ、「高齢歩行者は事故の被害が多い」という結果が確かめられ、次いで高齢歩行者は他の年齢層に比べて１当の人数が多く、「事故を起こすことが多い」ことも分かりました。高齢者の方が他の年齢層より１当となる割合が高いとはいえないものの、以上の結果は仮説１の「高齢歩行者の事故が多い」を支持する結果といえます。

③　**仮説２として「高齢者の歩行者事故は夜間に多い」を立てる。**

「高齢歩行者の事故が多い」ことが確かめられましたが、これだけでは対策のターゲットが定まっただけで、まだ具体的な対策を立てることは困難です。その理由や状況を考えることが、事故防止対策のヒントとなります。そこで、例えば「高齢者の歩行者事故は夜間に多い」という仮説２を立ててみます。高齢歩行者というターゲットに夜間という条件を加えて、ターゲットを絞っていくのです。

④　**仮説２を事故統計分析によって確かめる。**

歩行中に負傷した人と死亡した人について、年齢層別・昼夜別の人数を調べ、高齢者の方が他の年齢層より夜間での死者や負傷者が多いかどうかを調べます。そのために、負傷者と死者ごとに年齢層×昼夜のクロス集計をします。

図３より、若者から中年では昼と夜の事故による負傷者数はほぼ同じですが、子供と高齢者ではかえって昼の方が夜より負傷者数が多くなっています。これは仮説２とは逆の結果です。しかし、死者数についてみると（図４）、子供を除く全ての年齢層で夜の死者の方が多く、特に夜間の高齢者の死者が多いことが分かります。

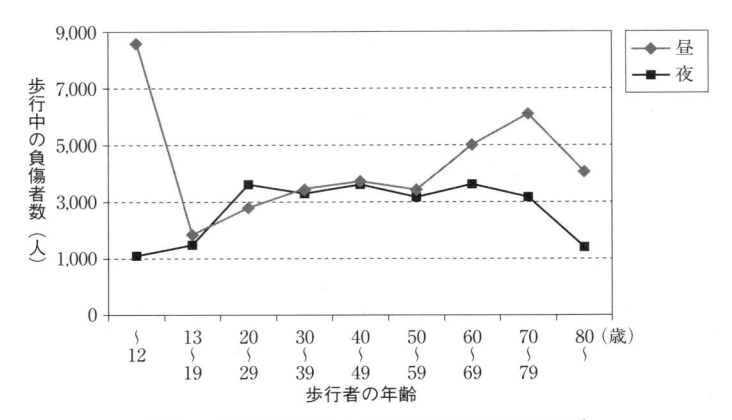

図3　年齢層別にみた昼夜別歩行中負傷者数[4]

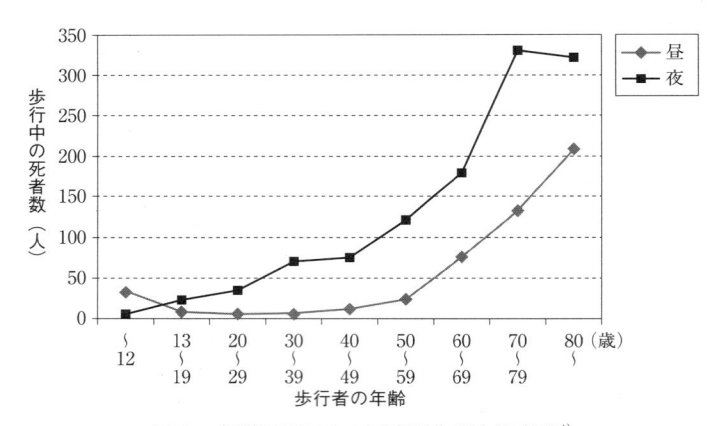

図4　年齢層別にみた昼夜別歩行中死者数[4]

　仮説2「高齢者の歩行者事故は夜間に多い」は、歩行者の負傷事故については当てはまりませんでした。もちろん、高齢者は昼間の方が夜間より歩行する時間や距離が長いということを考慮すれば、事故に遭う危険性は夜間の方が高いかもしれませんが、負傷者数は昼の方が多いのです。ただし、死者数についてみると、夜の方が昼より高齢歩行者の死者数は多く（図4）、また、図5にみるように、高齢者では特に夜間事故の致死率が高いことが分かりました。

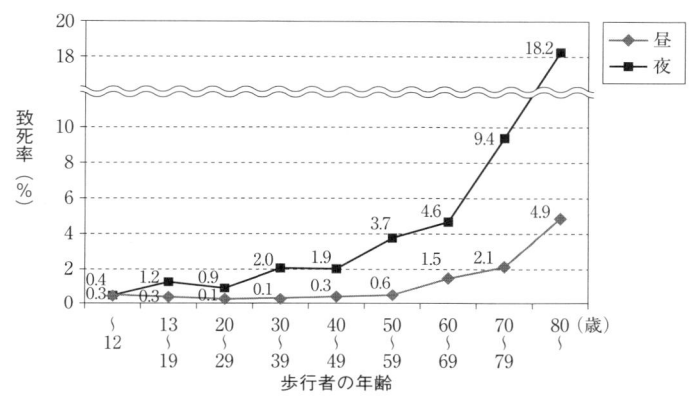

7-1 事故統計から安全対策を導く

図5 事故で死傷した歩行者の年齢層別にみた昼と夜の致死率[4]

⑤ 仮説3として「致死率が高い道路横断中の事故を高齢歩行者は夜間に起こしやすい」を立てる。

ところで、事故（人身事故件数あるいは死傷者数）を減らすような対策を重視するか、死亡事故（死亡事故件数あるいは死者数）を減らすような対策を重視するかは難しい問題です。対策の多くは両方の事故を減少させるので、普通は両対策を区別する必要性はありませんが、歩行者事故、特に高齢者の歩行者事故の場合は、区別して対策を考える場合があります。ここでは、死者減少の方を重視した対策を考慮することにします。つまり、夜間に高齢者の歩行中死亡事故が多い理由と対策を検討します。

高齢者の歩行中死亡事故が夜間に多いのは、1つには「致死率が高い道路横断中の事故を高齢歩行者は夜間に起こしやすい」ためと考えられます。そこで、次にこれを仮説3として調べてみましょう。

⑥ 仮説3を事故統計分析によって確かめる。

まず、道路横断中の歩行者事故の死亡事故率（あるいは歩行者の致死率）が他の歩行者事故より高いことを確認しておきましょう。「交通統計[2]」の「事故類型別・昼夜別交通事故件数（p44）」と「事故類型別・昼夜別死亡事故件数（p64）」を用いると、表2のような結果が得られます。歩行者事故を類型別にみると、歩行者が道路横断中の事故の死亡事故率が昼も夜も一番高いことが明らかです。

次に「高齢歩行者は道路横断中の事故を特に夜間に起こしやすい」を統

計分析で確かめてみましょう。そのためには歩行中負傷者を対象に、年齢層×昼夜×歩行者事故類型のクロス集計をします。そのクロス集計結果から、年齢層別・昼夜別の道路横断中事故（負傷者）の割合を示したものが図6です。この図より道路横断中の負傷者の

表2　歩行者事故の類型別・昼夜別の死亡事故率（%、交通統計23年版）[2]

事故類型	昼	夜	計
対面通行	0.5	1.6	1.0
背面通行	0.6	4.1	2.0
横断中	1.5	5.3	3.1
その他	0.9	3.8	1.8
計	1.2	4.6	2.5

割合は夜の方が昼より多いこと、その割合は加齢に伴って増加していくことが分かります。この結果は、「高齢歩行者は道路横断中の事故を特に夜間に起こしやすい」を支持する結果といえます。

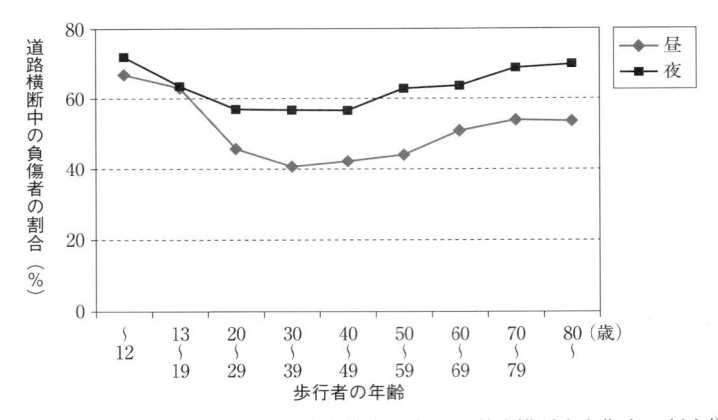

図6　年齢層別・昼夜別の歩行中負傷者に占める道路横断中負傷者の割合[4]

以上の2つの結果から仮説3の「致死率が高い道路横断中の事故を高齢歩行者は夜間に起こしやすい」が確かめられました。これより高齢者が道路横断中の夜間歩行者事故を減らす対策が必要だと考えられます。

⑦　仮説4として「夜間の高齢歩行者事故は横断歩道外を横断中に多い」を立てる。

　道路横断中の事故といっても、発生したのは交差点か単路か（道路形状）、横断歩道を横断していた時か横断歩道外を横断していたときか（事故類型）

7-1　事故統計から安全対策を導く

によって事故の危険性が異なるかもしれません。そこで次に、仮説4「夜間の高齢歩行者事故は横断歩道外を横断中に多い」を立ててみます。仮説1と比べると、ターゲットはかなり絞られてきました。

⑧　**仮説4を事故統計分析によって確かめる。**

夜間の道路横断中の事故で多いパターンは、
  ・信号交差点で横断歩道を横断中
  ・単路で横断歩道以外を横断中
  ・無信号交差点で横断歩道以外を横断中

の3つです[5]。そこで、この3つのパターンと年齢層をクロス集計することによって仮説4を検証しましょう。

集計結果を図7に示します。これを見ると、高齢になると増えるのは、横断歩道以外を横断中の2パターンで、仮説4を支持する結果でした。こうした事故が多いのは、夜間になると高齢になるほど横断歩道以外の場所で横断することが多くなる、あるいは高齢になるほどその場所での横断が事故に結びつきやすくなるからだと考えられます。この結果から、横断歩道以外を横断することの危険性の教育、横断歩道の設置、夜間照明灯の設置、反射材や自発光材の着用キャンペーン、住宅街での車の速度規制の強化などの対策が立てられます。

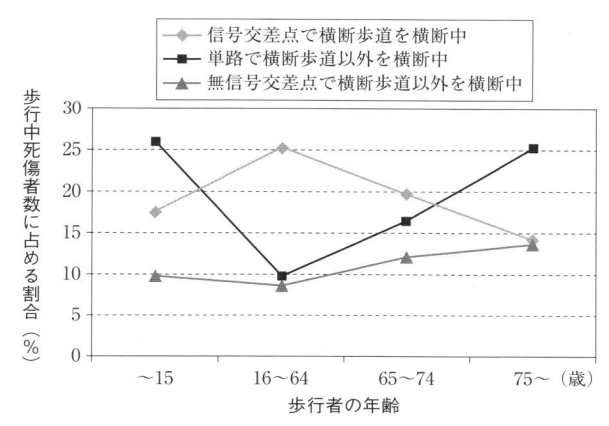

図7　歩行者の年齢層別にみた代表的な夜間の歩行者事故の割合[5]

高齢歩行者をターゲットとした、事故防止対策を例にした統計分析の過程を示すと以下のようになります。

⎛ターゲットの設定：高齢歩行者⎞

以下の仮説を事故統計分析で検証する。
- 仮説1　高齢歩行者の事故が多い
- 仮説2　高齢者の歩行者事故は夜間に多い
- 仮説3　致死率が高い道路横断中の事故を高齢歩行者は夜間に起こしやすい
- 仮説4　夜間の高齢歩行者事故は横断歩道外を横断中に多い

⎛具体的な対策⎞

高齢歩行者をターゲットにした統計分析は他にもいくつかあるでしょうが、これ以降の分析は割愛します。皆さんで対策に役立つ分析をしてみてください。

Answer
Q1の答え　②　工学（Engineering）
Q2の答え　③　両方の分析をする

文　献

1) Groeger, J.A. (2011). How many E's in road safety? In B.E Porter (Ed.), *Handbook of traffic psychology*, pp.3-12. London : Academic Press.
2) 交通事故総合分析センター (2012). 交通統計 平成23年版.
3) 交通事故総合分析センター (2013). 交通事故統計表データ 24-40FZ101, 24-40FZ103.
4) 交通事故総合分析センター (2013). 交通事故統計表データ 24-42BG201.
5) 交通事故総合分析センター (2012). 交通安全教育に役立つ高齢歩行者事故の分析. 研究報告書　H23-03.
　http://www.itarda.or.jp/materials/publications_free.php?page=2

7-2　事故データを用いた安全対策の効果測定

　最近は企業や官庁でも、事業の後にその評価をすることが普通になってきています。ＰＤＣＡ（Ｐはプラン・計画、Ｄは実行、Ｃはチェック・評価、Ａは処置・改善）の流れに沿って仕事を行うことが必要だとよく耳にしますが、中でも評価が重要だといわれています。交通安全の仕事もＣに相当する評価が大切です。

　安全対策の評価には、プロセス評価や経済的評価もありますが、ここでは事故データを用いて効果評価を実施する方法や、その問題点について取り上げます。

> **Q1** 交通安全対策の中で、効果測定の指標として事故を用いることが適切な対策はどれでしょうか。
> 　①　教育的対策
> 　②　工学的対策
> 　③　取締り

> **Q2** 安全対策の効果測定方法のうち、最も適切なものはどれでしょうか。
> 　①　事前事後測定法
> 　②　事後測定法
> 　③　比較群を用いた事前事後測定法

▶答えは302ページ

◆　効果評価の指標としての事故

(1)　効果測定の４つのレベル

　交通安全に限らず会社などでは社員への教育訓練が盛んに行われていま

す。その効果評価で問題となるのは、効果測定では何を調べればよいのかという点です。この分野では、カークパトリック（Kirkpatric）の評価モデルが問題解決のヒントとなっています。これは研修や教育訓練の効果の測定には4つのレベルがあるという考え方です（表1）。

表1 カークパトリックの教育訓練効果の4段階評価モデル[1]

レベル	尺度	焦点
1	反応	教育訓練を受けた人の満足感
2	学習	知識、技能、態度、行動の獲得
3	行動	職場における行動の向上
4	結果	教育訓練を受けた人の仕事の成果

レベル1は、講習に参加して「役に立ったか」、「楽しかったか」を聞くことで、講習効果を調べようとするものです。レベル2は、講習内容をきちんと身に付けたかをテストし、点が良ければ講習効果ありとするものです。レベル3は教育訓練が職場での行動に活かされたかどうかを調べるもので、レベル4では営業成績や生産性の向上などの仕事の成果に結びついたかを調べます。レベルが上がるにつれて測定は困難になっていくので、効果測定のほとんどは1のレベルで実施されていて、レベル4の測定はほとんど行われていないようです[1]。

(2) 交通安全対策の効果測定への応用

この効果測定の評価モデルを交通安全対策の評価に応用したものが**表2**です。

表2 交通安全対策と4つの効果測定指標

効果測定の指標	交通安全対策			
	教育	工学	取締り	制度
1 反応	講習			
2 学習 （知識・技能・態度）	広報啓発 実技講習		警戒活動 飲酒	
3 運転行動		道路改良	速度	
4 事故		安全施設設置 車両性能		道交法改正

表2は交通安全対策の種類によって、効果測定に用いられる指標が異なることを示しています。教育的対策は、企業研修もそうですが、参加する個人にとってはわずか数時間、長くても数日しか実施されません。したがって、レベル3に相当する教育訓練後の運転行動の改善やレベル4の事故減少に結びつくことは少なく、そういった指標はあまり用いられません。取締りもその場で速度が減少したりしますが、その効果が持続することはあまり期待できません。一方、工学・医学的対策や制度は、運転者の行動を変えたり、事故を減少させたりする効果が高いといわれています。そのため、効果測定にも事故が指標として使われています。

教育的対策や取締りの効果測定に事故が指標としてあまり使われないのは、事故防止効果が少ないということより、指標としての事故の特徴によるのかもしれません。言い換えると、事故防止効果があったとしても事故減少を証明しにくいのです。

その最大の理由は、事故はまれにしか発生しない出来事ということです。例えば、全国的に実施される更新時講習や高齢者講習を除けば、多くの交通安全講習は100人程度の参加者に対して実施されます。この講習が事故防止に効果があったことを示すためには、年間の事故件数2件が1件に減ったとか、3件が2件に減ったとかでは件数が少なすぎます。10件が5件になったというように、年間10件は必要です。しかし、免許保有者8,148万7,846人が1年間に起こす人身事故件数は66万5,138件ですから（平成24年中）[2]、平均すると1年間に人身事故を起こすのは100人のうち0.8人です。したがって、1,200人くらいは対象者がいないと年間の事故件数は10件になりません。事故が少ないことは良いことですが、この背景には、事故の過少申告（報告）という問題があります。これは人身事故があっても、そのうちの何割かは警察に報告されないという問題です。軽傷事故や自転車・二輪車の事故、単独事故に特にその傾向がみられるようです[3]。また、警察に報告されても全てが事故統計に計上されるとは限りません。

ドライバーの自己報告による件数が用いられる場合にも、それが信頼できるかといえば、事故を少なめに報告するとか、人身事故を物損事故のように報告する可能性が残ります。

◆ 事故データを用いた効果測定の留意点

表3に、事故データを用いた効果測定の留意点を、交通安全対策ごとにまとめてみました。対策の種類が異なると対象者やその人数が異なり、予想される効果の持続期間も用いる事故データの取り方も少しずつ異なります。また、効果測定や統計分析の方法も変わってきます。

事故データを調べる時に留意する点がいくつかあります。その1つは安

表3　交通安全対策の対象者、効果の持続、事故測定上の留意点

交通安全対策	対象者	対象者(事故)の数	効果の持続	事故測定上の留意点
教育				
安全講習	講習参加者	少ない	短い	同じ種類の講習受講者の事故を合わせて調べる。
キャンペーン	キャンペーン対象地域の不特定多数	比較的多い	対策中	キャンペーンを知ったという前提で対象地域の事故を調べる。
工学				
信号機設置	信号機設置地点を通過した運転者	比較的多い	永続的	設置個所の事故を調べる。設置個所が数か所以上はある。
道路改良	改良地点を通過した運転者	比較的多い	永続的	交通量当たりの事故件数を調べる。
取締り				
速度	取締り地点を通過した運転者	比較的少ない	対策中	速度取締り地点を合わせてそれを合計した事故を調べる。
制度				
罰則強化	罰則に関わる全運転者	多い	永続的	罰則を知っているという前提で、罰則に関わる事故を調べる。

7-2　事故データを用いた安全対策の効果測定

全講習や信号機設置や取締りの対策についていえるのですが、個々の講習や信号機ではなくそれらを集めた事故を問題にします。そうでないと十分な事故件数とならないからです。もう1つは対策と関連のある事故を対象とすることです。講習やキャンペーンならそこで伝えた内容に関連した事故が主たる対象となるのです。ただし、それ以外の事故についても調べておくと、後述するように役に立ちます。最後に、道路改良のように対策によって交通環境が変わるものについては、単なる事故件数ではなく、交通量当たりの事故件数を用いる必要があります。

◆ **効果測定の基本的方法**

効果測定の基本は、対策前の事故件数と対策後の事故件数を比較することです。この方法は最もポピュラーな効果測定で、事前事後測定法といいます。しかし、非実験的デザインとも呼ばれているように、対策以外の要因を実験的にコントロールしたものではありません。わかりやすく言うと、対策後に事故が減少したとしてもその理由（要因といいます）が対策によるものかどうかの保証がないということです。事故が減ったのは対策のおかげだと考えたくなりますが、それ以外の要因も考えられるのです。

その1つは、平均への回帰と呼ばれる現象です。これは対策前の事故件数がそれより前の平均的な事故件数よりも多い場合、何もしなくてもその次（図1でいえば対策後）の事故件数は平均的な事故件数に近づく、つまり対策前の事故件数より減少するという現象のことです。普通、事故防止対策は事故が増えたために実施されるので、この平均への回帰は十分に起こり得ます。

対策以外の事故減少要因と考えられるものをもう1つ挙げると、交通事故の情勢（情勢効果あるいは歴史効果）があります。日本全体で考えると、平

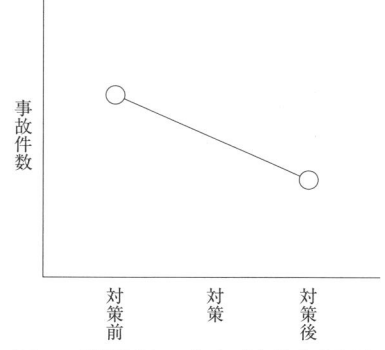

図1　効果測定の基本（事前事後測定法、非実験的デザイン）

成16（2004）年から平成25（2013）年まで9年連続して人身事故件数が減少しましたが、こういった時には特別な対策を実施しなくても事故は減少する可能性があるのです。

◆ より適切な効果測定の方法

事前事後測定法の問題点を補う方法がいくつかあります。その中から4つの方法を紹介します[4,5]。

(1) 比較群を設ける

この方法を用いた研究例に、自動車安全運転センター中央研修所の研修効果に関する調査研究があります[6]。これは、研修生の研修前9か月と研修後9か月の事故歴を調べると共に、対象研修生と最初の免許取得年、住所地都道府県、性別、年齢、最上位免許が同じドライバーを、対象者1人につき任意に3人選んだ比較群を設定し、そのグループの前後9か月間の事故歴を調べた調査です。その結果、データが得られた研修受講群1,391人の1当人身事故件数は、研修前が7件で研修後が7件、比較群4,137人のそれは34件と32件でした。分析方法はよかったのですが、1当人身事故に関しては、研修効果がみられませんでした。

この方法は、対策を実施した群（運転者、対策箇所など）に対して対策前と対策後に事故件数を測定するのに加えて、比較群を設けそのグループに対しても対策前と対策後の事故件数を測定するという方法です（図2）。比較群は対策を受けていない群であって、なるべく対策群と似た群とします。先ほどの研修効果の研究では、対策群のドライバーと最初の免許取得年、住所地都道府県、性別、年齢、最上位免許

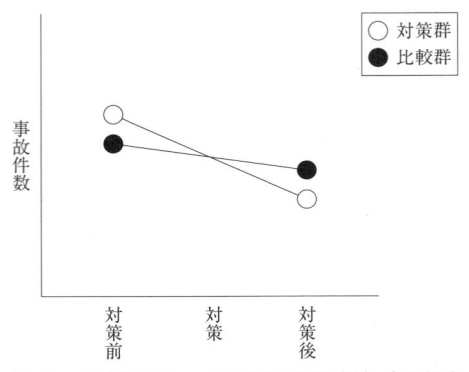

図2 比較群を用いた事前事後測定法（準実験的デザイン）

7-2　事故データを用いた安全対策の効果測定

が同じドライバーを比較群として選びました。なぜ似た群にするかといえば、両群の差は対策の有無による差よりも両群自体の差となるおそれが生じるからです（これは選択バイアスと呼ばれます）。

　この方法の利点は情勢効果を除外できることです。図2のように、比較群も事故減少傾向という情勢から事故が減少したとしても、対策群の減少幅の方が大きければ、対策による効果があったといえるのです。また、事故が多いために対策をしようと思ったが対策群に入らなかった群を比較群に選べば、平均への回帰という要因も除外できそうです。

　ところで、この方法は準実験的デザインとも呼ばれますが、それは対策群と比較群のいずれかあるいは両方は意図的に選ばれた運転者や対策箇所であるからです。実験的デザインの場合には、運転者や対策箇所はランダムに対策群と比較群に割り当てられます。しかし、実際の安全対策では、対策の必要性が高い運転者や箇所が意図的に対策群として選ばれるのが普通ですから、実験的デザインはまず採用されません。

(2)　測定回数を増やす

　普通の事前事後測定法と異なり、この方法では対策前と対策後の測定をそれぞれ数回実施します。そうすることによって、減少が平均への回帰であるかどうか確かめることができます。図3からは、平均への回帰以上に事故が減少していることがみてとれます。また、この方法によって情勢効果の影響を幾分かは考慮できます。図3の対策前の事故の推移を見ると、上昇あるいは横ばいですから、一般の交通情勢もそういった傾向にあることが類推できる場合もあるからです。

　測定の間隔はそれほど長くないので、その短い期間に信頼できる数の事故件数を得るためには、対策はかなり大規模なものである必要があります。全国交

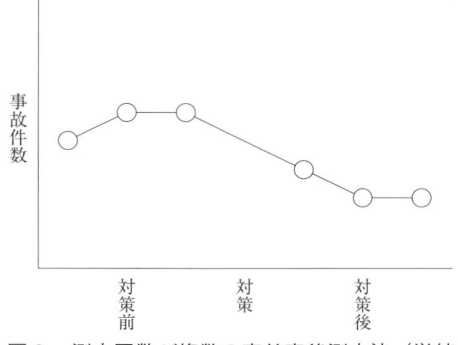

図3　測定回数が複数の事前事後測定法（単純時系列デザイン）

通安全運動くらいの規模の対策なら、県や大きな市単位でもこの方法が使えます。もちろん、効果測定の指標が事故ではなく違反やある運転行動であるなら、それほど多人数を対象とした対策でなくてもこの方法は有効です。

(3) 対策前と対策中と対策をやめた後に測定する

　先に述べた時系列デザインと、この方法を用いた研究例に、春の全国交通安全運動の死者減少効果についての研究があります[7]。安全運動の20日前から11日前までの10日間、10日前から1日前までの10日間、期間中の10日間、運動後1日から10日後までの10日間、および運動後11日から20日までの10日間の5つの期間の全国の交通事故死者数の推移を折れ線グラフにして5年間分調べてみたものです。折れ線グラフの推移を見ると、運動前の2つの期間はほぼ死者数が同じで、期間中だけ死者数が減少し、運動10日後の期間は死者数が増加し、運動後11日から20日は更に増加して運動前の水準に戻るという結果でした。運動期間中は、前後の期間に比べて1日当たり3人くらい死者数が少なかったのです。

　これは、対策前と対策後の測定に加えて、対策中にも測定する方法です（図4）。主として交通安全キャンペーンや取締りなどのように効果が続かないと考えられる対策に用いられます。なぜ対策中にも測定するかというと、そういった対策をして事前事後測定だけで済ますと、事故減少効果はないといった一面的な結果になりやすいためです。図4の例でいうと、対策前と対策後の事故件数にはほとんど差がみられません。しかし、対策中の事故件数も測定すれば、確かに対策中には効果があったということが分かるのです。

　事故防止効果は対策中の事故減少と対策後の事故増加によって確かめられます。仮に対策中の事故減少が対策の効果でなく平均への回帰だとすれば、

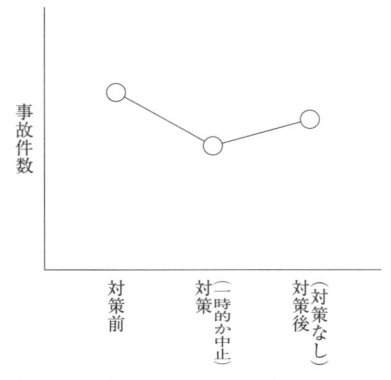

図4　対策中も測定する事前事後測定法

対策後の事故は横ばいで推移するでしょう。しかし、図4のように事故が増加していれば、平均への回帰の影響は少ないと考えられます。また、仮に対策中の事故減少は情勢効果によるものだとすれば、対策後も減少傾向を示すはずです。図4のようにそれが増加傾向を示していれば、情勢効果も少ないことが分かります。

効果が長期的に続くと考えられる工学的な対策や制度などを中止して、その後の事故増加を確かめることにより、こういった対策の効果を調べるのにこの方法を用いることも可能です。例えばアメリカの州間道路の速度制限は、55マイルから元の65マイルに緩和されたことがありました。すると、死者数は20〜25パーセント増加しました[8]。これは速度制限を厳しくするという対策が死亡事故減少効果を持っていたことを間接的に示す結果といえます。しかし、速度制限の緩和やせっかく設置した信号機を撤去するといったようなことは、実際にはあまり例がありません。

(4) 対象とする事故の他にいくつかの指標を用いる

事前事後測定法の問題点を補う4つ目の方法は、ターゲットとする事故指標（普通は人身事故件数）の他にも、いくつかの指標を用いることです。この方法は更に3つに分けることができます。

1つ目は事故指標を増やして、1当人身事故件数だけでなく、2当人身事故件数（教育的対策の場合）、物損事故件数、検挙された違反件数も指標として取り上げる方法です。

2つ目は、対策が計画どおりのプロセスで進められたかをチェックする項目を指標として用いる方法です。ある対策を適切に実施すれば事故防止効果があったのに、計画がずさんであったり、計画どおりに実施されなかったりすると、効果が得られないことがあります。これは効果評価の前提となるプロセス評価と呼ばれる評価です。例えば、交通安全のキャンペーンの事故防止効果を調べようと事前事後測定をしたところ、事故防止効果が得られなかったとします。このとき、キャンペーンが実際に人々にどの程度伝わったかの調査も合わせて行えば、事故防止効果が得られなかったのは、そもそもキャンペーンの方法が良くなくて、人々に伝わらなかったのが主たる理由であることが判明するかもしれません。

3つ目は、ターゲットとなる事故の指標と似ていながら、ターゲットそのものではない事故の指標も合わせて測定するという方法です。図5に示すのがその例です。対策は夜間事故防止のための道路照明の設置だとします。この照明が効果を持つとすれば、夜間事故は設置前に比べて減少することが予想されます。このとき、昼間事故の推移も合わせて調べるのがこの方法です。昼間事故は対策による影響はないはずですから、件数にもそれほどの変化はないはずです。もし大きな変化がみられたとしたら、それは情勢効果がまず考えられます。図5でいえば、昼間事故件数の変化から事故が減少する一般的な情勢がみられるものの、照明設置による夜間事故の減少はそれ以上であることから、照明設置効果があったということが分かります。

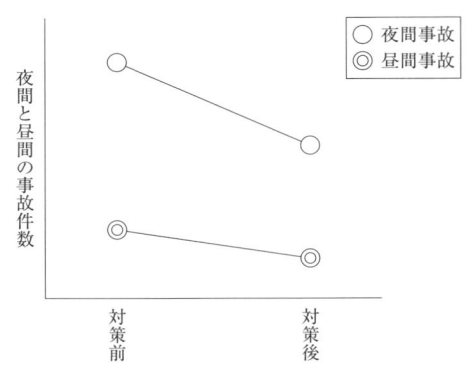

図5　対象事故とそれ以外の指標を用いた事前事後測定法

◆ 事故防止効果の統計分析

　事故防止効果があったかどうかは、事故件数を明示した上で図1から図5のように図で示せばだいたい分かります。しかし、統計的に事故が減少したといえるかどうかは別の問題です。そこで、研究論文では事故防止効果の統計分析が行われます。統計学の勉強をしていないと難しいのですが、興味のある方は次の説明をお読みください。

　まず、対策を2つに分けて考えます。1つは運転者講習のように講習前1年間と講習後1年間の事故率（受講者の何％が事故を起こしたか）を比較するような分析で、この場合、測定対象者の事故件数はたいがい0件か1件です。もう1つは交差点での信号機の設置のように、信号設置交差点が複数あるようなときに、設置前と設置後の交差点での事故件数を比較するような分析で、この場合には各交差点の事故件数は0件から数件まで

7-2 事故データを用いた安全対策の効果測定

様々あると考えます。

(1) 講習のような教育的対策

対策群だけを用いた普通の事前事後分析では、例えば講習前の事故率と講習後の事故率に統計的に有意な差があるかどうかを、対応のある比率（事故率）の差の検定を行って調べます。この検定はマクネマー検定と呼ばれ、統計ソフトを使えばパソコンですぐ分析できます。

対策群に加えて比較群を設けた事前事後分析では、2つの群が無作為に選ばれていれば、医学や薬学でよく用いられるコーホート分析をしてＲＲ（相対的危険度）を算出する方法が使えます。しかし、普通は無作為ということはないので、従属変数を事故の有無（0事故なし、1事故あり）、説明変数に対策前後（0前、1後）、対策の有無（0非受講群、1受講群）、および対策前後と対策の有無の交互作用項を用いたロジスティック回帰分析を行い、オッズ比を推定します。交互作用項のオッズ比が1以上であれば、図2のような形になり、講習の効果が統計的にも認められます。対策群と比較群が無作為に選ばれていないので厳密とはいえませんが、もっと簡便に効果を調べようとするなら、両群が示す対策後の事故率の差をカイ2乗検定する方法があります（事後測定のみの実験デザイン）。

(2) 信号機の設置のような工学的対策

設置前の事故件数（例えば、8か所の事故件数が3,2,5,1,7,4,8,5）の平均値（4.4件）と設置後の事故件数（例えば、2,2,6,1,5,2,3,4）の平均値（3.1件）に有意な差がみられるかを、対応のあるt検定（又はウィルコクソンの符号順位検定）で調べます。この例の場合には有意な差がみられますから（$t(7)=1.93$、片側 $p<.05$）、対策の効果がありと統計的にもいえます。

対策群に加えて比較群を設けた事前事後分析では、従属変数を事故件数、説明変数を対策前後（前、後）、対策の有無（設置なし、設置あり）とした2要因混合分散分析を行います。交互作用が有意であれば図2のような形になり、信号設置の効果が統計的にも認められたといえます。

> Q1の答え　② 工学的対策
> Q2の答え　③ 比較群を用いた事前事後測定法

文　献

1) 加藤恭子（2003）．アメリカにおける教育訓練効果の評価研究の動向．産業・組織心理学会第19回大会発表論文集，84-87．
2) 交通事故総合分析センター（2013）．交通統計 平成24年版．
3) European Road Safety Observatory(2013). Studies about underreporting. http://erso.swov.nl/data/content/studies_about_underreporting.htm
4) Delhomme, P., Dobbeleer, W.D., Forward, A., & Simoes, A.（2009）. Manual for designing, implementing, and evaluating road safety communication campaigns. *Part 1 Campaigns and awareness-raising strategies in traffic safety*. Brussels: Belgian Road Safety Institute.
5) Robson, L.S., Shannon, H.S., Goldenhar,L.M., & Hale, A.R.（2001）. *Guide to Evaluating the Effectiveness of Strategies for Preventing Work Injuries: How to show whether a safety intervention really works*. Cincinnati, USA: National Institute for Occupational Safety and Health. http://ssmon.chb.kth.se/safebk/safetybk.pdf
6) 自動車安全運転センター（2004）．運転者教育の高度化に関する調査研究．http://www.jsdc.or.jp/search/pdf/all/h15_1.pdf
7) 松浦常夫（1994）．交通事故統計分析の事故防止対策への活用．警察学論集，*47,4*，45-54
8) Rock, S.M.（1995）. Impact of the 65 mph speed limit on accidents, deaths, and injuries in Illinois. *Accident Analysis & Prevention, 27, 2,* 207-214.

事項索引

<あ>

IRTAD（国際道路交通事故データベース）委員会……… 232
アクティブヘッドレスト……… 197
アルコール濃度…………… 175, 177
安全運転管理者……………38, 147
安全運転義務違反………… 158
安全対策（交通安全対策）
………………………… 279, 291
安全ピラミッド……………… 235
安全不確認……… 151, 153, 158, 209

<い>

一時停止… 64, 93, 142, 163, 206, 207
1単位（酒の1単位）………… 179
移動平均法………………… 268
違反（交通違反、法令違反）
… 89, 109, 141, 149, 157, 216, 224, 242, 248
違反者率…………………… 141
飲酒（酒酔い）… 162, 174, 217, 226
飲酒運転……………98, 158, 174
飲酒運転常習者…………… 182

<う>

右折事故………………… 65, 77
右直事故………………… 65, 79
運行管理者………………38, 147
運転技能………… 102, 119, 121
運転挙動…………………… 199
運転経験…………98, 101, 241, 248
運転者要因……………… 150, 181
運転スタイル……………… 122
運転態度（態度）
………………… 102, 119, 122, 170
運動のエネルギー………… 166

<え>

ＳＡＳ（睡眠時無呼吸症候群）… 112
遠心力……………………70, 213

<お>

横断不適………………89, 224
横断歩行者………………… 221
横断歩道………………87, 224
折れ線グラフ………… 267, 298

<か>

カーナビ…………………… 128
カーブ………………… 68, 98, 213
カイ2乗検定………… 263, 301
概日リズム（サーカディアンリズム）………………………23
過失………………… 108, 140
過少申告（過少報告）…… 215, 293
仮説………………… 274, 283
片勾配（カント）………………70
カテゴリー分布…………… 263
過労（疲労・疲れ）
………………… 23, 98, 163, 217
環境的要因…………… 154, 242

<き>

危険源（ハザード）………… 121
危険認知速度
………… 45, 99, 122, 167, 198, 217
記述統計…………………… 254
輝度………………………… 227

規範‥‥‥‥‥‥‥‥‥‥‥‥45, 102
ギャップ・アクセプタンス‥‥‥‥78
教育的対策（教育）
‥‥‥‥‥ 171, 279, 282, 293, 301
教習所‥‥‥‥‥‥‥‥46, 179, 245
曲率半径‥‥‥‥‥‥‥‥‥‥‥70
勤務形態‥‥‥‥‥‥‥‥‥‥ 126

<く>

空車‥‥‥‥‥‥‥‥‥‥‥‥ 129
クロス集計（クロス集計表）
‥‥‥‥‥‥‥‥‥‥‥ 260, 284

<け>

警戒標識‥‥‥‥‥‥‥‥‥‥‥72
軽自動車‥‥‥‥‥‥‥‥‥‥ 120
経年変化（推移）
‥‥‥97, 105, 138, 166, 259, 266, 298

<こ>

工学的対策（工学）‥‥ 279, 282, 301
効果測定‥‥‥‥‥‥‥ 247, 291, 295
効果測定指標‥‥‥‥‥‥‥‥ 292
効果の法則‥‥‥‥‥‥‥‥‥ 171
高血圧‥‥‥‥‥‥‥‥‥‥‥ 190
交差点‥‥‥‥‥‥‥ 62, 75, 207, 222
交差点付近‥‥‥‥‥‥62, 198, 222
降水量‥‥‥‥‥‥‥‥‥‥‥‥26
高速道路追加調査項目票‥‥‥‥ 246
交通安全基本計画‥‥‥‥‥‥ 249
交通安全対策（安全対策）
‥‥‥‥‥‥‥‥‥‥‥ 279, 291
交通違反（違反、法令違反）
‥‥ 89, 109, 141, 149, 157, 216, 224,
242, 248
交通違反取締り（取締り）
‥‥‥‥‥ 159, 175, 178, 241, 279

交通コンフリクト（コンフリクト、錯綜）‥‥‥‥‥ 64, 77, 166
交通三悪‥‥‥‥‥‥‥‥‥‥ 158
交通参加者‥‥‥‥‥‥‥‥‥ 121
交通事故原因（事故原因）
‥‥‥‥‥‥ 112, 146, 158, 207, 242
交通事故総合分析センター‥‥‥ 249
交通事故統計‥‥‥‥‥‥ 240, 250, 252
交通事故統計原票
‥‥‥‥‥‥‥‥‥ 149, 246, 255, 261
交通事故統計事務取扱要綱‥‥‥ 245
交通事故分析要綱‥‥‥‥‥‥ 244
交通弱者‥‥‥‥‥‥‥‥‥‥ 139
交通手段（車種、当事者）
‥‥‥ 35, 39, 119, 128, 140, 248, 261
交通戦争‥‥‥‥‥‥‥‥‥20, 249
交通対策本部‥‥‥‥‥‥‥‥ 243
勾配‥‥‥‥‥‥‥‥‥‥‥‥‥72
高齢運転者‥‥‥‥‥ 104, 163, 169, 214
高齢者‥‥‥‥‥‥‥ 130, 143, 223, 236
高齢歩行者‥‥‥‥‥‥‥‥5, 283
子供‥‥‥‥‥‥84, 143, 222, 244, 257

<さ>

サーカディアンリズム
（概日リズム）‥‥‥‥‥‥‥23
最高速度違反‥‥‥‥‥‥ 160, 216
先急ぎ運転‥‥‥‥‥‥‥‥‥ 171
作業記憶‥‥‥‥‥‥‥‥‥‥ 112
錯綜（交通コンフリクト、コンフリクト）‥‥‥‥‥ 64, 77, 166
酒酔い（飲酒）‥‥ 162, 174, 217, 226
3 E‥‥‥‥‥‥‥‥‥‥‥‥ 279
サンキュー事故‥‥‥‥‥‥‥‥78
3次元クロス集計表‥‥‥‥‥ 260
30日以内死者‥‥‥‥‥‥‥‥ 231

事項索引

<し>

CT（コンピューター断層撮影法）·················· 191
シートベルト ················ 41, 257
死因簡単分類 ·················· 189
視界障害 ···················· 30, 155
市街地 ··············· 134, 214, 236
死角 ······················· 78, 132
視覚機能（視機能）
　················ 6, 111, 179, 226
時系列デザイン ················ 297
死後画像診断 ·················· 191
事故危険箇所 ··················· 63
事故危険性 ·················· 56, 269
事故原因（交通事故原因）
　············ 112, 146, 158, 207, 242
事故指標（指標）··········· 269, 299
事故事例（事故例、事例）
　········· 30, 89, 99, 132, 188, 190, 218
事故事例分析（事例分析、事例調査）··· 147, 207, 216, 250, 274
事故多発日 ······················ 9
事故統計調査項目（調査項目）
　················ 241, 261, 281
事故発生時間帯（時間帯）
　················ 17, 133, 214
自己評価 ······················ 180
事故要因 ·········· 111, 149, 225, 281
事故類型 ··· 20, 69, 76, 87, 92, 99, 109,
　　　131, 142, 161, 181, 187, 196, 214
死者多発日 ····················· 11
死者日報 ······················· 11
死傷者数 ········ 88, 130, 224, 256, 263
自信過剰 ······················ 122
事前事後測定法（事前事後分析）
　················ 247, 295

下向きライト ················· 227
自転車 ················ 136, 152, 206
自転車安全利用五則 ············· 137
自転車事故 ············· 65, 90, 136
自動車事故報告規則 ············· 130
自動車燃料消費量調査 ······ 118, 271
自動車保有台数（車両保有台数）
　················ 55, 243, 270
死亡事故率 ········ 19, 169, 212, 287
視野 ······················ 46, 111
社会的促進 ····················· 45
車間距離 ·············· 163, 166, 201
車間時間 ······················ 202
若年運転者（若者）
　······· 45, 95, 162, 169, 214, 236
車種（交通手段、当事者）
　····· 35, 39, 119, 128, 140, 248, 261
車内事故 ······················ 130
車両単独事故（単独事故）
　············ 21, 69, 99, 109, 181, 211
車両的要因 ··············· 153, 242
車両保有台数当たり交通事故死者数 ·················· 271
重傷事故（重傷者、重傷）
　················ 130, 232, 244, 258
受動的安全 ···················· 159
準実験的デザイン ·············· 297
準暴露度法 ····················· 47
小学生 ················ 84, 143, 224
乗車人員（乗客）············ 43, 129
情勢効果（歴史効果）······ 295, 300
照度 ·························· 227
情報処理エラー ··········· 150, 152
正面衝突事故 ······· 29, 69, 161, 181
乗用車市場動向調査 ············ 118
初心運転者 ················· 44, 102
女性 ······················ 48, 130

305

女性運転者……………………115, 169
ジレンマ・ゾーン………………………79
人口当たり交通事故死者数
　………………………………56, 269
信号現示……………………………75
信号交差点………………………61, 75
人口動態統計……………………189, 231
心身機能低下………………………111
人身被害程度（人身損傷程度、
　被害程度）……………130, 230, 248
心臓マヒ（心疾患）………………112, 189
人的要因……………150, 201, 225, 242

＜す＞

推移（経年変化）
　………97, 105, 138, 166, 259, 266, 298
推測統計……………………………254
睡眠時無呼吸症候群（ＳＡＳ）
　………………………………………112
睡眠障害……………………23, 112, 192
図の作成……………………………266
スリップ………………………………30

＜せ＞

精神作業負荷（メンタル・ワー
　クロード、精神的な負担）
　………………………………63, 126
セル…………………………………256
全国交通安全運動…………………298
選択バイアス………………………297

＜そ＞

相関係数（r）……………………57, 270
走行距離（走行キロ）
　……………………………107, 129, 271
走行距離当たり交通事故死者数
　（～件数）……57, 106, 117, 129, 271

走行速度（速度、スピード）
　…20, 72, 99, 165, 181, 202, 217, 236
操作上の誤り（操作不適）
　…………………………………151, 216
相対的危険性………………………180

＜た＞

第 1 当事者……86, 108, 140, 261, 283
対応のある t 検定…………………301
対策群…………………………296, 301
態度（運転態度）
　……………………102, 119, 122, 170
第 2 当事者………………142, 223, 261
タクシー……………………………125
団塊の世代…………………………105
単純集計表…………………………255
単独事故（車両単独事故）
　……………………21, 69, 99, 109, 181, 211
単路………………………61, 91, 198, 222

＜ち＞

致死率……7, 107, 139, 197, 222, 287
注意機能（注意）……111, 179, 200
中学生………………………………84, 224
駐停車………………………………90, 224
昼夜率………………………………259
長期変動……………………………267

＜つ＞

追突事故（追突）
　……………21, 69, 80, 99, 196, 215
通勤・通学時………………39, 88, 120
通行目的……………………33, 88, 120

＜て＞

出会い頭事故………64, 76, 92, 109,
　　　　　　　142, 152, 161, 187, 204

事項索引

停止距離‥‥‥‥‥‥‥‥‥‥‥‥ 166
てんかん‥‥‥‥‥‥‥‥‥‥ 112, 187
天候‥‥‥‥‥‥‥‥‥‥‥‥‥‥‥25

＜と＞

統計学‥‥‥‥‥‥‥‥‥‥‥‥ 253
統計の継続性‥‥‥‥‥‥‥‥‥ 247
統計表‥‥‥‥‥‥‥‥‥‥‥‥ 254
当事者（交通手段、車種）
　‥‥‥ 35, 39, 119, 128, 140, 248, 261
同乗者（同乗中）
　‥‥‥‥‥‥‥‥37, 41, 85, 101, 131
同調行動‥‥‥‥‥‥‥‥‥‥‥‥45
糖尿病‥‥‥‥‥‥‥‥‥‥ 112, 186
道路形状‥‥‥‥ 60, 91, 206, 213, 248
道路交通センサス‥43, 118, 259, 271
道路交通法‥‥‥‥‥‥ 137, 243, 246
道路線形‥‥‥‥‥‥‥‥‥‥‥‥67
匿名性‥‥‥‥‥‥‥‥‥‥‥‥‥43
度数‥‥‥‥‥‥‥‥‥‥‥‥‥ 256
都道府県‥‥‥‥‥‥‥‥ 52, 53, 274
飛び出し‥‥‥‥‥‥‥‥89, 221, 224
取締り（交通違反取締り）
　‥‥‥‥‥‥‥ 159, 175, 178, 241, 279
取締り対策‥‥‥‥‥‥‥‥ 171, 282

＜に＞

二輪車‥‥‥‥‥ 35, 65, 71, 78, 140, 215
認知機能（認知）‥‥‥‥ 111, 150, 179
認知症‥‥‥‥‥‥‥‥‥‥ 113, 192

＜ね＞

眠気‥‥‥‥‥‥‥‥‥‥‥‥23, 181

＜の＞

脳血管障害‥‥‥‥‥‥‥‥ 112, 190

＜は＞

パークアンドライド‥‥‥‥‥‥‥44
パーソン・トリップ調査‥‥‥ 34, 43
背面通行‥‥‥‥‥‥‥‥‥‥‥ 221
ハインリッヒの法則‥‥‥‥‥‥ 235
薄暮‥‥‥‥‥‥‥‥‥‥‥‥‥‥ 4
ハザード（危険源）‥‥‥‥‥‥ 121
バス‥‥‥‥‥‥‥‥‥‥‥‥‥ 125
発見の遅れ‥ 123, 151, 181, 225, 226
バリエーションツリー法‥‥‥‥ 148
犯罪統計‥‥‥‥‥‥‥‥‥‥‥ 240
反射材‥‥‥‥‥‥‥‥22, 228, 289
判断の誤り‥‥‥‥ 151, 179, 225, 227
ハンドルキーパー‥‥‥‥‥‥‥ 174
ハンドル操作‥‥‥‥‥98, 180, 216
反応時間‥‥‥‥‥‥‥‥‥23, 202

＜ひ＞

ＰＤＣＡ‥‥‥‥‥‥‥‥‥‥‥ 291
被害程度（人身被害程度、人
　身損傷程度）‥‥‥‥ 130, 230, 248
比較群‥‥‥‥‥‥‥‥‥‥ 296, 301
非優先道路‥‥‥‥‥‥‥‥‥‥ 206
病気‥‥‥‥‥‥‥‥‥‥‥ 112, 192
標準偏差‥‥‥‥‥‥‥‥‥‥‥‥13
表側‥‥‥‥‥‥‥‥‥‥‥‥‥ 255
表頭‥‥‥‥‥‥‥‥‥‥‥‥‥ 255
昼間（昼間事故）‥‥‥‥21, 133, 170
疲労・疲れ（過労）
　‥‥‥‥‥‥‥‥‥‥ 23, 98, 163, 217

＜ふ＞

服装‥‥‥‥‥‥‥‥‥‥‥‥‥ 228
物損事故‥‥‥‥‥‥‥‥‥‥‥ 233
プロセス評価‥‥‥‥‥‥‥‥‥ 299

<へ>

平均への回帰 ················· 295, 298
ヘッドライト ···················· 22, 227
ベビーブーム ················· 244, 249

<ほ>

ポアソン分布 ························10
法医解剖 ························· 191
法令違反（違反、交通違反）
··· 89, 109, 141, 149, 157, 216, 224, 242, 248
歩行者（歩行者事故）
············· 35, 39, 86, 140, 152, 220
保護者の不注意 ·················· 226
補充票 ··························· 246
補償運転 ························· 110
発作・急病 ······················· 185
本票 ····························· 246

<ま>

マクネマー検定 ··················· 301

<む>

無信号交差点（信号機のない
交差点）··········· 75, 91, 168, 206
むち打ち症 ······················· 197

<め>

免許人口当たり事故件数
························96, 106, 116
免許の取消し処分 ················· 175
免許保有率 ······················· 105
メンタル・ワークロード（精
神作業負荷、精神的な負担）
······························63, 126

<や>

夜間（夜間事故）
········6, 19, 100, 133, 149, 170, 214

<ゆ>

優先（非優先）············· 109, 208

<よ>

要因 ····················· 111, 149, 295
幼児 ··························84, 226
曜日 ·····························14
予防安全 ························· 202
4 M ····························· 147

<ら>

ライフスタイル ··················· 102

<り>

リスクテイキング ················· 102
旅行速度 ························· 167

<る>

ルート ··························· 127

<れ>

歴史効果（情勢効果）······ 295, 300

<わ>

若者（若年運転者）
············ 45, 95, 162, 169, 214, 236

著者略歴

松浦　常夫（まつうら　つねお）

1954年　静岡県に生まれる
1978年　東京大学教育学部教育心理学科卒業
1978年　警察庁科学警察研究所技官（交通安全研究室）
1986～87年　イギリス交通省 TRRL 研究所留学（科学技術庁派遣）
2001年　大阪大学博士（人間科学）
現在、実践女子大学教授（2004年～）、日本交通心理学会会長（2014年～）

主要著書

初心運転者の心理学（企業開発センター，2005）
応用心理学事典（編集幹事，丸善，2007）
高齢ドライバーのための安全運転ワークブック　実施の手引き
（企業開発センター，2008）
Advances in Traffic Psychology（分担執筆，Ashgate，2012）

統計データが語る交通事故防止のヒント

平成26年6月20日　初版　発行

著　者　松　浦　常　夫
発行者　星　沢　哲　也
発行所　東京法令出版株式会社

112-0002	東京都文京区小石川5丁目17番3号	03(5803)3304
534-0024	大阪市都島区東野田町1丁目17番12号	06(6355)5226
062-0902	札幌市豊平区豊平2条5丁目1番27号	011(822)8811
980-0012	仙台市青葉区錦町1丁目1番10号	022(216)5871
462-0053	名古屋市北区光音寺町野方1918番地	052(914)2251
730-0005	広島市中区西白島町11番9号	082(212)0888
810-0011	福岡市中央区高砂2丁目13番22号	092(533)1588
380-8688	長野市南千歳町1005番地	

〔営業〕TEL　026(224)5411　FAX　026(224)5419
〔編集〕TEL　026(224)5412　FAX　026(224)5439
http://www.tokyo-horei.co.jp/

Ⓒ TSUNEO MATSUURA Printed in Japan, 2014
本書の全部又は一部の複写、複製及び磁気又は光記録媒体への入力等は、著作権法上での例外を除き禁じられています。これらの許諾については、当社までご照会ください。
落丁本・乱丁本はお取替えいたします。

ISBN978-4-8090-1313-3